"十二五"国家重点图书出版规划项目

人文学科关键词研究
Anatomy of Interdisciplinary Ideas in Contemporary Academia

杨慧林 主编

法则

现代危机和克服之途

葛体标 著

Law

北京大学出版社
PEKING UNIVERSITY PRESS

图书在版编目(CIP)数据

法则:现代危机和克服之途/葛体标著.—北京:北京大学出版社,2013.5

(人文学科关键词研究)

ISBN 978-7-301-21587-6

Ⅰ.①法… Ⅱ.①葛… Ⅲ.①西方哲学—法则—研究 Ⅳ.①B5

中国版本图书馆 CIP 数据核字(2012)第 273845 号

书　　　名:	法则——现代危机和克服之途
著作责任者:	葛体标　著
组稿编辑:	张　冰
责任编辑:	初艳红
标准书号:	ISBN 978-7-301-21587-6/B·1085
出版发行:	北京大学出版社
地　　　址:	北京市海淀区成府路 205 号　100871
网　　　址:	http://www.pup.cn　新浪官方微博:@北京大学出版社
电　　　话:	邮购部 62752015　发行部 62750672　编辑部 62759634　出版部 62754962
电子信箱:	alice1979pku@163.com
印　刷　者:	北京汇林印务有限公司
经　销　者:	新华书店
	965 毫米×1300 毫米　16 开本　13 印张　273 千字
	2013 年 5 月第 1 版　2013 年 5 月第 1 次印刷
定　　　价:	28.00 元

未经许可,不得以任何方式复制或抄袭本书之部分或全部内容。
版权所有,侵权必究
举报电话:010—62752024　电子信箱:fd@pup.pku.edu.cn

目 录

总序　当代西方思想对传统论题的重构 …………… 杨慧林 1
导论　法则的危机 ……………………………………… 1

第一章　法则的暴力 …………………………………… 19
　第一节　法则的张力 ………………………………… 19
　第二节　向总体性开战 ……………………………… 29
　第三节　法律暴力和救赎 …………………………… 40

第二章　法则的诗意 …………………………………… 54
　第四节　人是万物的尺度 …………………………… 54
　第五节　元伦理的居住 ……………………………… 65
　第六节　世界之美 …………………………………… 77

第三章　法则的例外 …………………………………… 90
　第七节　主权就是决定例外状态 …………………… 90
　第八节　当代保罗复兴 ……………………………… 102
　第九节　弥赛亚式的例外状态 ……………………… 117

第四章　法则的正义 …………………………………… 131
　第十节　自然和法则 ………………………………… 131
　第十一节　在法的前面 ……………………………… 143
　第十二节　法律、暴力和正义 ……………………… 156

结语　法则：严格的间接性 …………………………… 168
参考文献 ………………………………………………… 184
人名索引 ………………………………………………… 192

总　序
当代西方思想对传统论题的重构*

杨慧林（签名）

莱因霍尔德·尼布尔（Reinhold Niebuhr）有一段著名的祈祷文："请赐我从容，以接受我不能改变的；请赐我勇气，以改变我所能改变的；请赐我智慧，以理解不同于我的。"①就西方学术之于中国学人的意义而言，我们所能"接受"、"改变"和"理解"的又当如何呢？个中之关键或许在于对其所以然的追究、对其针对性的剥离、对其话语逻辑的解析，从而思想差异和文化距离才能成全独特的视角、激发独特的问题，使中国语境中的西学真正有所作为，甚至对西方有所回馈，而不仅仅是引介。

与西方学者谈及上述想法，他们大都表示同意；然而最初构思这套"人文学科关键词研究"的时候，有位朋友却留下了一句调侃："你是想把真理的蛋糕切成小块儿，然后称之为布丁吗？"②与本研究的其他作者分享这句妙语，于是"蛋糕"与"布丁"或者"布丁"与"蛋糕"的关系亦成为这项研究的写作背景和问题意识。

如果细细品咂"身体"、"虚无"、"语言"等典型的"布丁"，则会

---

* 本丛书为教育部人文社会科学重点研究基地重大项目"当代神学—人文学交叉概念与学术对话之研究（项目号 06JJD730006）"结项成果，并得到中国人民大学"211 工程"和"985 工程"重点建设项目"人文学与神学交叉概念研究"的资助，特此说明。

① Grant me the Serenity to accept the things I cannot change, the Courage to change the things I can, and the Wisdom to know the difference.

② You would divide the cake of truth into small pieces, and call it pudding?

发现它们既可以在密尔班克(John Milbank)那里支撑"激进的正统论"①,也可以让罗兰·巴特(Roland Barthes)合成"文本的愉悦"②,还被泰勒(Mark C. Taylor)用来解说"宗教研究"③。"布丁"之于"蛋糕"的微妙,由此可见一斑。不仅如此,也许只有当"真理的蛋糕"被"切成小块儿"的时候,我们才可能借助"布丁"理解"蛋糕"的成分、品质、关系和奥秘,乃至重构"真理的蛋糕"。当代西方在多个领域共同使用的基本概念,正是这些拆自七宝楼台,却又自成片断的"布丁"④,即使曾经远离尘嚣的神学的"蛋糕"也不能不从中分一杯羹。

所以"相关互应"(correlation)⑤早已成为神学家们的普遍关注:保罗·蒂利希(Paul Tillich)主张"属人的概念与属神的概念"相关互应,谢利贝克斯(E. Schillebeeckx)强调"基督教传统与当下经验"相关互应,汉斯昆(Hans Küng)申说"活着的耶稣与现实处境"相关互应,鲁塞尔(Rosemary Radford Ruether)论述"多元群体与先知启示"相关互应等等⑥;而在特雷西(David Tracy)看来,这根本就是"神学本身的相关互应"(theological correlation)⑦,因为"我们正迅速走向一个新的时代,在这个时代如果不认真地同其他伟

---

① John Milbank, Catherine Pickstock and Graham Ward edited, *Radical Orthodoxy: A New Theology*, London and New York: Routledge, 1999.

② Roland Barthes, *The Pleasure of the Text*, translated by Richard Miller, Farrar, Straus and Giroux, Inc.; 1975.

③ Mark C. Taylor edited, *Critical Terms for Religious Studies*, Chicago: The University of Chicago Press, 1998.

④ 南宋词人张炎在《词源》中评价吴文英:"吴梦窗词如七宝楼台,炫人眼目,拆碎下来,不成片断。"

⑤ 蒂利希:《系统神学》第一卷,龚书森等译,台湾:东南亚神学院协会,1993,第84页。

⑥ 关于"相关互应"的理论以及当代神学的超越,请参阅 Francis Schüssler Fiorenza, *Systematic Theology: Task and Method*, Francis Schussler Fiorenza & John p. Galvin edited, *Systematic Theology*, volume I, Minneapolis: Fortress Press, 1991, pp. 55—61.

⑦ Francis Schüssler Fiorenza, *Introduction: A Critical Reception for a Practical Public Theology*, see Don S. Browning and Francis Schüssler Fiorenza edited, *Habermas, Modernity, and Public Theology*, New York: The Crossroad Publishing Company, 1992, p. 5.

大的传统对话,已经不可能建立什么基督教的系统神学"。①

当然,在一些交叉概念被共同使用,特别是神学与人文学的对话成为常态的过程中,双方的细微差异常常难以得到充分的辨析。因此哈贝马斯(Jürgen Habermas)声称一些神学家误解了他的意思②,麦考马克(Bruce McCormack)则认为有关德里达(Jacques Derrida)思想的神学理解全部都是牵强附会③。然而无论如何,这些"交叉概念"终究被切成了"布丁",从而"相关互应"已经不仅是神学家们的观念,也是一种语言的事实。

随着西方经典的大量译介,尤其是近百年来的思想对话,西方的基本概念实际上也同样被中国学人普遍使用;或者说,可以"切成小块儿"的"布丁"也在我们自己的厨房里烘烤成新的"蛋糕"。乃至逐步打通尘障的不仅是在圣俗之间、学科之间、传统与现实之间,其实也是在一种文化与他种文化之间。较之西方自身,这些"布丁"带着差异和辩难进入中国学人的研究视野时,所导致的混淆更是在所难免,但是它们也包含着更多的启发。因为不同的"蛋糕"之所以能够切出同样的"布丁",不同领域的概念工具之所以有所"交叉",恰恰透露出某种当代思想的普遍关注、整体趋向和内在逻辑。其中最突出的问题,也许就是如何在质疑真理秩序的同时重建意义。

真理秩序与既定意义的瓦解,首先在于"建构性主体"(constitutive subject)④和"投射性他者"(projected others)⑤的逻辑惯性遭到了动摇。无论以"建构"说明"主体",还是通过"投射"去界定"他者",都可以还原为同样一种自我中心的单向话语;简单说,在我们习惯已久的"中心"话语中,实际上除去叙述者之外并没有什么真正的"他者",一切都成为"我们"所建构的"对象",一切都

---

① David Tracy, *Dialogue with the Other: the Inter-religious Dialogue*, Leuven: Peeters Press, 1990, Preface: "Dialogue and Solidarity."
② Francis Schüssler Fiorenza, *Introduction: A Critical Reception for a Practical Public Theology*, see Don S. Browning and Francis Schüssler Fiorenza edited, *Habermas, Modernity, and Public Theology*, p. 17.
③ Bruce Lindley McCormack, "Graham Ward's *Barth, Derrida and the Language of Theology*," see *Scottish Journal of Theology*, vol. 49, No. 1, 1996, pp. 97—109.
④ John D. Caputo, *The Weakness of God: A Theology of the Event*, Bloomington & Indianapolis: Indiana University Press, 2005, p. 139.
⑤ David Tracy, *Dialogue with the Other: the Inter-religious Dialogue*, p. 4.

成为"我们欲求的投射"①。因此单向的"建构"和"投射"不仅是思想的谬误,也是无可排解的现实冲突之根本缘由。

西方文化既然是以基督教为根基,似乎应该更多要求人类的敬畏,而不是僭越。因此,"认知……就是服从"②本来有着久远的神学依据。比如马丁·路德(Martin Luther)曾故意把《圣经》中的"因信称义"译作"唯独因信(才能)称义",并且终生不改;③至卡尔·巴特(Karl Barth)又有所谓"独一《圣经》主义"(sola scriptura)、"对上帝的认知……永远是间接的"等等。④ 有趣的是,路德的"唯独"、巴特的"独一"起初都针对着人的限度,最终却无法绕过读经和释经的"主体",乃至"阅读"和"解释"成为理解的"唯一标准"(exclusive criterion)。⑤ 其中"唯一"的直接涵义,正是"排他性"。

以赛亚·伯林(Isaiah Berlin)曾经将这一问题说到了极处:"坚持自然或道德的唯一性,本来是要"拯救人们脱离错误和迷惘",结果却使人被"唯一性"所奴役,正所谓"始于拯救,而终于暴政"。⑥伯林的警告绝非耸人听闻,可能正是基于这一危险,德勒兹(Gilles Deleuze)才认为萨特(Jean-Paul Sartre)写于1937年的文章《自我的超越性》(The Transcendence of the Ego)是一切当代哲学的起始,因为他"在这篇文章中提出了'非个人的超越领域(an impersonal transcendental field)——其形式既不是个人的综合意识(a personal synthetic consciousness),也不是主体的身份,而恰好相反:主体永远是被构成的(the subject... always being

---

① David Tracy, *Dialogue with the Other: the Inter-religious Dialogue*, p. 49.
② Karl Barth, *Church Dogmatics, a Selection with Introduction*, New York: T & T Clark, 1961, p. 49.
③ 罗伦培登:《这是我的立场》,陆中石等译,南京:译林出版社,1993,第304—309页。
④ Karl Barth, *Church Dogmatics, a Selection with Introduction*, p. 40.
⑤ Werner G. Jeanrond, *Theological Hermeneutics: Development and Significance*, London: Macmillan, 1991, p. 31.
⑥ Isaiah Berlin, *The Roots of Romanticism*, Princeton: Princeton University Press, 1999, p. 3.

constituted)'"。① 由此,不同学说对单向主体的共同警觉逐渐成为当代西方思想的重要特征,从而我们看到一系列对于"主体"的重新界说,特别是从主格(I)到宾格(me)的转换。

对中国读者而言,潘尼卡(Raimon Panikkar)的"宾格之我"(me-consciousness)可能流传最广②,但是西方学者通常认为是莱维纳斯(Emmanuel Levinas)更早"以宾格的形式重述主体"(reintroduce the subject in the accusative)。就此,卡普托(John Caputo)有一段必须细读才能得其要领的归纳:"莱维纳斯的重述……可以前溯到基督教的《新约》和克尔凯郭尔(Søron Aabye Kierkegaard),后推至巴丢和齐泽克(Slavoj Žižek),勾连其间的则是《新约》中的圣·保罗。而在莱维纳斯和克尔凯郭尔的主体之间,共同的命名者(the common denominator)就是由回应所构成的责任主体(the subject of responsibility is constituted by a response)。"③何谓"由回应所构成的责任主体"? 为什么圣·保罗可以"勾连其间"?"命名者"又是由何而来?

从时间线索看,卡普托认为"呼唤"与"回应"的结构已经成为一种范式(the paradigm... of the structure of call and response),最初可见于《旧约·创世记》上帝要亚伯拉罕将儿子以撒献为燔祭的试探:"上帝……呼叫他说'亚伯拉罕!'他说'我在这里'。"(创22:1)此处的希伯来文 bineni, me voici,被直译为 see me standing here,从而"回应"和"宾格之我"都在其中。据卡普托分析,由"回应"(response)而生的"责任"(responsibility),是"他律的"(heteronomy)而非"自觉的"(autonomy),"无主的"(anarchy)而非"自主的"(autarchy)的,所以"主体"的"责任"是"受制于他者的需要,却不是……满足自身的需要"④,"责任的主体"也只是在这样的

---

① Alain Badiou, "The Event in Deleuze," translated by Jon Roffe, *Parrhesia*, Number 2, 2007, p. 37. 这篇文章摘译自 Alain Badiou, *Logiques des mondes* (2006: Editions du Seuil, Paris), pp. 403—410.
② 潘尼卡:《宗教内对话》,王志成等译,北京:宗教文化出版社,2001年第 51 页。
③ John D. Caputo, *The Weakness of God: A Theology of the Event*, p. 139.
④ Ibid., pp. 137—138.

意义上才成立。正如巴丢的名言:"人并不自发地思想,人被迫思想。"①

克尔凯郭尔在《恐惧与战栗》一书也特别论及"以撒的牺牲",而德里达进一步将"以撒的牺牲"与《新约·马太福音》"你的父在暗中察看"并置为"语言的奥秘",使《新约》与《旧约》在这一问题上得以联系。②按照德里达的思路,这两段经文同样是"上帝看着我,我却看不见他",那么"一切决定都不再是我的……我只能去回应那决定",于是"'我'的身份在奥秘中战栗","我是谁"的问题(who am I)其实是要追问"谁是那个可以说'谁'的'我'"(who is this "I" that can say "who")。③ 这样,"'我'的身份在奥秘中战栗"也就不得不重新审视"我"的"名字"。或可说:究竟"名字"属于"我"还是"我"因"名字"而在,这未必不是个问题。

于是我们可以联想到 1980 年到 1998 年间 14 位风采各异的思想者先后去世,德里达为他们写下哀悼之辞,后来被合编为《追思》一书④。其中反复提到:一个生命从得到名字的那天起,"名字"就注定会更为长久,注定可以"无他而在"(the name begins during his life to get along without him);与之相应,"追思"本身也才成全了德里达的文字游戏——"当'追'而成'思'的时候"(when mourning works)。⑤无论"无他而在"还是"'追'而成'思'","名字"实际上都成为"生成和使用当中才有的一种语义,而不是一个放在那里的、等待我们去解释的名词"⑥;这可能就是卡普托所谓的"命名"(denomination),也是莱维纳斯将"哀悼"视为"第一确定性"⑦的原因。

---

① Slavoj Žižek, "Hallward's Fidelity to the Badiou Event," see Peter Hallward, *Badiou: a Subject to Truth*, p. x.

② Jacques Derrida, *The Gift of Death*, translated by David Wills, Chicago: The University of Chicago Press, 1995, p. 88.

③ Jacques Derrida, *The Gift of Death*, translated by David Wills, Chicago: The University of Chicago Press, 1995, pp. 90—92.

④ Jacques Derrida, *The Work of Mourning*, edited by Pascale-Anne Brault and Michael Naas, Chicago: The University of Chicago Press, 2001. 这 14 位思想者包括罗兰·巴特、保罗·德-曼、福柯、阿尔都塞、德勒兹、莱维纳斯、利奥塔等。

⑤ Ibid., pp. 13—14.

⑥ Jacques Derrida, *Acts of Religion*, edited by Gil Anidjar, New York: Routledge, 2002, p. 57.

⑦ Maurice Blanchot, "Notre compagne clandestine," *Texte pour Emmanuel Levinas*, éd. par François Laruelle, Paris: J.-M. Place. 1980, pp. 86—87.

至于保罗"勾连其间"的作用，则有如巴丢和齐泽克的共同评价：保罗所建立的"基督教正统象征"，实际上是通过"呼唤"与"回应"的转换，"为真理过程（truth-procedure）构置了形式"①。说到底，其基点仍然是对"主体"的重构，并借助基督教的经验来揭示那个"被中断的主体"（the punctured Subject）②、揭示普遍的意义结构。用卡普托的话说，这正是巴丢和齐泽克看中《圣经》传统的主要原因：使"不可决定的"得到了"决定"（decision of the undecidable）③，也使"主体"随之"被构成"（it constitutes existential subjects）④。

以上种种论说看似云里雾里、不食人间烟火，其实处处踏在红尘，处处显露着直接的现实针对性。有如伊拉克战争之于德里达⑤，卡拉季奇（Radovan Karadzic）受审之于齐泽克⑥，当今世界许多并没有多少哲学意味的政治动荡都会引发哲人的玄奥思辨；反而观之，"主体"从"建构性"（constitutive）转换为"被构成"（constituted）的逻辑线索亦复如是。甚至在我们的日常生活中，可供同一类思辨的例子也无处不在。

比如巴丢曾就"非法打工者"进行解析：他们在打工地工作和生活，但是"非法移民"的身份标明了"效价"（valence）的不确定性或者"效价"的无效价性，他们生活在打工地，却并不属于打工地。因此他们的"主体"其实是呈现于"非法移民"这一"命名"。爱情交往也是如此：主体在爱情中的呈现（the subjective present）就在于"我爱你"的宣称，由此，"一种不可决定的选言综合判断便被决定

---

① Slavoj Žižek, *The Puppet and the Dwarf: the Perverse Core of Christianity*, Cambridge: The MIT Press, 2003, pp. 9, 173.

② Robert Hughes, "Riven: Badiou's Ethical Subject and the Event of Arts as Trauma," 2007 *PMC Postmodern Culture*, 17.3, p. 3.

③ Alain Badiou and Slavoj Žižek, *Philosophy in the Present*, edited by Peter Engelmann, translated by Peter Thomas and Alberto Toscano, Cambridge: Polity Press, 2009, pp. 36—39.

④ John D. Caputo, *The Weakness of God: A Theology of the Event*, p. 318, note 5.

⑤ 德里达关于"伊拉克政权"与"谴责伊拉克政权不尊重法律的国际联盟"之讨论，可参阅 Jacques Derrida: *The Gift of Death*, translated by David Wills, pp. 86—87.

⑥ 齐泽克从卡拉季奇的诗句发掘"历史进程"与"上帝意志"的共同逻辑，即都是将自己视为"实现更高理想的工具"。见2010年5月17日和18日齐泽克在中国人民大学和清华大学的演讲稿，第1—3页。

(an un-decidable disjunctive synthesis is decided)，其主体的启始也就维系于一种事件宣称的结果(the inauguration of its subject is tied to the consequences of the eventual statement)。……事件的宣称(the evental statement)暗含于事件的出现—消失(the event's appearing-disappearing)，也表达了'不可决定的'已经被决定(an un-decidable has been decided)……被构成的主体(the constituted subject)随这一表达而产生，同时也为普遍性打开了可能的空间(opens up a possible space for the universal)"。①

上述的意义链条中最为独特之处在于：由"回应"而生成的"责任"和"身份"，因"不可决定"的"决定"而被构成的"主体"和"普遍性"，其实无需实体的，而只需逻辑的依托。即使被"宣称"的"事件"，从根本上说也是"不及物的"(the event is intransitive)，"出现"亦即"消失"的(disappears in its appearance)②，可以超越政治、文化、个人或者理论，而仅仅是"思考的事件"③。这大概就是诗人马拉美(Mallarmé)的启示："除去发生，什么也没有发生"(Nothing took place but the place)。④

这一思想线索的针对性不言而喻：在形而上学的传统上，"从黑格尔、加缪，到尼采、海德格尔、德里达，更不要说维特根斯坦和卡尔那普(Rudolf Carnap)，我们都可以发现一种或许是哲学之死的哲学观念"；然而用巴丢的话说，"终结"常常是积极的，比如"对于黑格尔，哲学的终结是因为哲学最终可以理解抽象的知识；对于马克思，解释世界的哲学可以被改变这个世界所取代；对于尼采，旧哲学的否定的抽象化必将被摧毁，以唤起一种真正的肯定，对一切存在的肯定；对于分析哲学，形而上学的语句纯粹是胡扯，因此

---

① Alain Badiou and Slavoj Žižek, *Philosophy in the Present*, edited by Peter Engelmann, translated by Peter Thomas and Alberto Toscano, pp. 36—38. 巴丢关于这一问题的公式 E→d(ε)→π，详参本研究之《意义：当代神学的公共性问题》第二编第二节"经文辩读"与"诠释的循环"。

② Alain Badiou and Slavoj Žižek, *Philosophy in the Present*, edited by Peter Engelmann, translated by Peter Thomas and Alberto Toscano, pp. 31,36—37.

③ 《本体论与政治：阿兰·巴丢访谈》，见陈永国主编《激进哲学：阿兰·巴丢读本》，北京：北京大学出版社，2010，第337页。

④ Alain Badiou and Slavoj Žižek, *Philosophy in the Present*, edited by Peter Engelmann, translated by Peter Thomas and Alberto Toscano, p. 32.

必须被现代逻辑范式下的清晰陈述所消解"。①

当"真理的蛋糕"被"切成小块儿"的时候,当我们"倾听"由"身体"、"礼物"、"书写"、"行动"、"法则"、"焦虑"甚至"动物"所生成的种种"道说"和"意义"的时候,"布丁"共同凸显的逻辑线索,正是一种积极意义上的"终结"。

如果就这一线索作出最简约的描述,那么也许只能留下另一个有待切割的悖论式"蛋糕",即名词其实是动词性的,动词其实是交互性的。初读书由简而繁,再读书出繁入简,唯此而已。

---

① Alain Badiou, *Philosophy as Creative Repetition*, pp. 1−3, see www.novaPDF.com.

导　论
法则的危机

　　卡夫卡在《审判》中夹进了一个晦涩莫名的小作品,他将其抽出来单独作为一个作品,题目是:《在法的前面》。在20世纪,法则问题得到了诸多思想家和小说家的共同关注,总的说来有两拨人:第一拨主要是德语的思想家和小说家,有本雅明、海德格尔、施米特、陶伯斯、施特劳斯以及卡夫卡等,他们在法则问题上形成相互交叉影响的关系。第二拨主要是法语的思想家和小说家,有薇依、利奥塔、布朗肖、德里达、南希,以及意大利的阿甘本、斯洛文尼亚的齐泽克,他们回应了第一拨思想家们的法则问题。这两拨思想家又都极为关注品达与荷尔德林,于是两者亦交叉在品达与荷尔德林中。在法则问题上,汇聚了诸多当代最为重要的思想家和小说家,他们都来到了"法的前面",他们或论述法的危机,或编织法的故事。法则问题究竟呈现了西方思想中怎样的内在危机呢?无论如何,思想家、小说家对法则的思考和叙述已经成为20世纪独特的思想风景。法则,并不是他们所有思想中的只言片语,而是呈现了诸多思想家和小说家对西方思想内在危机的沉思。

一

　　什么是法则?阿甘本的《剩余的时间:〈罗马书〉评注》的英译者Patricia Dailey在该书的一个译注中澄清:

<blockquote>
在大部分欧洲语言中都有两个不同的词用来区分抽象意义上的"law"和具体意义上的"law":在意大利语中是legge和diritto,在拉丁语中是lex和ius,在德语中是Gesetz和Recht,在法语中是loi和droit,等等。这些对子中的前一个都指特殊的法律和所谓的实证法,比如实际上已被立法和实施的法律。这些对子中的第二个词在任何情况下都是"权利"(rights)一词的基础,且与正义、公正、权利和义务这些概念相关。在英
</blockquote>

语中,不再保留着这种区分。①

何以西方语言会出现法律和法权两个意义的分化,又为何到英语中就不再区分呢?无独有偶,康德在《实践理性批判》中,对准则(Maximen)、规则(Regel)和法则(Gesetz)进行了区分。这三个概念是以具有客观普遍性为准绳进行区分的,准则是纯然主观的,规则是客观的、依照原则的,是一种命令,但规则的普遍有效性取决于个人的欲求能力。而法则是无条件的,绝对的,具有普遍必然性和客观有效性,因而是定言命令。从准则到规则,再到法则,这是康德从特殊到普遍的阶梯,从而上升到决定意志的意志本身,即法则。

无论是法律和法权在语言上的分野,还是康德关于准则、规则和法则的区分,都展示了一个问题图景,即是否有一个至高者之法?我们所论的主要是至高者之法,同时也认识到至高者之法是在法律、法权、规则、准则、律法、文学之法等等更为具体的法则中显现出来的。更为关键的是,至高者之法和具体的法之间存在着张力的关系,这一张力的平衡始终是存在的、不可取消的,这一张力的实质便是:如何在大地上寻找、落实、施行既是至高的又是个别的,既是普遍的又是特殊的,既是正义的又是强力的法则。因此,我们将同时论述至高者之法和具体的法则,在论述具体的法则时也意在将至高者之法指引出来。或许真正的至高者之法只能以暗示、隐喻的方式来表达,它本就属于不可能性的领域。我们将反复回到品达与荷尔德林所描述的作为至高者和万物之王的nomos,品达在《残篇169》中吟诵道:

> Nomos ho pantōn basileus
> Thnatōn te kai athanatōn
> agei dikaiōn to Biaiotaton
> hypertatai cheiri: tekmairomai
> ergosin Herakleos.

根据英译可以译为:

> 法则,万物之王,

---

① Giorgio Agamben, *The Time that Remains: a Commentary on the Letter to the Romans*, trans. Patricia Dailey, Stanford: Stanford University Press, 2005, p.119.

> 必死者和不朽者之王，
> 以最强之手引导，
> 使最暴力的正当。
> 我推知于赫拉克勒斯的行迹。

从西方语言中对法律和法权两个词的区分以及英语对两种意思的不再区分中可以看到，西方语言已经对品达意义上的"法"（nomos）①丧失了原初的经验。在品达看来，法（nomos）是万物之王。品达所说的 nomos 绝非具体的法律条文，也不是权利意义上的法权。施米特在《大地之法》中试图重新找回 nomos 的原初含义："这个词（指 nomos），在其原初的空间意义上，最适宜于描述包含于秩序和方位的关系中的基本进程。尽管在古代，nomos 已经丧失了它的原初含义，并且沦落到丧失任何实质的一般术语的程度，比如在任何意义上指定或者颁布任何规范性的规章或者指令，我想恢复 nomos 一词的活力和威严。"②施米特批判将 nomos 视为普通的法律、法权等次生性的规范，而是将 nomos 视为原初的土地居有、分配事件，这是主权意义上的 nomos。从秩序和方位角度来看，nomos 首先意味着土地的原初划分。土地的原初划分是一切次生性法律、法权的基础。当 nomos 的空间划分完成之后，才有经过形式化过程产生的法律、法权。

一旦 nomos 丧失了作为空间的秩序和方位的原初度量含义时，次生性的法律和法权就成为法则的主要含义。但是法则更为基始的含义是空间的秩序和方位。现代性正是 nomos 丧失其原初的空间秩序和方位的含义，其含义沦落为次生性的法律和法权的进程。在现代性进程中，任何超越人的主权，尤其是作为品达的至高者意义上的主权被质疑和削弱，从而理性、科学、欲望逐渐成为

---

① Rémi Brague 在 *The Law of God* 一书中详尽地分析了神法（the law of God）从古代到现代的思想转捩，包括希腊、犹太、基督教和伊斯兰的思想传统。Rémi Brague 提到，law 在拉丁文中源于 lex，表达了罗马观念。希腊术语是 nomos，希伯来术语是 hoqq 或者 Torah。法不只是陈述（statement），也是强迫（imposition）。强迫的意义在拉丁文中是 ferre，在法语中是 légi-férer，正如 setzen 在德语 Gesetz 中，在 Gesetzgebung 或者 legislation 中。法究竟是劝告，还是强迫，这成为法落实为行动的重要问题。见于 Rémi Brague. *The Law of God: the Philosophical History of an Idea*, trans. Lydia G. Cochrane, Chicago: The University of Chicago Press, 2007, pp. 11–12.

② Carl Schmitt, *The Nomos of the Earth: in the International Law of the Jus Publicum Europaeum*, trans. and annotated by G. L. Ulmen, New York: Telos Press, p. 67.

了度量世界的法则。在韦伯所说的去魅化的世界中,在施米特所说的中立化和非政治化的世界中,和施特劳斯所质疑的虚无主义世界中,人类越来越丧失了生活的根据。而这一切都汇聚到启蒙的大旗之下,产生了近代以自然权利为主导的思想,至此人们所找到的生活根据就是:个体的自然权利。法律和法权都是以个体的自然权利为中心的,这也构成了现代社会最为重要的结构形式。然而,由此导致的社会的全面理性化和世俗化的结果已经全面呈现出来了,其结果就是虚无主义。

一旦作为至高者的法则失落,就会产生两种效应:第一,认为一切都是相对的,不再有绝对的事物,更进一步质疑至高者的位置本身是否合法;第二,将本来就不是绝对的事物说成是绝对的事物,从而占据至高者的位置。对至高法则的虚无化和对至高法则的替代正是现代性产生的致命后果。今天,我们仍然处于将至高法则虚无化或者僭越替代的思维模式之中。由于现代性的去魅化,一方面人们更为追忆古典时代的至高法则,另一方面同时要在现代重新树立至高法则。因此,越是失去了至高的法则,人们越是想要重新为自己树立一个至高的法则。古典的至高法则失落的过程,同时也是现代的至高法则不断重新确立的过程。正如学者吉莱斯皮(Gillespie)所指出的,去魅的过程也是复魅的过程。复魅的"神力"当然不再是"神"的力量,而是以"神"的力量的退场为前提的,只有"神"的退场,其他领域的"神力"才有用武之地。至高法则的不断重新确立,实际上也是一个不断复魅的过程:"神的属性逐渐转移到了人(一种无限的人的意志)、自然界(普遍的机械因果性)、社会力量(公意、看不见的手)和历史(进步的观念、辩证的发展、理性的狡计)之上。"①如果说现代性肇始于对现实世界的不满情绪,通过克服现实而实现超越的努力,那么它的结果必然导致对世界之至高法则的废黜。布鲁门伯格、约纳斯和沃格林等思想家在灵知论和现代性之间建立起了类型上的同构,为寻求现代性的神学起源提供了方向。

法则问题成为现代性思想危机的一个表征,引起了20世纪诸多思想家和小说家们的关注。20世纪思想家和小说家们对法则问题的思考,多半会涉及两个人,一个是品达,一个是荷尔德林。上

---

① 吉莱斯皮:《现代性的神学起源》,张卜天译,长沙:湖南科学技术出版社,2012年,第354页。亦参见第355—356页。

文所引的品达的《残篇169》触及了至高者意义上的法则,同时也触及了如何克服法则的暴力问题。回到品达,是为了溯本清源,回到nomos的原初含义。品达该残篇主要引起了荷尔德林、海德格尔、施米特、科耶夫、布朗肖、阿甘本、南希等人的关注。① 而更多的当代思想家关注荷尔德林的法则问题,这些思想家有海德格尔、本雅明、布朗肖、阿甘本、德里达、南希等。回到荷尔德林,是因为荷尔德林先知性地意识到现代性的法则危机,并且全面地回应了现代性境况中的法则问题。因此,我们围绕法则问题,从早先的康德、荷尔德林等论到当代思想家阿甘本、齐泽克等,以期展示法则问题的一个内在线索。在导论中,将以荷尔德林的发问为引子,以当代思想家的回应为线索,勾勒出现代性状况中的法则危机。

荷尔德林之后,对法则的思考主要沿着三个方向展开:第一个方向在诗和哲学之间进行对话,这主要是从荷尔德林到海德格尔以及薇依的路向,讨论的是作为至高者的法则。第二个方向在哲学和法律之间进行对话,这主要是从施米特到本雅明的路向,讨论的是作为法则的固定形式即法律的基础危机。第三个方向在法则和法律之间,在作为至高者的法则和作为法则固定形式的法律之间思考,结合诗和哲学、哲学和法律的两个路向,这主要是从德里

---

① 以上诸位思想家论品达《残篇169》关于 nomos 的文字分别见于:荷尔德林翻译了该残篇并作了杰出的评论,荷尔德林的翻译和评论对后世影响巨大,见于 Friedrich Hölderlin, *Essays and Letters*, trans. Jeremy Adler and Charlie Louth, New York: Penguin Group, 2009, pp. 336—337. 海德格尔对荷尔德林该译文和评论做出了研究,对照荷尔德林和海德格尔,足见二者对法则问题看法的差异所在。见于海德格尔:《荷尔德林诗的阐释》,孙周兴译,北京:商务印书馆,2000年,第72页。施米特从空间秩序和方位的角度指责荷尔德林将 nomos 译为 Gesetz(law),见于 Carl Schmitt, *The Nomos of the Earth: in the International Law of the Jus Publicum Europaeum*, trans. and annotated by G. L. Ulmen, New York: Telos Press, 2003, p. 73. 科耶夫间接受施米特影响,在《从欧洲视角看殖民主义》一文中反驳了施米特关于 nomos 的见解,将 nomos 的第一义视为"给予"。(《科耶夫的新拉丁帝国》,邱立波编/译,北京:华夏出版社,2008年,第200页。)布朗肖的最后一部小说直接沿用荷尔德林译文的标题 LE TRÈS-HAUT (Das Höchest),写到人、世界和法则的关系,见于 Maurice Blanchot, *The Most High*, trans. Allan Stoekl, Lincoln: University of Nebraska Press, 1996. 阿甘本最为详尽地研究了品达的残篇以及关于 nomos 在法律、暴力和正义之间的疑难关系,见于 Giorgio Agamben, *Homo Sacer: Sovereign Power and Bare Life*, trans. Daniel Heller-Roazen, Stanford: Stanford University Press, 1998, pp. 24—28. 南希则在对品达残篇的研究中提出法则是世界的分享,见于 Jean-Luc Nancy, *Being Singular Plural*, trans. Robert D. Richardson and Anne E. O'Byrne, California: Stanford University Press, 2000, pp. 185—192.

达到阿甘本的路向,他们进一步揭示法律的根本危机,探寻超越法律的正义法则。因此,法则问题必然是在神学、哲学、文学和法学之间进行讨论的跨学科问题。

二

荷尔德林在其诗歌和理论残篇中回应了现代性状况中的法则危机。正因为此,当代如此之多的思想家回到荷尔德林进行思考,仿佛荷尔德林成为了20世纪的同时代人。自文艺复兴以来,欧洲精神在德意志达到了全面鼎盛,在歌德、席勒、谢林等人各自创造出辉煌的精神成就时,荷尔德林已经觉察到西方已经进入无命运的时代。自狄奥尼索斯(Dionysus)、赫拉克勒斯(Heracles)、基督(Christ)三位神的相继离去,西方已经陷入诸神远遁的境况中。法与神圣的关系已日趋疏远,莱米·布拉格(Rémi Brague)论及:"在现代社会,法不再被认为与神圣有什么关系,而是将其视为人类共同体给予它自身的规则,仅考虑到它提供给它自身的目的。"① 荷尔德林以 das Gesetz 翻译品达残篇中的 nomos,并将品达残篇的标题命名为《至高者》。在荷尔德林看来,法则正是至高者,现代性的危机也就是至高者的危机。

荷尔德林追问:

> 如果生活纯属劳累,
> 人还能举目仰望说:
> 我也甘于存在吗?是的!
> 只要善良,这种纯真,尚与人心同在,
> 人就不无欣喜
> 以神性来度量自身。
> 神莫测而不可知吗?
> 神如苍天昭然显明吗?
> 我宁愿信奉后者。
> 神本是人的尺度。
> 充满劳绩,但人诗意地,
> 栖居在这片大地上。我要说

---

① Rémi Brague, *The Law of God: the Philosophical History of an Idea*, trans. Lydia G. Cochrane, Chicago: The University of Chicago Press, 2007, p. 1.

> 星光璀璨的夜之阴影
> 也难与人的纯洁相匹敌。
> 人是神性的形象。
>
> 大地上有没有尺度？
> 绝无。
> ——《在柔和的湛蓝中》）

荷尔德林一般以法则(das Gesetz)或尺度(das Maß)来描述空间的秩序和方位意义上的法则和至高者。只是 Gesetz 更倾向于主权的设定之意,而 Maß 更倾向于度量之意。无论是通过 Gesetz 还是 Maß,荷尔德林想要追问的是设定至高者的法则或者以至高者的法则度量是否可能。荷尔德林在诗歌中的发问是振聋发聩的。荷尔德林自问自答的答案竟然是:绝无。但荷尔德林究竟在何种意义上说"绝无"？海德格尔在《……人,诗意地栖居……》中写道:"此天空乃是尺度。因此,诗人必得问:'大地上可有尺度？'而且诗人必得答曰:'绝无。'为何？因为当我们说'在大地上'时,我们所命名的东西只是就人栖居于大地并且在栖居中让大地成为大地而言才存在。"①海德格尔将荷尔德林的"绝无"尺度转向了对大地的讨论,将"可有尺度"的发问实际上已经转向了"可有大地"的发问。海德格尔的重心在于要让大地成为大地,从而有诗意栖居的长篇论述。但海德格尔是否足够直面了荷尔德林的严峻发问和回答:"大地上有没有尺度？/绝无。"

学者韩潮指出,荷尔德林所言的绝无尺度,是基于诗中反复抒写的人和神、天空和大地的区分。天空是神的居所,大地是人的居所。神不在大地上,而神是人的尺度,因此大地上怎会有尺度呢？②确实,荷尔德林强调神和人的严格区分,因为"神本是人的尺度"。荷尔德林在关于品达残篇《至高者》的注疏中,更是突出了法则是严格的间接性,维держ神和人之间的严格间接性正是法则的任务。关于这一点,下文还要论及。然而,荷尔德林此处还涉及更为广大的背景,即狄奥尼索斯、赫拉克勒斯、基督三位神的相继离去,使得

---

① 海德格尔:《海德格尔选集》,孙周兴选编,上海:生活·读书·新知三联书店,1996年,第477页。
② 参见韩潮:《海德格尔与伦理学问题》,上海:同济大学出版社,2007年,序,第4页。

现代已经成为一个诸神远遁的时代。荷尔德林在《还乡》中写道：

> 每当我们餐前祈祷，可以说出谁的名字，每当我们
> 从白天中休憩下来，说吧，将我的谢意献给谁？
> 他，至上者，是否可以命名？神不悦纳不恰切的名字，
> 我们的喜悦太微渺，无法将他含纳和握住。
> 我们时常适合沉默；他缺乏神圣的名字，
> 　　　　心在跳动，言语却在踌躇犹豫。

　　荷尔德林敏锐地意识到现代正是一个神圣名字缺乏的时代，即使餐前祈祷，也不知道该向谁献上祈祷。南希在《神圣的位置》一文中论述道："'神是什么？'这是一个在祈祷的缺乏、神圣名字的缺乏中的人所提的问题。这是一个缺乏神的人所提的问题（这并不必然地说丧失了[lacking]神），或者这是一个人向神的缺乏提出的问题。"① 神圣名字的缺乏正是荷尔德林所呈现的现代性危机，在一个缺乏神圣名字的时代，人们该如何呼叫他们的神？荷尔德林在《面包和葡萄酒》中写道：

> 当天父对众人背过脸去，
> 悲哀理所当然地弥漫大地，
> 当一位默默无闻的精灵最后一次出现，带来天使般的
> 安慰，宣布白昼消逝后离去，
> 并留下痕迹，表明他来过，天国的诸神
> 还会再来，并留下一些馈赠物。

　　在这首诗中，天父已经掉转面容，已经离去了。荷尔德林在诗中所描绘的神圣名字的缺乏和天父的掉转面容所呈现的正是现代诸神退场的境况。法则必须有授予者。在现代之前，总有一位主权者和至高者在授予法则。那么现在，究竟有谁在授予法则呢？如今，神圣的名字已经缺乏，而天父也已经掉转面容，似乎不再有一位神给予法则。当代思想家们正是试图直面荷尔德林的问题，如果作为法则授予者的至高者已经阙如，那么我们应当做什么？譬如，利奥塔强调一切法则的源头只能是纯粹意志。纯粹意志悬隔了主权者的内容，而只是保留主权的形式。德里达强调一种没

---

① Jean-Luc Nancy, *The Inoperative Community*, ed. Peter Connortrans, Minneapolis and Oxford: University of Minnesota Press, 1991, p. 122.

有弥赛亚主义的弥赛亚性,也是保留主权者弥赛亚的形式,去除主权者的内容。他们认为如此才能防止以主权者之名占据法则授予者的位置。认识到现代性境况中法则授予者的阙如境况是利奥塔、德里达等人思考纯粹意志和没有弥赛亚主义的弥赛亚性的前提。

三

对荷尔德林的"绝无"尺度的第一个回答是法则的授予者已经退场。第二个回答是世界已经进入了例外状态,在例外状态中一切法则都已经失效。当代关于例外状态(Ausnahmezustand)的争论是由施米特挑起的。施米特在《政治的神学》中开篇就如此界定主权:"主权就是决定例外状态。"①施米特认为自由主义无法面对例外状态,即自由主义无法在国家陷入危机时采取有效的措施,这一点可谓击中了自由主义的软肋。但是施米特的策略是主权者决定例外状态,由此主权者就可以悬置法律。于是主权者就处于法律内部和法律外部之间的空隙地带,主权者可以通过决定例外状态的方式将例外状态重新纳入到法律中来。但这时,主权者已经对法律具有了支配权,因此元首是宪法的守护者。与施米特同时,还有本雅明极为关注例外状态思想。本雅明在《德国悲悼剧的起源》中引用施米特的主权学说论述哀悼剧中的君主形象。但是与施米特相反,本雅明恰恰说明了德国哀悼剧中的君主没有能力作出决断,反而陷入忧郁之中,其实际的决断能力和他的君王身份不相符合:"这就是暴君的不可决断。君主负责宣布紧急状态(the state of emergency)的决断,但表明他几乎无力在第一时机中做出决断。"②那么,究竟是施米特还是本雅明才是例外状态理论的决定性诠释者,这成为了挽救例外状态理论的重要争论。从施米特对例外状态的解释出发,导向的是元首对法律的支配作用。但是,例外状态理论是否还有另一种可能性?

阿甘本在《例外状态》中写道:

现在可以更清晰地界定本雅明和施米特关于例外状态的

---

① 施米特:《政治的概念》,刘宗坤等译,上海:上海人民出版社,2004年,第5页。
② Walter Benjamin, *The Origin of German Tragic Drama*, trans. John Osborne, London: Verso, 1998, p. 71.

争论中的要害了。争论发生于无法(anomie)区域,一方面,施米特必须不惜一切代价维持与法的关系,另一方面,本雅明则必须不可辩驳地要从这种关系中释放和解脱出来。也就是说,无法区域的问题是暴力和法之间的关系——在最后的分析中,暴力状况是人类行为的密码。当施米特每次试图将暴力再次写入司法语境,本雅明每次通过寻求将纯粹暴力确认为法外的实存来回应施米特的姿态。①

本雅明的《暴力批判》和《历史哲学论纲》均试图阐发一种外在于法律的纯粹暴力,这种纯粹暴力不可以被主权者纳入法律,它是革命的力量。由此,真正的例外状态是摆脱主权者总体化治理的方式。面对纳粹的统治,本雅明号召激发起真正的例外状态。阿甘本认为施米特的政治图景在当今才真正实现。恐怖主义使西方进入了例外成为常态的时代,即例外不再是一种法律的例外状况,而是成为了生命政治的治理模式。在例外成为常态的时代,法律处于失效的状况中。在这个意义上,通过回到荷尔德林的"绝无"尺度的回答中,可以看到施米特、本雅明、阿甘本等人通过例外状态阐发法律状况的努力。

对荷尔德林的"绝无"尺度的第三种回应是在现代性状况中,即使有法则,也已经成为了一种"无意义的效力存在"(Geltung ohne Bedeutung)。荷尔德林在《摩涅莫绪涅》(Mnemosyne)②的第二稿中写道:

> 我们是没有意义的记号,
> 没有痛苦,几乎
> 在异乡丧失了我们的语言。

在荷尔德林看来,人是神圣尺度的记号,但是这一记号已经成为无意义的,因为我们不再有通往这种意义的语言。学者 David Michael Kleinberg-Levin 在《伦理生命的姿态:在海德格尔之后阅读荷尔德林的尺度问题》一书中写道:"在第二稿《摩涅莫绪涅》(Mnemosyne)中,诗人只能说,尽管我们可能曾获得记号或者尺

---

① Giorgio Agamben, *State of Exception*, trans. Kevin Attell, Chicago and London: The University of Chicago Press, 2005, p.59.

② 摩涅莫绪涅(Mnemosyne)是希腊神话中的记忆女神,乌拉诺斯(天空)和盖娅(大地)的女儿。

度,我们自身成为体现神圣尺度的记号,但是从古老的时代我们丧失了将我们与它所象征的事物相联的语言。"①作者将荷尔德林所说的没有意义的记号与索勒姆、本雅明、卡夫卡、阿甘本所涉及的"无意义的效力存在"关联起来。索勒姆与本雅明在通信中讨论卡夫卡作品中的法律世界时,论及了"无意义的效力存在"。本雅明认为现代是一个丧失了圣典的时代。而索勒姆认为现代是一个律法成为"无意义的效力存在"的时代。阿甘本进一步将"无意义的效力存在"和例外状态关联起来。阿甘本在《弥赛亚与主权者——瓦尔特·本雅明的法律问题》中写道:

> 如果我没有弄错的话,索伦在其后来的著作中再也没有把这种关于卡夫卡世界中法律的界说——"无意义的效力存在"——与犹太教神秘以及弥赛亚的律法书是一堆杂乱、无意义的字母构成的概念进行比较。但即使是最快捷的一瞥也可以知道,这里所讨论的远非一种简单的类比。无意义的效力存在这一公式极为适用于表现以上帝面目出现的律法书状态,当它们显现出效力之时,却并不要求确定的内容与意义。而这种协调关系同样也与例外状态及其绝对化相关,这一点在我们开始本文探讨的《论哲学》那篇论文中已有提示。我认为,"无意义的效力存在"公式不仅可以界说上帝面前的律法书状态,而且还可以界说我们与法律的现存关系——例外状态。按照本雅明的说法,这是我们生活于其中的状态。或许没有比这更好的公式来表达我们这个时代所遇到而又无法掌控的法律概念。②

卡夫卡作品中的律法世界与犹太教神秘主义关于原初律法书的理解可以相互对应。所谓原初律法书是指亚当未犯原罪之前的律法状态,但该律法书是由无意义的字母构成的。原初律法书无

---

① David Michael Kleinberg-Levin, *Gestures of Ethical Life*: *Reading Hölderlin's Question of Measure after Heidegger*, Stanford: Stanford University Press, 2005, p. 33. 这本近五百页的著作考察了荷尔德林之后对荷尔德林尺度(measure)问题的回应,论述了梅洛·庞蒂、阿多诺、本雅明、海德格尔等人,主要是从姿态(gesture)的角度切入的。该著对荷尔德林尺度问题的关注立足于启蒙和浪漫之间,试图呈现一种自我限制的尺度,也论及了通往无神境况、例外状态和普遍性失效的危机。

② 汪民安主编:《生产》(第2辑),桂林:广西师范大学出版社,2005年,第263—264页。

意义却有效力,这正与卡夫卡作品中的法律状况可以相对应。在现代的法律统治下,法律自身变得无意义,但同时又发挥着效力。这是因为在现代,法律通过被悬置的方式实现统治。在这种情况下,法律虽然有效力,但由于处于普遍的例外状态,而成为无意义的。

针对荷尔德林的"绝无"尺度的回答,当代思想家从三个方面进行了回应。对这一"绝无"可以有三种理解(概括地说,而不是准确地说):第一,认为法则的授予者已经退场,这是诸神的退场,存有的是尺度的踪迹。这主要是海德格尔、利奥塔、德里达的理解。第二,认为世界进入了例外状态,一切法则都已经失效。每一个时刻都是例外状态,人被抛进了丧失法则的无根时代。这主要是施米特、本雅明、阿甘本的理解。第三,认为存在着法则,但是法则成为了"无意义的效力存在",已经不再可以认知了。这主要是卡夫卡、索勒姆、本雅明和阿甘本的理解。

四

荷尔德林在《面包与葡萄酒》中写道:

就这样地来吧!让我们放眼广袤的天地,
让我们寻找自己的东西,尽力而为,
有一点不可动摇,不管是正午,还是
夜半更深,一个准绳(ein Maas)永存:
它适用于大家,对每个人又各具个性,
每个人在能力所及之处,应纵横驰骋。

荷尔德林在这里仍然坚持一种独特的尺度,这种尺度是普遍的法则,因此适用于所有人,但同时它又恰切于每个人的尺度。问题的关键在于,有没有一个普遍的法则,同时又尊重个体的多样性?学者夏可君指出:"对于同样追求理智直观和法则的荷尔德林而言,更加强化了这个法则内在的悖论:一方面,相对于已经成熟的英国和法国文化而言,德意志文化落后于他们,德国这个晚生的现代化国家尤为需要法则与秩序来立国,而现代性的危机也在于丧失了'法度',与古典和中世纪不同,个体的自由和交往的多样化,使统一普遍的法则不再可能,因此需要新的法则;另一方面,就文学艺术而言,就具体的实际性生命而言,是不可能有法则的,个体的生命也是超越法则的,或者说是自由的法度与法度的自由。"①在现代性状况中,由于赫拉克勒斯、狄奥尼索斯和基督的相继离去,如果不再有一位至高的神给予法则,那么具有普遍效力的法则如何可能?同时,若不再有一位至高的唯一神,现代性反而进入了一个韦伯所说的诸神之争的时代。诸神之争时代的法则陷入了两难困境:一方面,没有唯一的、普遍有效的法则。另一方面,特殊的、个别的法则又太多了。如何处理诸神之争时代法则的唯一性和复多性?有没有一个唯一的、普遍的而且对每个人而言都独具个性的法则?

这个问题还可以概括为:一个特殊的法则如何同时是一般的。这实际上是康德的反思判断力的问题。康德在判断力问题上遭遇的困难是反思性和共通感的根本张力。一方面,反思的判断力作为调节性的立法必须保持开放性,拒绝构成性法则所具有的暴力性。因此从特殊到一般指的是逻辑顺序,不是发生顺序,如果是发生顺序就与认识论没有区别了。因而这个一般必须是非实存性和调节性的,形式的合目的性符合这样的一般。另一方面,反思的判断力作为法则必须具有普遍有效性,这需要靠共通感来维持,康德在审美判断的第四个契机中提到了这一点,然而共通感是一个构成性、实存性的概念,不符合反思性所要求的一般。这样二者就形成了根本性的张力。反思的判断力不能没有反思性,这是它的根本特性;反思的判断力也无法拒绝被教养和意识形态等规训了的共通感,因为共通感造就了所谓的审美标准,使审美活动得以交流,使审美判断对一切人都有效。这是一种两难,是反思性和共通感之间的肘制。或许反思性只能作为一种理想或方向保留在审美活动的形式中,一落到经验领域现实的审美活动,就会受到共通感的影响和规训,这是无法避免的也是必要的。它需要借助共通感来建立审美标准,从而使审美成为可能。

判断力之反思性和共通感之间的紧张关系在现代越来越彰显,几乎可以说是分道扬镳,分别朝着两个路向发展。一个路向是对共通感的开发,有伽达默尔、阿伦特等。他们责备康德把共通感狭隘化了,使其仅仅局限于审美领域,他们认为共通感是整个社群性共有的基础,包括政治、伦理、道德等各个领域。夏夫茨伯里曾

---

① 夏可君:《荷尔德林的文论与现代汉诗写作的法度》,载《中国人民大学学报》,2009年第5期,第7页。

指出,人文主义者把共通感理解为对共同福利的感觉,也是一种对共同体或社会、自然情感、人性、友善品质的爱。因此在某种意义上,共通感中包含着道德的形而上学基础。另一个路向则返回到判断力独特的反思性,正本清源,强调唯一、例外、不可化约,打破总体性、统一性的暴力,有阿多诺、利奥塔等。阿多诺的《否定辩证法》利用了审美的反思性即自由性、不确定性和开放性,来阐述他的否定、批判理论。利奥塔的后现代崇高,则强调了崇高的事件性、例外性和不可表征性,取消标准的统一性,保持其打断和间隔,拒绝纳入理性或者知性的范围之内,这就持守了反思判断力与规定性判断力的绝对界限。利奥塔认为,唯一性、例外本身就是一种为自己建立法则的能力,是一种先天立法,属于反思性判断力自己的领地;而由共通感带来的知识的后发性、可交流性则在它之后。对崇高的强调都是对审美之反思性特性的突出,打破教养和意识形态带来的僵死的统一性,是对共通感导致的规训之反叛。这两种思路都试图在普遍性和特殊性之间达成调谐,从而找到既是特殊的,同时又是普遍的法则。

　　坚持反思性和共通感的张力,也就是要坚持特殊性和普遍性之间的张力,坚持这一张力也就否定了那种以独一的主权垄断一切的方式。施米特通过主权决定例外状态的规定实际上将主权者置于最高位了,主权者掌控了法律。从欧陆的主权论我们可以看到这种主权论是完整的权力,而不是残缺的。一旦主权是完整的,那么就居有了至高者空缺的位置,从而带来法则的暴力。如今,我们是要回复到普遍单一性的法则中去,还是延续浪漫主义所开创的多元论成为了我们时代的思想抉择。如果有一个普遍单一的法则,这样的法则可能吗?是否有一种不会带来法国大革命恐怖政策和奥斯维辛的普遍单一的法则?随着现代性个体的兴起,我们已经进入普遍的例外状态,在个体的多元处境中,多元法则之间本就已经陷入多元的冲突,普遍单一的法则是无力的。现代的事实处境是古典的美德已经不可能有效限制现代的自然欲望。普遍单一的法则是一种无效的强制,而多元论的法则掩盖了多元的冲突,我们不得不在普遍单一和多元论之间,寻找一条走出两者之拘囿的现代之路,并且寻找这一条现代之路的古典资源。然而浪漫主义的多元论仍然构成一种多元处境的参考,对此伯林总结说:

　　　　浪漫主义还留给我们这样一个观念,对人类事务做出一个统一性回答很可能是毁灭性的,假如你真的相信有一种包治人类一切疾病的灵丹妙药,且无论付出何种代价你都要使用它,那么,在它的名义之下你很可能成为一个暴力专制的独裁者,因为,把一切障碍留给它解决的愿望将最终毁灭那些你本来想为其利益寻求解决之道的生命。多重价值并存且彼此矛盾的观念;多元性、无穷性、人的一切答案和决定的非完满性的观点;在任何声称完美和真实的单一回答在原则上都不是完美的和真实的——这一切都是浪漫主义给我们的馈赠。①

浪漫主义运动反思为什么启蒙运动带来的法国大革命最终会走向恐怖政策。上承浪漫主义运动,法国后现代思想继续针对奥斯维辛思考总体化法则的危机。利奥塔总结出极权主义的两种叙述模式:神话叙事和解放叙事。两种叙事都是为了找到法则的合法性,神话叙事诉诸源头,而解放叙事诉诸未来。两种叙述模式都是要求一种总体性的法则,让这一法则来涵盖一切。利奥塔不遗余力地以异教主义的方式抵抗这种总体性的法则。因此,承继浪漫主义的成果,承认现实的多元处境,反对总体化的法则,这一思路对于如今仍然是有益的。

五

品达在关于 nomos 的残篇中将 nomos 视为主宰一切的主权,而荷尔德林索性将这一残篇的篇名译为《至高者》,海德格尔也确认法则作为至高者的地位。法则是至高者,那么它就不只是规范意义上的法律和法权,而是涉及圣言。但是,随着现代性的中立化和世俗化的进程,圣言旁落,人造的圣言也就兴起了。总体化的法则取代了圣言的位置,成为了荷尔德林所言的"绝对的君主制"意义上的统治。荷尔德林于 1798 年 12 月 24 日致友人辛克莱尔的信中写道:"这样也好,天地之间,没有一种力量做主宰,这甚至是一切生命和所有组织的首要条件。绝对的君主制处处皆扬弃自

---

① 伯林:《浪漫主义的根源》,吕梁等译,南京:译林出版社,2008 年,第 144—145 页。浪漫主义与启蒙其实并非决然对抗的关系,浪漫主义本身就是从启蒙的根基里生长出来的。如何守护启蒙的成果,却不走向工具理性,同时又吸收浪漫主义的成果,但不走向虚无主义,这成为了启蒙和浪漫之间争论的疑难所在。实际上,在启蒙的思潮中有一股自反的启蒙思想,譬如康德对法国大革命的态度,这一自反的启蒙思潮可以在启蒙和浪漫主义中找到一个交叉的地带,可以将启蒙和浪漫连接起来。

身,它没有客体;在严格意义上也从来没有一种绝对的君主制。"①无客体的绝对君主制只是对自身的统治,也就不存在这样的无所统治的君主制。

法则是至高者,但作为至高者的法则是不可以直接显现的。荷尔德林在关于《至高者》的注疏中写道:

> 严格地说,直接者对必死者和不朽者都是不可能的;神根据其本性必须区分不同的世界,因为天国的财富为了它自身的缘故必须是神圣的,没有杂质。人作为认识者也必须区分不同的世界,因为知识只有通过对立才是可能的。严格地说,直接者对于必死者是不可能的,同样对不朽者也是不可能的。
> 而严格的间接性就是法则。
> 这就是为什么那至高无上的手有力地施行最公正的权力。②

荷尔德林提出"严格的间接性就是法则",法则的暴力就来自于取消了法则的"严格间接性",将法则视为直接的统治方式。在《论惩罚的概念》中,荷尔德林写道:"回答可能是,只要人把自己视作受到了惩罚,就必然于自身设立了触犯法则的前提,就将惩罚作为惩罚来评判而言,人在惩罚中必然……"③法必然是强有力的,否则它就不会得到执行。在荷尔德林这里,法则的显现必然是惩罚,因为法则的显现总要抓住一个客体,对其进行惩罚。法则一旦显现,法则的暴力就充分显示出来。在关于索福克勒斯两部悲剧《安提戈涅》与《俄狄浦斯》的注疏中,荷尔德林进一步阐释了法则显现的暴力。悲剧的突然打断,出现悲剧短暂的休止和空无,这时悲剧的观念自行显现出来,停顿作为死亡是一个强力和灾变的时刻。荷尔德林用"记号=0"来标记悲剧英雄的死亡和法则显现的时刻。在《不同类型的注释》中有一个《悲剧的意义》的片断:

> 最易从悖论中来把握悲剧的意义。因为所有的资才分配得正义而相等,一切原始物虽然不显现于原始的强大,但却原本地显现于它的软弱之中,于是生命之光和现象原本属于每

---

① 荷尔德林:《荷尔德林文集》,戴晖译,北京:商务印书馆,2003年,第406页。
② Friedrich Hölderlin, *Essays and Letters*, trans. Jeremy Adler and Charlie Louth, London: Penguin Group, 2009, p.336,参考孙周兴译文,有改动。
③ 荷尔德林:《荷尔德林文集》,第195页。

一个整体的弱点。在悲剧中记号自身无足轻重,没有作用,但是原始物恰好显示出来。原始物本来只能显现在弱处,可是,只要把记号自身作为无意义的=0,原始物,每一种自然的隐秘的根据,也能呈现自己,如果自然本来在其最弱的馈赠中呈现自己,那么,当它于最强的馈赠呈现自己时,记号=0。①

原始物不能直接得到表达,它必须借助更弱的事物来表现自己。而悲剧作为理智直观的隐喻,则是通过记号来表现的。但是记号相对原始物而言,它恰恰是脆弱的。荷尔德林在这里表述了原始物和记号的污染关系,原始物必须通过记号来表现自身。这和德里达的替补逻辑是一致的。蒙田曾经追问法律权威的神秘基础(mystic foundation of authority),即法律的权威究竟来自何处?法律的权威究竟来自于正义,还是来自于法律自身?若按荷尔德林的阐释,正义是原始物,而法律是记号。正义的原始物通过记号法律的方式显现出来,因为正义不能直接显现自身。然而法律的困境在于法律不再追溯到更高的正义或者作为至高者的法则,而是将法律自身等同于正义,从而取消了原始物和记号的区分,取消了正义和法律、至高者法则和法律规范的区分。在蒙田看来,这种正义和法律的不加区分成为了法律权威的隐秘来源。

法律的暴力问题始终纠缠在正义和强力之间。在奥斯维辛之后,当代思想家不得不反思正义的法则如何是与暴力关联在一起的,或者说暴力是如何一步步渗透入正义的法则之中。德里达在《法律的力量:权威的神秘基础》中将帕斯卡尔、蒙田和本雅明综合起来讨论。帕斯卡尔在《思想录》中提出的问题是,正义和强力的基本特征是要求自己得到执行,即有一个言语行动的述行结构。正义和强力都意味着"必须"。最为困难的是,正义若不是强力的就是无力的,而强力若不是正义的就会遭到指控。因此,正义必须是强力的正义,而强力必须是正义的强力。正义和强力必须结合在一起才能得以实行。然而问题在于究竟如何区分强力和暴力呢?本雅明指出法律有两种暴力即开创式的立法暴力和保守式的护法暴力,这两种暴力都属于神话暴力。立法暴力和护法暴力作为神话暴力要在法律中垄断暴力,即禁止法律之外的暴力。显然,法律的神话暴力是以法律自身为目的,将法律自身视为正义,混淆

---

① 荷尔德林:《荷尔德林文集》,第251—252页。

了法律和正义的区分。由此，本雅明提出一种超越神话暴力的神圣暴力，神圣暴力是纯粹的暴力，是正义的直接显现。

虽然本雅明试图区分正义和法律，但是德里达质疑本雅明的神圣暴力是不是和纳粹的暴力有某种同构关系呢？于是我们再次回到荷尔德林关于原始物和记号的污染关系中，德里达的结论是：正义是不可解构的，法律是可以解构的，正义只能通过法律显现，而法律必须有正义的幽灵般的侵扰。德里达认为必须承认这一污染和腐败的关系，如此才能克服神话暴力，又不至于落入神圣暴力的危险之中。因此，德里达也解构海德格尔关于阿那克西曼德箴言的解读，因为海德格尔赋予嵌合 dikē，Fug 以优先性，以克服 adikia、Un-Fug，然而德里达认为开端处就已经是 adikia、Un-Fug，裂隙、接缝本就是正义的条件。

以上我们已经讨论了现代性状况下法则的三个危机：第一，有没有作为至高者的法则？这是"有无"危机。第二，有没有一个普遍的法则，同时又尊重个体的多样性？这是普遍性危机。第三，法律在与正义和强力的纠缠中，为何总是陷入暴力？这是正义危机。这三个危机都指向了法则的暴力。如果有一个至高者，但是现代性已经处于诸神远遁的境况中，坚持一个至高者的法则只能被视为对至高者的替代，它是暴力的。如果没有至高者，那么仍然有诸神之争的问题，法则反而显得更多，法则之间必有冲突和暴力。如果有一个普遍的法则，那么它对于个体则是暴力的。如果没有一个普遍的法则，那么个体的法则之间就会陷入暴力。如果法则是正义的，那么就必须是强力的，但如果法则是强力的，又怎能避免暴力。因此，真正的问题在于如何有一个法则，同时又不是暴力的。本书将讨论当代思想是如何揭示法则的暴力，并艰难地探索克服这种暴力的可能道路。在导论中，通过荷尔德林揭示了法则的三个危机，并呈现法则的暴力。从荷尔德林可以直抵当代，直到当代的意大利思想家阿甘本。荷尔德林是我们的同时代人，荷尔德林的问题得到了当代思想家的全面回应。因此，导论作为本书的引子提出问题：什么是法则的危机，这一危机的核心就是法则的暴力。本书将分四章讨论法则的危机、暴力及克服的可能方式。

第一章

法则的暴力

第一节 法则的张力

在本章中,将通过对康德法则思想的论述展示法则内部的张力,并进而通过对利奥塔、本雅明的论述,展示法则的暴力。本章试图总体性地论述法则暴力的特征,并勾勒出克服法则暴力的三条道路,这三条道路贯彻了当代思想试图克服法则暴力的途径。在这一节中,试图展示康德哲学中所存在的法则、规则和准则之间的张力。1799 年元旦,荷尔德林在致其兄弟的书简中盛赞康德是德意志民族的摩西,带领人民走出埃及的颓败,进入自由而孤独的思辨沙漠,并从圣山上为德意志人带来了生机勃勃的法则。经验论和唯理论不可调和的矛盾促使康德开始了他的立法工程。在三大批判《纯粹理性批判》、《实践理性批判》和《判断力批判》中,康德分别阐述了知性为自然立法、理性为道德立法以及判断力作为调节性法则自己给自己立法。康德的法则思想,是在法则、规则、准则的张力中,也就是在普遍和特殊的张力中展开的,这一张力展示了人的有限性,同时也为有限性中的超越提供了可能。

一

"人为自然立法"指的是人的知性为现象界立法。这是认识领域的问题,针对的是唯理论和经验论的纷争,集中围绕理性知识是否可能以及如何产生等问题,探讨人的认识机制。以休谟为代表的经验论认为人只能认识感性经验,却不能产生理性知识,经验之外不可知,每一次认识只对这一次有效,所谓的因果性只不过是习惯性联想。唯理论则认为一切知识都包含在先验理性之中,通过分析可以带来确切的知识,然而这种蕴含在主词之中的分析却不能带来新的知识。唯理论和经验论之争本就是普遍和特殊之争。

康德立足于人的现实,批判地区分了人的理性能力,划分为感性、知性和理性。感性是对外界事物杂多表象的感知,是感官的一种经验性的感知能力,但是已经经过时空形式的源初整理。知性是人的一种综合统一的能力,依据的是人的先验统觉,先验统觉在康德的认识论上已经是最高最原始的统一和绝对了。这种综合统一能力通过先验范畴在感性获得的杂多表象上起作用,实现从多到一的转换,知识便由此而产生。知识就是先验范畴加感性经验,这是一种先天综合判断,先验范畴的先天性保证了知识的客观确定性和普遍必然性,综合判断则能够结合经验产生出新知识。可见,知识的产生在逻辑上需要以人的知性范畴为先决条件,所以说是知性在为自然立法;在时间上则以人的感性经验为基础,感官所感知的是事物的表象,因而对自然界的认识就是对现象界的认识。

康德对人的认识能力进行了细分,并指出对于人类,理智直观是不可能的。正如康德所说:"作为理智直观它看来只属于元始存在者(Urwesen),而绝不属于一个无论就其存在来说还是就其直观(在与被给予的客体的关系中规定其存在的直观)来说都不独立的存在者。"①他把自然界区分为现象和物自体,物自体属于超感性的领域,是不可知的,因为知性只能认识现象。知性和直观的二分导致物自体不可知。康德认为直观只能是感性的,感官的感知只能以被动性的给予为前提,感官不能进行能动的思维;而知性则只能思维,无法直观。物自体的超感性性质使其无法被直观,因而无法认识。康德基于人类的有限性,认为人类只有感性直观的能力,理智直观超出了人类的权限,其他的存在者例如上帝可以有。什么是理智直观?上帝说要有光便有了光,这就是理智直观,即一种主动地给予杂多表象的能力,属于内部直观。正如学者邓晓芒阐释的,知性使直观本身带上了能动性和创造性,或者说知性的自发创造带有了直观对象性。② 很显然,人是不具备这种能力的,或者人只能在艺术创作中进行模拟。

面对这样一个超越感性的领域,如果知性僭越自身,就会导致二律背反,因为知性范畴只能在感性领域起作用。能否越过这个

---

① 康德:《纯粹理性批判》(第 2 版),李秋零译,北京:中国人民大学出版社,2004年,第 67 页。
② 参邓晓芒:《康德哲学诸问题》,北京:生活·读书·新知三联书店,2006年,第 64 页。

深渊,从感性直观通达对本质的认识?有限性基础上的超越如何可能?胡塞尔与海德格尔均从现象学的维度试图突破康德的界限。胡塞尔借助笛卡尔找到了认识批判的阿基米德点,那就是绝对的被给予性。当一切均可怀疑时,我的"看"和我所看到的现象是不可怀疑的。通过超越论还原,胡塞尔找到了纯粹的主体性,然后从这一纯粹的主体性出发进行反向的建构。在绝对被给予的明见性中,实项内在和一般内在都被给予了。借着本质直观,对现象的直观就已经是对本质的直观。早在德国浪漫派那里就已经重新发现康德思想中的想象力,由费希特肇始并影响了施莱格尔、诺瓦利斯与荷尔德林。① 海德格尔再次将先验想象力置于康德思想的隐秘地基中。康德的图型论意在解决感性和知性的连接难题,通过先验想象力和时间的关系连接不思维的感性和不直观的知性。先验想象力是一种生产性的想象力,它不是被统摄于知性之下,而毋宁说是知性本身的一个必要成分。图型不过是先验想象力的略图(monogram),图型无非是按照规则的先天的时间规定。南希认为:"康德的想象力实际上是……图像功能的第一个现代形象,那就不再是再现而是表现、显现和统觉。"②南希认为主体是制造—图像(making-image)的场域,想象力的场域。由此,先验想象力就为仅有感性直观的人类,提供了超越的可能。

在知性为自然界立法中,仍需在知性的有限性中寻找超越之路。正如海德格尔所说:"恰恰是纯粹的直观自身,又是有限的本质存在。首先,纯粹直观与纯粹思维的本质性的结构统一,将其沉隐到完全的有限性之中,而这种完全的有限性呈现自身为超越。"③在超越论演绎的两条道路即从纯粹的知性开始的道路和从直观开始的道路,在海德格尔看来都会合于想象力的纯粹综合上。康德说:"自然法则,作为感性直观的对象本身所委质的法则,必定有一个图型,亦即想象力的普遍方式(将法则所决定的纯粹知性概念先天地呈现给感觉)与之相符合。"④知性作为规则的能力,也就是图

---

① 详见迪特·亨利希:《康德与黑格尔之间:德国观念论讲演录》,彭文本译,台北:商周出版社,2006年,第292—310页。

② Jean-Luc Nancy, *The Ground of Image*, trans. Jeff Fort, New York: Fordham University Press, 2005, p.81.

③ 海德格尔:《康德与形而上学疑难》,王庆节译,上海:上海译文出版社,2011年,第70页。

④ 康德:《实践理性批判》,韩水法译,北京:商务印书馆,2003年,第74页。

式化的能力,并不是本源的直观(intuitus originarius)、原型的智性(intellectus archetypus),它不能创造一个存在物,但知性的立法并非纯然被动地面对感性材料,而是在想象力中关联于一个"对象=X"。这个"对象=X"作为纯粹的境域使存在物的自身显现成为可能。由此,存在论意义上的知识就是源生性的、超越论的真理。感性和知性在想象力中连接,知性作为规则的能力,为自然立法,已经落实在存在论的视野中,有限的认知成为了超越。

二

在康德的批判哲学中,属于构成性法则的除了认识领域中的自然法则,就是实践领域中的自由法则,它们是康德哲学的两个组成部分。判断力属于调节性法则,没有任何自己的领地。自然法则的领域对应于人的思辨理性(也叫理论理性),自由法则的领域对应于人的实践理性。康德认为二者是同一个理性在依照先天原则进行判断,但实践理性占有优先地位:"因为一切关切归根结底都是实践的,甚至思辨理性的关切也仅仅是有条件的,只有在实践的应用中才是完整的。"① 在这一领域,康德提出理性为自身立法。康德以人的主观理性能力为立论根基,由此生发出其他的概念或公设,他对道德领域中自由法则的论证便是如此。康德的《实践理性批判》回答意志自律如何可能的问题,他在导言中把理性进一步区分为纯粹理性和以经验为条件的理性,后者也叫一般实践理性,并阐明之所以要这样区分是为了"防范'以经验为条件的理性'想要单独给出意志决定根据的狂妄要求"②。康德首先确立无条件的至上的实践法则,即纯粹实践的原理,然后再谈在主体感性上的应用。能够单独给出意志决定根据的、足以决定意志的是纯粹理性,因为只有纯粹理性才是不以经验为条件的,才是无条件地实践的,才足以称之为法则,而这就是理性为自身立法。

纯粹理性是定言命令,它是自足的,无条件的,但需要以先验自由为前提。康德说:"自由诚然是道德法则的存在理由(ratio essendi),道德法则却是自由的认识理由(ratio cognoscendi)。"③ 前半句是说只有建立在自由基础上的道德才是真正的道德,后半句

---

① 康德:《实践理性批判》,韩水法译,北京:商务印书馆,2003年,第133页。
② 同上书,第14页。
③ 同上书,第2页注。

是说自由是在道德法则中被意识到的,即意志自由是纯粹理性必不可少的公设。康德认为肯定意义上的自由等于意志自律,实践的自由就是意志对于道德法则以外的任何东西的独立性。康德将自由、意志、道德三者贯通起来,意志的自律就是道德,似乎自由必然通向道德。然而有肯定意义上的自由,就有否定意义上的自由,康德对后者的界定是"对客体的独立性",例如本性的自由、意向的自由。对客体的独立性是指自由不为任何动机所规定,只有当动机被纳入个人的准则时,动机才对自由发生影响。道德法则在理性判断中就属于动机,如果把道德法则纳入自己的准则,那么此人在道德上就是善的。然而把何种动机纳入自己的准则,依据的则是"本性":"这里把人的本性仅仅理解为(遵从客观的道德法则)一般地运用人的自由的、先行于一切被察觉到的行为的主观根据,而不论这个主观的根据存在于什么地方。"①在这种"自由地自决"上,出现了善与恶的分歧。康德在《纯然理性界限内的宗教》中论述了根本恶的问题。他认为恶是在运用自由时的主观根据中出现的,随着个人准则的确立而诞生。但是这种源初的主观根据无法探究,如果探究只能越来越远地追溯到无限。在这种主观根据中包含着善的禀赋和恶的倾向。禀赋带有先天的意味,倾向则是受到世俗经验感染的一种趋势。

  作为道德的评判,善恶的区分主要不在行为和结果,而在动机。康德认为伪善和自欺是派生一切其他恶之根本恶,因为只有这种恶是单纯以其动机而不是后果被判定的。实践领域中"自由的法则"在动机问题上遇到了障碍。为了解决这个困难,康德在道德法则的经验运用领域进一步提出了至善、德行等概念,并引入了两个公设,即上帝存在和灵魂不死,认为在经验领域中道德必然导致宗教。道德本来是自足的、无条件的,本身不需要一个目的,但在经验运用领域中理性要求它必须要有一个目的,否则就无法解决根本恶的难题。于是,道德在经验领域演化成了至善,至善与人的欲求能力相对应,成为人这一有限存在者的终极目的。作为目的,至善就比道德多出一个要素即幸福,原来属于道德的义务也演化成了与幸福相匹配的德行,由此出现了德福一致的问题,要保障德福一致,就必须假设上帝存在和灵魂不死。至善与道德的不同

---

  ① 康德:《纯然理性界限内的宗教》,李秋零译,北京:中国人民大学出版社,2007年,第19页。

在于,至善是有条件的,上帝构成其存在的前提;道德自身是自足的、无条件的。由道德演化为至善,道德必然导致宗教,这些概念和公设的提出似乎可以防止恶的倾向,但是事实上已经暴露了理性自身的缺陷和意志自律的困难。

如果说在康德那里,恶产生于感性动机和道德动机次序的颠倒,说明恶仅仅来源于意志的脆弱;那么谢林则受波墨神秘主义哲学的影响,在自由中置入了恶的实在性,由此恶就不再是一种次序颠倒的结果,而是深植于存在的本性之中。谢林甚至将恶思考为爱之意志的条件,认为恶也是上帝自我启示的条件:"假如恶不存在,上帝自身也必定不存在。"①在奥斯维辛之后,恶的问题再次激发起阿多诺、阿伦特、勒维纳斯和齐泽克等人的思考,他们将恶与绝对律令关联起来,意识到在总体败坏的境地中不可能有道德律可言。阿多诺和霍克海默尔在《启蒙辩证法》中将康德与萨德并提,认为萨德的内在真理其实是康德式的。但是拉康和齐泽克则反过来理解,认为康德的内在真理实际上是萨德式的。阿伦特在60年代以后,根据艾希曼现象提出了平庸恶,恶之平庸比恶之激进更为触目惊心。恶作为准则对法则的替代,本身就来自康德对法则、规则和准则的区分,康德试图在这一张力中确立人的有限性,并以强调法则的方式确立人的意志自律,而当代诸多思想家则进一步指出了意志自律中仍然存在着一种主体的僭妄。

三

康德以判断力作为纽带完成其桥梁工程,这是由他的二分逻辑带来的必不可少的一环。然而判断力没有自己的领地:"不能在理论哲学和实践哲学之间构成任何特殊的部分,而只能在必要时随机附加于双方中的任何一方。"②这就决定了判断力立法的独特性,它是一种调节性法则,不同于前两者的构成性法则。构成性法则是实存的,例如自然的机械律以及实践的道德法则;而调节性法则却是被设想出来的,具有非实存性,它不作用于客观实物,而只是在人的理性中具有连接和沟通作用。判断力是处理特殊和一般之间关系的能力,它分为两种,一是规定的判断力,二是反思的判

---

① 谢林:《对人类自由本质及其相关对象的哲学研究》,邓安庆译,北京:商务印书馆,2008年,第122页。
② 康德:《判断力批判》,邓晓芒译,北京:人民出版社,2002年,第2页。

断力,前者是从普遍到特殊,先天综合判断即知识是典型的规定的判断力;后者则是把特殊纳入到普遍中,康德说:"反思性的判断力的任务是从自然中的特殊上升到普遍。"①康德突出强调了反思的判断力,它把自由领域理性的特性(目的性)应用于自然领域(机械性),从而把自然和自由即认识和实践两大领域连接起来。而反思的判断力又分为审美判断力和目的论判断力,前者是一种特殊的能力,提供先天原则,是后者的理论基础,把前者的原理运用到客观质料上就是后者,后者进一步为理性的目的概念作好准备。

康德曾在《纯粹理性批判》中提到,判断力是运用法则的能力。某种意义上可以说,它是对立法机制的一种模仿,是理性为了自身的综合统一与完整性自己为自己建立法则,正如康德所说的:"反思性的判断力只能作为规律自己给予自己。"②它的这种立法是通过类比和象征实现的,其先验原则是"自然的形式的合目的性"。目的概念本来是实践领域中与人的欲求能力相对应的一个概念,审美却与欲求和利害无关,而且自然的形式在客观上也不可能有目的,但是自然的形式在性状上的协和一致,似乎只有按照目的才有可能,于是人的鉴赏理性就主观地将其类比于实践判断,看作具有合目的性。这就把一个特殊纳入到了一般当中,但这个一般不是实存性的,而仅仅是一个调节性的假设。这是一种类似于认识的非认识活动,它使感性、知性、理性之间得以顺利过渡,带来主体心意功能的和谐,从而产生适宜和愉悦感,并使自然领域和自由领域得以贯通,完成了桥梁的使命。

康德格外强调反思判断力的非概念性和非欲求性,它不属于两大领域中的任何一个,也不遵从它们的法则,而是有自己独特的运行机制。然而康德却用范畴概念的方式分析了审美的四个契机,并没有形成关于反思判断力自己独特的术语系统。判断力分为两种,一是从一般到个别,一是从个别到一般。然而人们常常忽视的是,这里所指的是逻辑顺序,而不是现实的发生顺序。例如,知识的产生是典型的规定的判断力,从一般到个别是指从先验范畴到杂多表象,这是一种逻辑顺序;如果是发生顺序,那么很显然是先有杂多表象的个别,然后才有普遍性的认识。因此,对于反思的判断力,也应该是逻辑顺序上的特殊在先,一般在后。一般必须

---

① 康德:《判断力批判》,第14页。
② 同上。

是非实存性和调节性的,否则就会沾染一般通常所具有的法则的独断,在逻辑上重新越居特殊之前,控制支配特殊,使其通向确定性,重新落入规定性判断力的思维模式。

康德在第四契机的分析中论及审美判断之必然性的基础在于共通感。共通感概念,与反思判断力形成一种张力,这种张力也就是普遍和特殊的张力,是法则、规则和准则之间的张力。康德在《判断力批判》中曾明确说过反思性判断力的先验原则是"自然的形式的合目的性",这是一个调节性和非实存性的概念,符合它自身所要求的一般。判断力虽然不应该具有法则的暴力性,但它必须拥有对一切人的有效性,否则审美活动就会失去评判标准,变得无法交流。因此,需要有一个共同的基础,这个基础只能是共通感。共通感使审美活动在内容和标准上受到教养和意识形态等的规训,这些规训在某种程度上造就了所谓的审美标准。不过,共通感是整个社群性共有的基础,包括政治、伦理、道德等各个领域。夏夫茨伯里曾指出,人文主义者把共通感理解为对共同福利的感觉,也是一种对共同体或社会、自然情感、人性、友善品质的爱。正如伽达默尔所说的:"共通感中实际包含着一种道德的、也就是一种形而上的根基。"① 在共通感的构成性、实存性和审美的特殊性、个别性之间,形成了张力。伽达默尔认为康德的规定性判断力已经具有反思判断力的特点,也是一种审美的判断。伽达默尔、阿伦特等都责备康德把共通感狭隘化了,使其仅仅局限于审美领域。

四

康德的法则概念存在着不同的层次,康德以是否具有客观普遍性为准绳区分了准则(Maximen)、规则(Regel)和法则(Gesetz)。准则是纯然主观的,只对个人有效,建立在个人的禀好之上,禀好是以情感为基础的。每个人都有运用自己"任性的自由"的权利,把何种动机作为自己的准则,取决于个人自己。康德在《纯然理性界限内的宗教》讨论了善恶问题,善或恶是人自由意志的产物。如果将感性的动机置于道德的动机之前,就会使次序颠倒产生恶,恶是自由本身固有的可能倾向。准则的存在是恶得以产生的机制,它是以"自由的任意"为前提的。规则,是客观的、依照原则的,是

---

① 伽达默尔:《真理与方法》,洪汉鼎译,上海:上海译文出版社,第30—31页。

一种命令。规则是理性能力的一种表现,它与以禀好和情感为基础的准则完全不同。但它仍然不是法则,它的普遍有效性是有条件的,即必须"在没有那些主观偶然条件时"才行。因为规则取决于欲求能力,欲求能力的性质不同,它就会有不同的形式。所以,它作为命令包括假言命令和定言命令两种,其中假言命令虽然是实践规则,但却不是法则。法则,必须是定言命令,因而是无条件的,绝对的,具有普遍必然性和客观有效性。尤其在实践领域,定言命令是决定意志的意志本身,它独立于本能和禀好,也独立于以经验为条件的理性,即所谓欲求的结果。如果以欲求的结果为意志则是假言命令,假言命令不着眼于意志本身,所以是有条件的,缺乏必然性,不足以构成法则。可见,法则是自足的。法则既具有先天客观性,又以主观的自由为前提,这使它不同于纯然主观的准则,也区别于依照经验理性的规则。法则是先验的,其先验性决定了其普遍必然性和客观有效性。

康德以客观普遍有效性对准则、规则、法则进行区分,显示了康德的主要关切所在,即普遍和特殊之间如何协调。无论是规定性的判断力,还是反思的判断力,所面对的都是普遍和特殊的关系问题。康德究竟是重视特殊,还是重视普遍?阿多诺认为:"在康德这里绝对不受限制的东西——法则概念,在亚里士多德那里却受到所谓'适应性'的限制。现在,这个东西已经淡薄了。亚里士多德的适应性是说,人们不仅要按照法则办事,而且还要顾及这个人和特殊的情况而行动。而在康德这里,这可能就是他律。康德在一个地方把前后一致当做唯一受到哲学尊重的东西,适应性却与此相反,始终是前后不一致的。"① 然而,学者刘易斯·贝克指出,在康德那里存在着规则和原理之间的松散关系,因为规则还有赖于欲求能力,还有赖于主体的自由选择。因此,刘易斯·贝克并不认同人们批评康德夸大了道德行动的统一性的观点。② 对于实践理性而言,康德认为应当遵循的秩序是:"从各人建立在其禀好上的准则开始,从对某一类在某种禀好上相互一致的理性存在者都有效的规矩(规则)开始,最后从对一切理性存在者都有效的法则

---

① 阿多诺:《道德哲学的问题》,谢地坤、王彤译,北京:人民出版社,2007年,第141—142页。
② 参见刘易斯·贝克:《〈实践理性批判〉通释》,黄涛译,上海:华东师范大学出版社,2011年,第91—92页。

开始,而不计及其禀好。"① 可见康德设立了一个阶梯,以"自由的任意"为背景和开端,从以感性禀好为导向的准则到以经验理性为特点的规则,一直通向了先验客观的纯粹理性和法则。这个阶梯一头连着主观自由,一头通往客观法则。从经验到先验、从主观到客观,正是普遍和特殊的关系问题。事实上,在康德的伦理学中,也并非完全以法则的普遍来压制特殊。从根底上讲,将自己的准则归摄到法则中,是规定性的判断力。规定性的判断力与反思的判断力一样,都是一种天赋,本身并没有规则可言。学者郁振华指出:"规则的应用是无规则可言的,因此,要靠我们的判断力来决定如何应用一条规则。"② 规定性的判断力执行归摄或应用时,始终会面临如何将特殊归摄到普遍和如何将普遍应用到特殊中的问题,这里始终存在着面对特殊时判断力的自由选择。

知性本身就是规则的能力。在海德格尔看来,"如果图式化存在于有限认知的本质存在中,并且有限性的核心在于超越,那么,超越的发生在其最内在的状况上就必定是一种图式化"③。显象只能在主体的感性中发生,显象的前提是感性被给予,而想象力的能动性参与了知识的构成,这提供了一种基于有限性的超越。康德对有限性的强调正是对特殊的强调、对感性的强调。尤其是反思的判断力,作为从特殊上升到普遍的能力,正是深深扎根于特殊的。譬如,美是指向感性的纯粹形式,而不是内容的快适或者善,单单地仅是感性的形式所引起的感性和知性的自由游戏。康德以花、自由的素描,无意图地相互缠绕,卷叶饰的线条等为例说明优美中感性的纯粹形式。而在鉴赏判断中,所达到的普遍性是一种主观的普遍性,它不经由概念,而在愉悦上站在他人的角度要求一种普遍同意。正是由于共通感要求站在他人的角度去设想一种普遍同意,阿伦特认为反思的判断力具有一种政治的批判意义。因为反思的判断力,就是在反思他人可能的评判中设想普遍同意,这已经设定了自我作为一个群体的成员,并能从一个群体的普遍意见中反思自己的判断。判断力在反思性和共通感、特殊和普遍之间形成了紧张的关系。这种紧张关系,在当代展露得尤为明显,从

---

① 康德:《实践理性批判》,第72—73页。
② 郁振华:《认识论视野中的判断力——康德判断力理论新探》,载《哲学研究》2005年第6期,第90页。
③ 海德格尔:《康德与形而上学疑难》,第96页。

而形成了两个路向：一条路走向对共通感的开发，尤其是在伦理、道德和政治领域，走在这条路上的有伽达默尔、阿伦特等；另一条路则返回到判断力独特的反思性，强调不可化约性，譬如阿多诺、利奥塔等。

第二节　向总体性开战

总体性法则带来的危机与暴力是利奥塔后现代理论的缘起。这是现代性的问题，为此利奥塔提出重写现代性。他分析了极权主义的两种叙事模式——神话叙事和解放叙事，它们自身具有的封闭性、整体性和排他性带来了恐怖统治和政治灾难。为此利奥塔宣布向总体性开战，站在异教主义的立场上打破标准的统一性，指出不同语言游戏之间的绝对差异性，相互不可通约、不可公度。利奥塔认为法则的源头只能是纯粹意志，只有将授权者的位置悬置，才能打破权威，避免暴力。公正性的法则应该具有事件性，像衔接法则和崇高艺术那样保持自我敞开，在呈现的同时自我涂抹，不落入任何具体的精神控制，指向不可呈现之物。

一

利奥塔倡议向总体性（totality）开战，总体性法则的危机实际上是一个现代性问题。在古典和现代的对照中，法则问题展露出来了。更关键的是，在现代性之中，又出现了后现代的问题，或者重写现代性的问题。现代性到底意味着怎样的断裂和重新开始，它在批判古典时代的同时又陷入了怎样的危机，现代性与后现代之间的关系如何，这些都是利奥塔在重写现代性的议题下所要展开的思考。

何以总体性法则的危机是一个现代性问题？利奥塔首先在古典和现代之间展开论述。在利奥塔看来，法则主要是古典时代的产物，尤其是古典主义。古典主义建立在共同的审美趣味之上，有特定的观众和特定的公众。譬如，古典主义戏剧建立在贵族社会的基础之上，公众由宫廷贵族组成，由于特定的文化和审美教养，形成了共同的审美标准和共同的主题。其次，古典和现代之间的过渡桥梁是浪漫主义，浪漫主义既有怀旧的一面，又有反讽的一面。浪漫主义的反讽通往了现代，现代性自身就有着反讽的气息。

但是真正的现代性,正如利奥塔所言:"在现代性里面没有怀旧。"①现代艺术承继了浪漫主义反讽的一面,扬弃了浪漫主义怀旧的一面。现代性并没有一个可以还乡的所在,并没有一个共同的标准可以回溯。

现代性在于古典和现代的差别,利奥塔紧扣的正是作为标准体系的法则。超越和克服作为共同标准的法则,正是现代性反对古典之处。在现代性的视野中,不存在内化的标准体系,利奥塔指出:"我认为没有接受者这一点是重要的。当你把瓶子丢到海浪里去的时候,你不知道谁将收到它们,而这完全是有利的。我认为,这肯定是现代性的一部分。"②现代先锋艺术与古典艺术最大的不同在于没有固定的接受者,作品就像丢入海中的瓶子,读者不确定并且可以发话,作者的优势被剥夺,因此不再有任何内化的标准体系。拒绝共同的法则,也就拒绝了审美标准和审美趣味,同时也就拒绝了康德所强调的共通感。在康德的理论中还存在着反思性和共通感之间的张力,以及法则、规则、准则之间的张力,而利奥塔则直接把反思性当作武器向共通感和规定性判断力开战,借此来打破总体性、统一性的暴力。反思性判断力在康德的理论中属于从个别到一般的调节性原理,不同于规定性判断力从一般到个别的构成性原理。如果是规定性判断力,法则是由总体性的一般来建立,在利奥塔看来,这会导向宏大叙事(grand narrative);而反思性判断力的法则是由个别即事件建立的,属于利奥塔认可的小叙事。反思性判断力突出了无标准性,强调将例外保持为例外,即保持艺术创作的事件性,在表现中召唤不可表现之物,这正是对古典法则的冲击和颠覆。

然而,利奥塔的重点还不在于区分古典和现代,重点在于如何在现代的内部实现对总体性法则的克服,这是利奥塔标举后现代主义或重写现代性的缘由。与那些将后现代视为现代之"后"这样的时间区分不同,利奥塔视后现代为现代的一部分。在利奥塔看来,与现代性相对立的不是后现代,而是古典时代。现代性是对古典主义统一性和总体性的打破,是一个全新的开始。何以有一种作为后现代的现代性?作为后现代的现代性是与何种现代性相对

---

① 利奥塔:《后现代性与公正游戏——利奥塔访谈、书信录》,谈瀛洲译,上海:上海人民出版社,1997年,第 23 页。

② 同上书,第 16 页。

抗的呢?在利奥塔看来,现代性已经步入歧路,这一歧路就是总体性法则。现代性在反对古典的共同法则的同时,将自身的合法性建立在科学技术的解放叙事之上了。在摆脱一种共同法则的同时,现代性自身又陷入了总体性的法则,也就是陷入了现代性的宏大叙事。为了与时间先后意义上的现代、后现代区别开来,利奥塔在《重写现代性》中将后现代表述为对现代性的重写。重写现代性不是回归,不是溯源,而是一种新的创制。利奥塔通过对弗洛伊德"自由联想"的重新阐释,将现代性的重写视为一种变形、改写和重组。重写现代性,就是要在现代性自身中发现差异性和自反之处。利奥塔如此表述:"'后现代'的'后'字并不意味着一个恢复、闪回或反馈的运动,也就是说,不是一种重复的运动而是一种'ana-'的过程:一种分析、回忆、神秘解释、变形的过程,以详述一种'原初的遗忘'。"①重写现代性可以和本雅明的"辩证意象"相互关联,对现代性的重写不是过去之物的重现,而是过去和现在相互照面展现的一个"新的"意象。

  重写现代性就是在现代性之中寻找一种自反的可能性。当现代性陷入宏大叙事的总体性法则之后,重写现代性就是要将现代性的批判性、反思性再次激发出来。因此,重写现代性作为后现代,并不是在现代性之外寻找替代物,而是实现现代性自身的革命。利奥塔将矛头指向了元叙事(metanarrative)。威廉姆斯在《利奥塔》一书中说:"所谓的元叙事是指一种陈述,这种陈述提供了一种方式,把所有证明的规则整合成一个总体性证明。"②利奥塔表明不同的规则是不可调和的,一种统摄不同法则的总体性的元叙事是不可能的,这种元叙事的不可能性被利奥塔称为"去合法化"(delegitimation)。利奥塔亦采纳维特根斯坦的"语言游戏"(language games)来表达法则的多元化和不可公度性(incommensurability)。不同的叙事或者说语言游戏之间不存在共同的规则、规范和价值。利奥塔总结语言游戏的规则有三条:第一,游戏规则本身无法确立自身的合法化,它是参与者契约的产物。第二,游戏依赖于规则,哪怕规则的微小变化也会改变游戏的性质。第三,每一种具体的叙事只能对应于相应的游戏规则。利

---

① 利奥塔:《后现代性与公正游戏——利奥塔访谈、书信录》,第146页。
② 詹姆斯·威廉姆斯:《利奥塔》,姚大志、赵雄峰译,哈尔滨:黑龙江人民出版社,2002年,第46页。

奥塔想要表明的是语言游戏的多元化以及相互之间的异质性,不存在一个普遍有效的规则适用于一切游戏,即不存在"共同的衡量尺度"(common measure)。利奥塔还借助于后现代科学对不稳定性的论述表达了这一观点,例如哥德尔定理(Gödel's theorem)、汤姆的灾变论(Catastrophe theory)、哈肯的协同混沌研究以及量子力学等。利奥塔所做的均是一种重写现代性的努力。

二

利奥塔在《后现代状况》一书的最后提出倡议:"让我们向统一的整体开战,让我们成为不可言说之物的见证者,让我们不妥协地开发各种歧见差异,让我们为秉持不同之名的荣誉而努力。"①利奥塔认为总体性的法则带来了极权和恐怖,因此号召向统一性和总体性开战。奥斯维辛事件迫使人们对启蒙现代性进行反思,也对总体性的法则进行反思。在利奥塔看来,总体性法则正是一种自我合法化的叙事,利奥塔集中讨论了两种叙事即神话叙事和解放叙事,神话叙事指向起源,解放叙事指向未来,而解放叙事又被称为元叙事。这两种叙事都是自我合法化的叙事,追溯这两种叙事的机制,也是瓦解总体性法则的关键。

总体性法则的要害就在于自我合法化。利奥塔也正是从合法化问题入手讨论神话叙事和解放叙事的。何谓合法化?利奥塔在《后现代状况》一书中的定义是:"合法化就是一个立法者被认可具有权力去颁布一条法律,并使之成为系列规范。这个过程就叫做合法化。"②也就是说合法化意味着授予权威。而在利奥塔看来,合法化问题是和极权主义(totalitarianism)关联在一起的。康德在《论永久和平》③中区分了权力形式(forma imperii)和统治形式

---

① 利奥塔:《后现代状况——关于知识的报告》,岛子译,长沙:湖南美术出版社,1996年,第211页。
② 同上书,第46页。
③ 康德的永久和平观念得到了哈贝马斯、罗尔斯和德里达等人的响应。哈贝马斯强调世界公民权利,罗尔斯提供世界公民联盟的构想,德里达也在其晚年著作中论及世界公民权利。参见张旭:《论康德的政治哲学》,载《世界哲学》,2005年第1期。永久和平论中的"约"的观念正是法则问题最终要回溯的。如何既不使法则走向主权者的意志授予从而产生法则暴力,又不走向因缺乏主权力量而造成的无政府状态,这就需要更为深入将法则回溯到"约"的根据上。这种"约"的设立不只是人民之间的契约,也不只是人民和国家之间的契约,而且还是利奥塔所说的"纯粹意志"和世界的"约"的关系。人和人之间的约是荷尔德林所说的严格间接性,即人和人之间分享相互之间的间隔。

(forma regiminis)，前者是最高权威的运作形式，可分为独裁型、贵族型和民主型；后者是运用其权力的原则，依据行政权和立法权是否合一，分为专制型与共和型。康德认为："在这三种国家形式之中，民主政体在这个名词的严格意义上就必然是一种专制主义。"①也就是说如果权力形式是民主的，那么统治形式必然是专制的。这是因为当所谓的人民成为最高立法权威时，行政权和立法权就必然合一，都是人民，都属于人民这一范畴，由此就陷入自我监督、自我治理，这就是自我合法化。利奥塔认为可以导向极权主义的合法化叙事正是神话叙事和解放叙事。

关于神话叙事，利奥塔列举了一个有关卡辛纳洼人（一个传统的种族集团）的叙事素材。通过语用关系的分析，利奥塔从这一素材中提炼出一个固定的叙事格式，只要依据这一由叙事者、听者和故事中的主人公构建起来的仪式化的格式，就能够把故事合法化，其合法性由卡辛纳洼人的名字保证。在这种叙事仪式中，行为发生的时间和叙事发生的时间构成一种泛时性，名字的永久性和被指名的个人可以在叙事者、听者和故事中的主人公之间互换。利奥塔说这一叙事策略和语言的功能，以一种规范性与合法化的面貌展现出了专制制度的统治形式。这一叙事仪式中的名字构成一个位置，由此限定了人们之间的权利和责任。事件被置于故事的框架后就陷入了命名的规则，经由名字的权威合法化了，从而遮蔽了其原有的偶然性和虚无性。那么神话叙事究竟怎样与极权主义联系在一起的呢？利奥塔说卡辛纳洼人借助这种固定的叙事仪式宣称自己是"真正的人"，言外之意就是在这一传统之外没有得到授权的东西都没有合法性，包括没有名字的自然和人类事件。就像借助卡辛纳洼人的名字产生合法性一样，纳粹用雅利安人的名字取代了公民的理念，放弃了世界主义，而把合法性建立在日尔曼民族的民族叙事之上。其深层原因正是陷入了康德所说的如果权力形式是民主的，那么统治形式则必然是专制的这一悖论。纳粹迎合并"民主地"释放了当时德意志民族强烈的"回到源头"的渴望，而这一渴望只有神话叙事才能满足。

解放叙事与神话叙事不同，它不是把合法性诉诸起源，而是求诸目的，也就是指向将要实现的未来，一种时间乌托邦。与神话叙

---

① 康德：《历史理性批判》，何兆武译，北京：商务印书馆，1990年，第111页。

事相同的是它也发挥了合法化的功能,也是一种政治运作模式。它将政治制度及其实践、立法的形式以及思想道德的形式等建立在启蒙、自由以及普遍繁荣等具有普适性的理念之上,从而具有了合法化的价值。利奥塔说:"它赋予了现代性特有的形式:事业,也即指向一个目的的意志。"①在《后现代状况》一书中利奥塔将这种解放叙事分为德国思辨叙事和法国启蒙叙事。德国思辨叙事是哲学认知性的,其主体是知识英雄。利奥塔将这种合法性叙事回溯到柏林大学成立时,其口号是"为科学而科学",但真正感兴趣的不是学问而是"品德与行为"要符合"国家精神与道德教育",即更强调正义与合法而不是真理,在正义与科学的统一上指出知识的主体在于思辨精神。利奥塔指出:"这里所谓的'思辨',也就是使科学说法合法化的论述模式。"②这意味着知识的主体要靠一套体系才能显现,这套体系是一种精神目的论和绝对理念,属于哲学义理层面。沃格林也在这一思路上对"思辨"的内在自欺进行了入木三分的批判。③德国思辨叙事通过这种理性的叙事方式把不同的科学说法贯穿起来,实现一种整体性的设计,以在精神发展过程中所占的地位以及所获得的价值来获得其合法性。法国启蒙叙事是政治实用性的,其主体是自由解放的英雄。这种叙事将知识的合法性置于一种实用的主体即人性之中,也就是说知识的合法性不在知识本身,而在于人民如何自我奠定自由基质,即将"人民"这个抽象概念具体化、人格化,从而求得自理自治。其背后的理论假设是,人民的史诗就应该是人民争取解放独立的历史。然而问题在

---

① 利奥塔:《后现代性与公正游戏——利奥塔访谈、书信录》,第181页。
② 利奥塔:《后现代状况——关于知识的报告》,岛子译,长沙:湖南美术出版社,1996年,第111页。
③ 沃格林在《科学、政治与灵知主义》中以马克思、尼采为例阐释了"思辨"的内在自欺,并将之视为灵知主义的冲动:"灵知主义的思想者真的是在制造一个思想的骗局,并且他们自己是知道自己的骗局的。我们可以区分出他的灵的行动的三个阶段。最表面的一层就是这个骗局本身。它可以是自欺,特别当原创性的思想者的思辨在文化上退化为群众运动的教条的时候,则基本上就是自欺。但是如果从起点上来理解这个现象,就像在尼采那里,那么我们可以在比骗局本身更深层的地方找到对这个骗局的意识。思想者自己并没有失去自我控制:权力意志转向了他自己的作为,想要主宰这个骗局。这个灵知主义向自身的回转在灵性上对应于哲学上的回转,正如我们前面提到过的柏拉图的 periagoge(灵魂的转向和敞开)。但是,灵知主义的灵的运动并没有导致灵魂的怀着热爱之情的敞开,而是引致对骗局之执著的最深之处,在那儿显露着背叛上帝乃是它的动机和目的。"(沃格林:《没有约束的现代性》,张新樟、刘景联译,上海:(转下页)

于人民自理自治其实是一种自我总体化的合法化叙事。

总体性(totality)法则和极权主义(totalitarianism)的关联性就在于自我合法化的叙事。无论是向前溯源的神话叙事,还是向后展望的解放叙事,包括围绕精神性理念而展开的德国思辨叙事和以人民解放为核心的法国启蒙叙事,均陷入了自我合法化的泥淖。

三

面对总体性法则可能带来的极权和恐怖,法则的公正性如何可能?利奥塔提出了异教主义的立场,指出授权者的位置应该悬置,不可据有,否则就会落入专制、极权甚至恐怖。恐怖表现为两种类型——暴力型和人质型,二者的共同特点是都排除了公正游戏。在利奥塔那里公正游戏意味着没有一种游戏的规则具有优先性和普遍性,每一种语言游戏都有着自己独特的规范,相互之间不可通约,也不可公度,例如描述的话语和命令的话语就遵循不同的规则。异教主义的立场是从否定方面说的,那么从肯定的方面来说法则应该依据什么来建立呢?利奥塔所依据的是纯粹意志。

利奥塔用异教主义这一名称来指称不用标准作出判断,即打破统一标准,每种游戏都按照自己的规则运行,不侵犯其他的游戏,也不把自身看作唯一正确的游戏规则。这意味着取消了权威和总体性,不仅是在有关真理的问题上,也包括美和公正的问题。异教主义打开的是多元化叙事,认为每种语言游戏都受特殊的语用关系约束,相互之间没有统一的标准。它不是从本体论推断出来,而是让指令悬置,从而为更多的游戏以及创造新的游戏规则打开空间。尤其在提到"命令"和"承担义务"这类语言游戏时,强调

(接上页)华东师范大学出版社,2007年,第34页。)"思辨"是一种体系性建构世界、克服世界的冲动,为了体系而谋杀"实在",并进一步谋杀"上帝"。为了建构一个真理性的解释体系,思辨思想家说服自己接受一个并非源于实在的理论起点。该起点,在实在的层面上,并没有真实的对象。思辨的对象,是一个关联于实在的虚构,它终究是一种对实在的致命逃避。"思辨"从这一虚构的理论起点出发,通过自我强加的意志,不断地推进至理论的深处,直至它具备了一种实在的外表和现实的解释力。"思辨"的起点并非实在,那么它的力量源于何处?一种有力量、有效果的空无支配着"思辨"的进程,它的终点是体系,而非这个世界的真实。"思辨"从其虚构和虚欺的深处唤起克服世界的激情,但它归根结底,是为了体系而克服世界。"思辨"从一开始就没有接纳世界的赤贫、实在的贫乏,它以逃避和虚构的方式,同时又以强力和自欺的方式,推进一种解释世界的独断话语。在其独断话语的自欺结构中,我们可以看到它以思辨之强力推进的体系,缺乏单单直面实在之赤贫的勇气,同时它又以虚构的乌托邦对实在施加了暴力。

要将制定法律的授权者悬而不决。所谓"命令"和"承担义务"的语言游戏指的就是有关公正的游戏，即政治和伦理问题，这是与极权主义和恐怖主义最直接相关的领域。利奥塔认为在这种语言游戏中重要的是语用关系而不是具体的内容，过分精细化的义务反而会导致不公正，因为服从和照办常常产生最严重的不公正。其原因在于服从属于本体论话语，屈从于权威，带来专制和极权的总体化，因此公正并不是对法律的服从。利奥塔进而对不公正进行了定义："不是公正的反面，而是禁止正义和非正义的问题存在、存在下去和被提出。"①可见不公正是对异教主义多元化和开放性权利的剥夺，使各种不同的语言游戏不能自由地进行，是一种独断和封闭。它的两种极端化的表现形式是暴力和人质，这两者的共同特点是被迫只能遵循和服从一种法则，被剥夺了玩公正游戏的可能性，其结果只能是极权与恐怖。因此利奥塔说权力发出者的位置必须保持是空的，没有人能够成为权威。利奥塔指出："也就是说，指令的话语来源于虚空；它在语用关系上使人承担义务的效力既不来自其内容也不来自其发出者。"②所谓虚空其实是指将义务的内容空掉，只剩下语用关系的形式，从而既保持了权力的位置又保证了它的开放性，正是在这个意义上利奥塔说公正游戏是倾听的游戏。所谓倾听的游戏是指我们只能就我们听到的东西发言，我们是作为听者发言而不是作者。"作为听者发言"十分恰切地满足了公正游戏的两个条件，它一方面是在权力发出者的位置上发言，另一方面又避免了专断与封闭，由于听到的内容不固定，从而确保了多元化与开放性。这正是异教主义的精神之所在。

如果说异教主义是从否定方面冲击了总体性法则，那么纯粹意志则是从正面回应了如何维护法则的公正性。利奥塔认为与专制政体相对应的是神话叙事，与共和政体相对应的则是解放叙事。但共和主义以及审议制与极权主义并不是截然对立的，在某种条件下反而会为其服务，例如希特勒在表面上就采用了共和主义及审议制的形式，也就是说共和与审议并不能带来公正性。那么究竟采用怎样的形式才是公正的呢？利奥塔说："只有一件事是肯定的：正确的事物不可能是实际上存在的事物；现实社会不是从自身，而是从一个不能严格地指名的，不过是必须的集体那里获得合

---

① 利奥塔：《后现代性与公正游戏——利奥塔访谈、书信录》，第61页。
② 同上书，第68页。

法性的。"①也就是说权威只能保持在理论上和形式上,不能落实为具体的、历史的内容。所谓的公正不可能是实际存在的事物,现实存在的事物都落入了合法性的逻辑悖论中,不管这一合法性来自于自由的理念还是对这一理念的反驳都会导向极权。因为合法性本身暗含了统一性、总体性和排他性。由此利奥塔提出作为整个规范性实例、整个法律源头的只能是纯粹意志。所谓纯粹意志是指它仅仅保留有意志的形式本身,而内容是空缺的,利奥塔指出:"这里我要说整个规范性实例、整个法律的源头、整个 y,是纯粹意志——它从来既不是这也不是那,它永远不确定,它只是成为所有事物的潜力。"②因此任何落到实处的特殊行动都与公正无关,授权者必须没有名字,不受任何决定性因素的影响,与任何特殊性都没有关系。纯粹意志就是这种空缺和不确定的代名词,但它又确保了一个授权的位置,只是这一位置不可被占据。这显然与异教主义在精神上是相互贯通的。要维护法则的公正性,就必须克服自我总体化的合法化叙事,以异教主义的方式和纯粹意志的权力授予形式瓦解法则的暴力。脱离暴力的逻辑,不再落入总体性或合法性的窠臼,也就意味着公正游戏的真正开始。

四

利奥塔关于衔接法则与后现代崇高的论述将对总体性法则的批判和维护法则的公正性落实到更为具体的层面。利奥塔在《迥异》一书中指出语言结构中存在着事件(event)和绝对差异性,并通过衔接法则将此特性凸现出来。他认为任何事情都可以被理解为一个语句,因而每一个语句都是一个事件,接下来作为衔接的句子就构成了对最初句子或者说事件的一种理解和描述(representation)。正如杨慧林教授指出的,所谓事件,指向的是:"巴丢所谓的'不可预见的领域'、'纯粹的行为领域',俨然就是德里达'他者的决定'和'行为性事件'的翻版。"③事件的最大特性恰恰是不可描述性,它是超出我们的描述能力的不可描述之物,因为任何的描述对于事件本身来说都是不充分的,都落入了某种具体的分类和限制,而不再是事件本身了。因此语言学中的衔接法则

---

① 利奥塔:《后现代性与公正游戏——利奥塔访谈、书信录》,第182页。
② 同上书,第185页。
③ 杨慧林:《事件》(未刊稿),第8页。

(law of concatenation)就是：从语句开始的连接是必然的，但是如何连接则不是。面对事件确定的是需要进行下一步的连接，这是必然的，但是具体的连接方式则是不确定的，没有一个衡量的标准，因为事件本身的众多可能性无法提供一个统一的标准。对一个事件的理解是由它接下来的衔接语句决定的，衔接语句不同理解就会完全不同，因为它所关涉的语言学中的四要素包括发布者、接受者、意义和所指物是不同的。利奥塔将原初的事件称之为表达（presentation），表达构成一个世界，但它是模糊的、不确定的、开放的。接下来的衔接语句则将原初的表达落实为一个具体的处境（situation）。处境使得表达世界中的四个元素固定化了，从而指向一个发布者、一个接受者、一个意义和一个所指物。这些不同的处境形成不同的语言游戏或风格，它们由特定处境的游戏规则支配。但是一种规则只能规定一种风格或语言游戏，它们相互之间是不可通约、不可公度的。可见处境使得原初的表达或者说事件得以被把握，但是与此同时处境也消除了原初表达的多种可能性，因为它只是而且也只能是众多可能性中的一种。利奥塔通过对语言学中衔接法则的分析，表明了法则只能是具体处境中的一种特定规则，不存在一种总体性、普遍性的法则。因为对于原初的表达或者说事件没有一种规则享有优先性，也不存在统一的评判标准，它们都是多种可能性中的一种，相互之间是平行的、平等的，也是不可公度、不可通约的。这种规则的正当性只能在与此相应的特定语言游戏或风格中体现出来，两种语言游戏之间则是迥异（différend）的，其冲突也是不可解决的。

利奥塔通过对崇高艺术的肯定来维护迥异，克服总体性的法则暴力。利奥塔指出两种不同游戏之间的边界是由情感揭示出来的，崇高情感是对任何相对确定性的威胁和突破，崇高情感最集中地体现于崇高艺术之中。利奥塔主要是在对康德的崇高美学和纽曼的崇高艺术的论述中展开其关于后现代崇高思想的。崇高美学挣脱了形式的束缚，使人的想象力遭受失败，与以往古典时代合乎形式的优美不同，它是一种否定性的呈现，是一种非形式，它以可见呈现出不可见。崇高所面对的是一个"在那儿"、"什么也没有"的处境，仅仅只是一个位置的发生。利奥塔在《某种如"交流……无交流"的事物》中论及荷尔德林关于悲剧净化的思想，在悲剧英雄死亡的时刻，悲剧舞台除了时空的条件之外什么也没有。然而，这仍然只是现代的,对于后现代而言,连这"时空的条件"也是没有的,仅仅只有一个"在那儿"显露出来。这对于纽曼而言,是一种圣显,一种际遇。在崇高事物的禁止表现之中,通往了崇高艺术。而纽曼和杜尚的差别也正在于,纽曼的作品仅仅只是表达了一个"在那儿",所以没有曲折往返的诱引。崇高艺术的否定性呈现瓦解了总体性法则的统治,以其神奇的圣显来对抗法则的强制。崇高艺术拒绝了精神的控制,回到了感知前的感知,也就是转向了物(the Thing)。利奥塔在《非人》中说:"物质不会质询精神,它不需要精神,它存在着或毋宁说是坚持着,它挺立于质询和答案'之前'、'之外'。"①也就是说物是先于精神和形式规定的,并且不会滑向精神。思维无法对之进行思想,因为它在精神之前、之外,其展露是事件的发生。利奥塔说:"我的意思是:见证的同时也在涂抹。见证者是反叛者。"②这正是崇高艺术的独特之处,崇高艺术通过非形式回到精神控制之前,这使得它在呈现的同时自我摧毁,从而表达出了事件的混沌性和存在的瞬间性。

我们可以从利奥塔那里找到三种克服总体性法则暴力的方式:第一种方式是审美的方式,利奥塔推崇后现代崇高艺术,崇高艺术呈现不可呈现之物,也就是在呈现的同时自我涂抹、自我摧毁,不落入任何总体化而保持自我敞开。第二种是革命的方式,利奥塔将法则视为事件的发生,不同的法则之间是不可通约的,因此法则自身就是一种例外,例外自身成为了一种法则。利奥塔在对康德的研究中尤为强调反思性判断力作为一种自身立法的能力。第三种是寻求超越法则趋向救赎的领域即公正问题。法则公正性的保证就是纯粹意志,即将授权者的位置悬置。因为法则的授予者必然不是一个实体,不能被某一位主权者所侵占。面对古典和现代的总体性法则,利奥塔走向崇高艺术、走向事件性的例外、走向公正问题,以此克服法则的暴力。这三种方式所展现出来的路向在本雅明那里得到更清晰的展示,这也是当代法则思想的主要线索。如果说康德展示了法则内部普遍和特殊的张力,那么利奥塔所面对的已经是法则自身的危机。总体性法则带来的危机与暴力是利奥塔后现代理论的缘起,他的立场和相关的理论探索如果

---

① Jean-Francois Lyotard, *The Inhuman: Reflections on Time*, trans. Geoffrey Bennington and Rachel Bowlby, Cambridge: Polity Press, 1991, p. 142.
② Ibid., p. 204.

用一句话概括,那就是向总体性开战。

第三节 法律暴力和救赎

本雅明对法的思考可以集中在对法律暴力的揭示和寻求救赎可能性的努力上。在本雅明的视野中,现代的法律和古典的神话之间有着一种重现关系,任何法律力量的深处都有沉重的神话暴力。为了克服法律中的神话暴力,为了在律法之下赢获"微弱的救世主力量",为了争取无所希望之时的救赎,本雅明的思想一直震荡在法律和救赎之间。要从法律中找到一条赢获救赎的道路,这就是本雅明关于法律思想的重心所在。本雅明关于法律的论述从早期的语言论到晚期的历史哲学问题都是贯穿始终的。相关的文本主要集中在《论原初语言和人类语言》(1916年)、《性格和命运》(1921年)、《暴力批判》(1921年)、《神学—政治残篇》(1921年?)、《历史哲学论纲》(1940年)以及关于歌德《亲和力》和卡夫卡作品的研究中。本雅明通过审美的寓言方式和革命的停顿的辩证法来克服法律的神话暴力,但是无论是审美的方式还是革命的方式,都指向本雅明毕生贯彻的主题:救赎。在本雅明这里,审美、革命和救赎三条道路展现得更为清晰,这三条道路也是当代思想家克服法则暴力的主要途径。

一

本雅明将法律的起源回溯到《创世记》。在年轻时的天才之作《论原初语言和人类语言》(1916年)中,本雅明以《创世记》第一章为例论述了语言的堕落过程,法律正是源起于原初语言向着人类语言的堕落。在该文中,本雅明实际上将语言区分为三个阶段:神圣语言、命名语言、判断语言。神圣语言是上帝创世的语言,神圣语言的节奏为:要有——他造出(创造出)——他称……为。上帝以词语创造世界,并以名称命名万物使万物可知,以词语的开创态开始,以名称的完成态结束。人并非由词语所造,但被授予去命名万物。于是,从上帝创世的神圣语言过渡到亚当的命名语言。若结合《论译者的任务》,可知本雅明是从纯语言的角度看待人的独特处境的,人承担着对万物的语言进行翻译的职责,将万物语言通过连续的转换向着纯语言的总体进行传达。自然由于来自上帝的创世,因此在自然的面容上闪现着因上帝给予名称而呈现的可传达性,亚当的命名不过是这种可传达性的传达。亚当的原初语言正是真正的语言的原型,这是原初的命名语言,是对万物姿态的辨认。当代意大利思想家阿甘本从姿态论的角度继承本雅明的原初语言思想,所要思考的正是通过对语言的前发生状态的命名找到语言原初的姿态含义。①

从上帝的神圣语言到亚当的原初语言,再到智慧树的判断语言,这时产生了法律。本雅明认为上帝创世节奏中最后一个环节是称呼万物使得万物均获得充分的知识。因此,智慧树所表征的善恶知识在伊甸园中是外在的知识。由于人选择这种外在的善恶知识,从而将自身从充分的知识中驱逐出来。本雅明写到:"诚然,判决性的语词拥有直接的善恶知识。它的魔力不同于名称的魔力,却同样是一种魔力。正是这种判决性的语词将最初之人逐出了伊甸园;最初之人自己根据那条永恒的戒律将判决性语词唤醒,而判决性语词又正是根据这条永恒的戒律来施行惩处的:它将自己的觉醒判为唯一的而且是最深重的罪孽。"②接着本雅明指出了法律的神秘起源:"伊甸园中的智慧树并不是为了传播善与恶的信息,而是象征着对提问者的判决(judgment)。这个巨大的讽刺标志着法律的起源。"③法律就起源于这种神秘的判决。人通过永恒的戒律唤醒判决性的语词,同时判决性的语词对人的判决又是依据永恒的戒律。在法律、判断语言和人之间存在着原初的自我悖反关系。当人以判断语言去判断世界时,当人居有善恶的知识时,人自身被判断语言所判决,人自身被善恶知识所判决。于是判断语言成为了人自我审判的方式,对智慧树善恶知识的唤醒正意味着人陷入法律的神话暴力之中,陷入法律之下的审判。

判断语言是人类语言,是原初语言即命名语言的堕落形式。

---

① 参见 Giorgio Agamben, "Notes on Gesture", in *Means without End：Notes on Politics*, trans. Vincenzo Binetti and Cesare Casarino, Minneapolis&London：University of Minnesota Press, 2000, pp. 49—60。海德格尔在《通往语言之途》等作品中开始思考语言的沉默和姿态含义。阿甘本也受科默雷尔启发,进一步集中地论述语言的姿态含义。阿甘本认为在姿态中,开启了一种政治和伦理。电影的基本元素是姿态而不是影像。由此,电影具有了政治和伦理的含义。

② 本雅明:《写作与救赎:本雅明文选》,李茂增、苏仲乐译,上海:东方出版中心,2009年,第14页。

③ 同上书,第15页。

在《性格与命运》(1921年)中,本雅明加深了法律、性格、命运之间的关联。本雅明说:"通过将自身和正义领域的混淆,法律秩序在魔鬼们被战胜很久之后依旧保存下来。法律秩序仅仅只是人类生存的魔鬼阶段的残留物,在这一阶段中,法律规条不仅决定人与人之间的关系,而且决定人和诸神之间的关系。"①法律秩序的暴力正是神话的特征,正是肇因于智慧树所产生的语言堕落和善恶区分。索勒姆在对本雅明的回忆中,专门提及本雅明对史前时期的关注和对史前时期的历史区分:"他区分成幽灵的和魔鬼的两个历史时代,它们先于上帝启示的时代——我建议最好称之为弥赛亚时代。神话的真正内容是跟其时代已经结束的幽灵论战的巨大革命。"②法律就是魔鬼阶段斗争的残留物,同时成为神话时代的内容,神话时代中人屈服于法律的力量。本雅明指出,法律的持存是以和正义相混淆为条件的,正如善恶语言对原初语言的混淆。本雅明对法律和正义的区分被德里达继承。在神话暴力中,法成为了不幸和罪孽之间的平衡力量。神话的暴力给予人一种命运,而命运的法则通往的正是不幸和罪孽。本雅明所面对的困难是:人如何从神话的法律暴力中挣脱出来,如何摆脱命运法则的掌控,从而获得一种人的性格?什么时候人的性格在命运的法则支配下抬起头来?本雅明诉诸悲剧时代,悲剧时代是对神话时代的克服,悲剧英雄从命运和法律的暴力支配下申诉自己的无辜。悲剧英雄甚至认为自己高过神,这时悲剧英雄并非是在赎罪,而是在抗争。悲剧对抗法律以及悲剧中的法庭语言方式后来成为《德国悲悼剧的起源》中的重要问题。在悲剧英雄对无辜的无言申辩中,命运不再介入世界,而是作为一种外观出现。如此,本雅明既保留了命运,又保留了性格,而这正是建立在他对法律和罪孽的区分基础之上,将命运和无辜关联起来了。

法律根植于智慧树的秩序,根植于原初语言向着人类语言的堕落,根植于魔鬼时代向神话时代的过渡,在悲剧时代中人类才在悲剧英雄形象中找到挣脱法律暴力的无辜形式。然而值得注意的是,本雅明认为善恶判断的判断语言仍然是有魔力的。本雅明是

---

① Walter Benjamin, *Selected Writings* (Vol. 1), ed. Marcus Bullock and Michael W. Jennings, Massachusetts: Harvard University Press, 1996, p. 203.

② 索勒姆:《本雅明:一个友谊的故事》,朱刘华译,上海:上海世纪出版股份有限公司,2009年,第62页。

从可传达性的角度论述魔力的。魔力就是语言自身的可传达性。判断语言使得可传达性的直接性被分离开来。命名语言仅仅需要保持为可传达即可。但是判断语言所产生的知识,即善恶问题要求在语言的可传达之前作出判断和区分。此时,人需要区分何者可传达,何者不可传达。判断语言将事物中不可传达的层面召唤出来了。德里达在《巴别塔》中接着本雅明分析了真正的语言堕落,这发生在巴别塔时期,这时语言从判断语言成为了变乱的语言,这时翻译不再只是将自然语言翻译成人的语言,即使在人类语言内部也需要进行翻译。① 这也是本雅明在《论译者的任务》中所作的工作,他试图为变乱之后的语言找到一种救赎的契机。语言的变乱也是本雅明自身所处时代的状况,与此相应法律的判断也随之变乱,在法律的形式中难以区分立法暴力和护法暴力,这被本雅明视为一种法律制度的耻辱。

二

本雅明将现代性社会视为被神话话语建构起来的社会,在现代性的社会建制之中仍然有着远古神话时代的暴力形式。本雅明的现代性批判就是要对社会的神话结构进行去魅,瓦解神话结构中的暴力和重复,同时以更为神秘的神圣暴力去观看世界,将现代社会中的辩证意象与史前的无阶级社会联系起来,从而找到突破神话暴力的方式。本雅明一方面试图对现代性的神话叙事进行解神话,另一方面又将远古意象和现代性连接起来,本雅明对远古意象和现代神话的思考受到荣格和克拉格斯的影响。本雅明将现代性的神话暴力理解为一种永恒的重复,这涉及他对布朗基、尼采的永恒轮回观念的理解。在本雅明看来,现代性的神话正是一种毫无希望的重复,一种永恒的重复,只是这些重复在新和旧之间摇摆。这也是本雅明研究机械复制问题的着力点。法律的神话暴力在现代性状况中,表现为立法暴力和护法暴力之间存在着法律自身的重复关系,而这种关系背后的实质是手段和目的之争。

在《暴力批判》(1921年)中,本雅明集中处理的是暴力、法律和

---

① 参见德里达:《巴别塔》,载郭军、曹雷雨编:《论瓦尔特·本雅明:现代性、寓言和语言的种子》,长春:吉林人民出版社,2003年,第43—82页。语言的变乱及翻译问题是当代思想的重要争论,它不仅关涉本己和他异,而且也是正义的问题。亦可参见陈永国编:《翻译与后现代性》,北京:中国人民大学出版社,2005年。

正义的关系问题。本雅明在这篇文章中集中火力批判法律的可重复性。他认为无论是自然法还是实证法,都奠基于一个共同的设定:"正义的目的可以通过正当的手段来实现,正当的手段用于正义的目的。"①本雅明认为以往的暴力批判都未能切中问题的关键所在,都局限于手段和目的的视野。自然法从目的的正义性反推手段的正当性,而实证法是以手段的正当性去推导目的的正义性。由此可以看到在自然法和实证法中存在着手段和目的的循环论证,这是法律自身的可重复性。无论是手段的正当性还是目的的正义性都只能通过对方的论证才能获得,由此看来所谓手段的正当性和目的的正义性均来自这种论证的内部。手段的正当性和目的正义性与其说是自身具有正义的确切标准或者具有正义的实在性,毋宁说是正义论证的结果。关于正义的论证给予了手段和目的似乎具有正义的幻象,手段和目的内部循环和重复产生了正义的幻觉。正义在这里并非绝然他异的,它正是法律在现代性时代的一个神话。本雅明试图将正义从手段和目的、实证法和自然法的循环论证中挣脱出来,赋予正义以独立的标准,鲜明地区分了法律和正义。本雅明对法律和正义的区分深刻地影响了德里达,但德里达指出两者之间仍然有着一种污染关系。

　　在本雅明看来,一旦正义只是在法律内部陷入循环论证,那么一切暴力都只能在法律之下得以衡量。为此本雅明区分了法律目的和自然目的。本雅明认为:"就个体是法律主体而言,欧洲的特点是倾向于否认这样的个体在特定情境下通过有效的暴力来实现其自然目的,否定个体的自然目的。这意味着:这种法律制度在可以用暴力有效地达到个体目的的所有领域树立起只有法制力量才能实现的法律目的。"②欧洲的特点在于将暴力拉入法律目的之内,以法律目的控制暴力,法律垄断一切个人暴力。所谓法律,最后沦落为禁止一切法外暴力,这就是法律内部最为隐秘的动机。本雅明以罢工权为例说明这种法律目的对暴力的垄断以及内部的矛盾。罢工权是国家授予的,即使这种暴力出于自然目的,仍然得到法律的保护。但是何时国家会对罢工者诉诸暴力呢?这一国家与自身的法律构成矛盾的时刻,这一国家自身违反法律的时刻是如

---

　　① 本雅明:《本雅明文选》,陈永国、马海良编,北京:中国社会科学出版社,1999年,第 338 页。
　　② 同上书,第 327—328 页。

何发生的？这一时刻正是国家意识到法律受到了挑战,罢工发展到一定程度就对法律自身构成瓦解。虽然法律承诺了对罢工权的保护,但是罢工不得对法律自身构成威胁。

本雅明区分了立法暴力和护法暴力。立法暴力是一种创建新法律的暴力,它旨在打破旧法律,独创新法。护法暴力是一种保护旧法律的暴力。本雅明认为立法暴力和护法暴力应当截然区分开来,但是在现代警察制度中却是相互混淆的:"警察的情况与法律不同,不存在任何本质的东西,而法律则以因时因地而宜的'决议'认可予它以批判评价权利的形而上学范畴。警察的力量是无形的,幽灵般地不可触摸但无处不在地存在于文明国家的生活之中。虽然从具体方面看,似乎所有地方的警察都一样,但是终究不能否认在专制国家,警察代表集最高立法权与司法权于一身的统治者的权力,他们的精神并不像在民主国家那样横行无忌;而在民主国家,他们的存在没有提升到像专制国家那样的高度,所以就目睹了所能想象得到的最大程度的暴力堕落。"①本雅明认为警察制度意味着国家的无能,因为国家无法凭借法律来维护国家的安全,而是依赖警察制度对立法暴力和护法暴力的混淆来保护国家的安全。警察制度意味着现代法律制度的脆弱,维护法律目的的警察制度恰恰经常是立法的,经常需要破坏法律。由此看来,现代法律制度的法律目的本身也是一个神话。更为关键的是国家在立法暴力和护法暴力之间陷入了一种循环。国家的创建是因为立法暴力,但是现代议会民主制却遗忘了自身中立法暴力的起源,而是执着于护法暴力。他们遗忘了一切法律的根基都是暴力,他们迷信一种妥协的、和平的法律解决方式。那种遗忘了自身立法暴力的制度最后沦落为对法律目的的保护。于是国家陷入了一种奇特的逐渐衰竭状态,一个国家始于立法暴力,终于护法暴力,而国家的统治能力在从立法暴力向着护法暴力转化的过程中逐渐衰退,这也是国家衰落的原因。这种衰落将给国家之外的力量提供一种契机,新的立法暴力将取代旧的法律制度。

法律的神话暴力就是一切将暴力视为手段的暴力,作为手段的暴力要么是立法的,要么是护法的。作为手段的暴力是一种命运强加的力量,这是一种神话暴力。正如在第一部分指出的,这种

---

① 本雅明:《**本雅明文选**》,第 333 页。

命运强加的暴力指涉的正是法律的起源。

三

回溯法律的神秘起源，这是为了追溯人类原初的正当状态，也是为了追溯法律作为人类堕落的起源。人类原初的亚当命名语言的可传达性为法律批判提供了坐标。现代性的法律制度中有着神话因素的复现，法律实际上是一种神话暴力。对法律的神话暴力的批判贯穿了本雅明一生的思想。正如阿伦特所说："在本雅明身上，文雅的因素和革命、反叛的因素以如此独异的方式杂糅一处。"① 阿伦特敏锐地觉察到本雅明身上有着文雅和革命的冲突，这种冲突的实质是文人美学和历史唯物主义之间的冲突，是寓言、灵韵的文人美学和激发起真正的紧急状态的历史唯物主义革命之间的冲突。但无论是文人美学关于复归亚当命名语言的努力，还是激发真正的紧急状态的弥赛亚小门的敞开，都直接关涉救赎问题。无论是美学还是革命其根底均在救赎，因此本雅明克服法律暴力的方式实际上就是通过美学或者革命的方式实现救赎。

本雅明认为卡夫卡拒绝了神话的诱惑："接近于此的神话世界比起神话许诺予以拯救的卡夫卡世界来，是年轻得无法比拟的。如果说可以肯定某一点的话，那就是：卡夫卡没有被神话所诱惑。"② 卡夫卡的尤利西斯在本雅明看来，正处于神话和童话之间，面对塞壬的沉默，那些微不足道的手段、那些童话就成为了战胜神话暴力的力量。因此，卡夫卡的作品中虽然多为描绘巴赫芬所称的乱伦阶段也即史前时期的状况，但是卡夫卡的尤利西斯成功地躲过塞壬的沉默从而幸存下来。本雅明在卡夫卡的作品中找到了神话暴力和现代性的对应方式，认为卡夫卡将社会结构视为一种命运，这种命运的统治就是神话暴力，如此史前的神话暴力就可以对应于当今世界的暴力。那么卡夫卡是如何克服神话暴力幸存下来的呢？卡夫卡的方式正是通过叙述和讲故事。正如卡夫卡在《塞壬们的沉默》的结尾所说的："他编造了上述虚假事情，把它作

---

① 本雅明：《启迪：本雅明文选》，阿伦特编，张旭东、王斑译，北京：三联书店，2008年，第47页。

② 同上书，第126页。

为某种盾牌来对付她们和诸神。"①在本雅明看来,卡夫卡的叙述是一种寓言,这种方式如同一朵花的绽放。在灵韵丧失的时代,充满了悲悼的巴洛克气氛。耿幼壮教授指出:"寓言成为巴洛克人读解世界的方法。理解巴洛克的寓言化思维成为我们读解巴洛克的世界的途径。"②寓言以非连续性的、废墟的表现方式来展现特殊和一般的关系,从而克服神话的整体性暴力。本雅明将卡夫卡的作品与犹太教法典《塔木德》中的哈伽达(Haggadah)相比类,哈伽达用以解释哈拉卡(Halacha)的教义,即从教义哈拉卡这个一般出发,以哈伽达这个特殊的注解方式回应,这正是寓言的写作方式。③ 本雅明指出,寓言在表征恶的时候,恰恰是为了表现恶的非存在,表现恶的空洞性以及恶不可以作为认知的客体。如此,寓言在表征神话暴力时将神话暴力展现为空无,从而克服了神话暴力。④

---

① 卡夫卡:《卡夫卡全集》(第1卷),洪天富、叶廷芳译,河北:河北教育出版社,1996年,第399页。
② 耿幼壮:《视觉·躯体·文本:解读西方艺术》,北京:人民美术出版社,2002年,第119页。
③ 从寓言的角度,我们可以重新理解歌德和席勒的争执,即究竟应该是特殊到一般,还是应该从一般到特殊。歌德认为应该在特殊中显示一般,而席勒则反过来认为特殊是一般的佐证。马克思后来在其文论中将席勒的创作方法称为"席勒式的",并将其等同于观念化的创作方式。但是本雅明揭示了卡夫卡的寓言式创作,且将寓言创作追溯到哈伽达和哈拉卡的关系。正如布朗肖所揭示的,卡夫卡最鲜明的风格表现在,他先提出一种断言,然后又是另一个承继的断言,后面的断言部分支持、部分反对前面的断言,因此造成作品同时推进着肯定和否定,以至于在最后最初的断言已经消隐了。卡夫卡的寓言风格表明任何一种断言都无力揭示实事本身,任何一种权力都不能成为绝对的主权。这也正是寓言的碎片特征。See "Kafka and Literature", in Maurice Blanchot, *The Work of Fire*, trans. Charlotte Mandell, California: Stanford University Press, 1995, pp.23—24.
④ 寓言的沉思受到天堂目光的注视,清除了尘世生活中的一切幻觉。但这并不是尘世生活的拔根,而是用天堂目光的注视去除一切尘世的幻觉。在天堂目光的注视中,才有客观的尘世世界可言。天堂目光中尘世世界的虚无,是忧郁沉思的本质。天堂目光给予了一种真正的主观性,它将战胜作为幻觉的主观性,一种恶的、思辨的主观性。寓言表现恶,但表现的恰恰是恶的非存在。在本雅明看来,既然创世时,世界是好的,那么恶就没有客体。恶产生于知识和判断的欲望。因此,恶是抽象的精神和思辨,而善是具体的实践。对恶这种主观存在进行主观性的表现,就是将恶的纸盒子拆开,以便看见恶的深处是纯粹的空无;并不存在一种恶的实在性。正如阿伦特所表明的,恶并非深刻而是平庸。寓言以真正的主观性表达一种恶的主观性,最终将恶的主观性之空无暴露出来。本雅明以巴洛克建筑风格的巨大基座、圆柱和壁柱为例,说明巴洛克建筑风格中的寓言,巴洛克建筑的基座何以如此庞大繁复?本雅明认为,在巴洛克建筑中,真正的重心位置并不在庞大的基座上,而是在上帝那里。这是一种神秘的重心平衡。庞大的基座向着大地的重力沉陷恰恰是因为重心在天国之中。正因为重心在天国(转下页)

本雅明以犹太教法典中的一个寓言来阐释卡夫卡的寓言写作。这个寓言是这样的：

> 传说中一位公主流离家园亲人，远居一个村落，不懂当地语言，日日香消玉殒。一日，公主收到一封信，说她的未婚夫并没有忘怀她，已经上路来此地接她。这未婚夫，教士说，就是救世主弥赛亚。公主是灵魂，她住的村庄是躯体。①

本雅明认为《城堡》中的村庄和这个犹太教寓言中的村庄是相应的。当代人的灵魂和身体是分离的，正如公主居住在一个语言不通的躯体中。语言不通的最终原因是不知晓身体和至高法则的关联。于是本雅明将卡夫卡作品中的人视为没有法的人类。本雅明认为在卡夫卡的作品中上层人物和底层人物都处于一种没有法的状态，这是一个丧失了法的时代。这种没有法的状态使得上层人物和底层人物相互混杂，甚至成为一种爬行动物的状态。本雅明对灵韵消逝时代法的丧失有着深邃的领会。本雅明写道："通往正义的门径是学识。然而，卡夫卡并没有给予这种学识以传统附加于犹太圣经研究的那种许诺。他描写助手是失去了教堂的习事，他的学生丧失了圣典，因而在'无牵无挂欢快的'旅途上无依无靠。"②本雅明认为卡夫卡的世界正是丧失了圣典的世界，是没有律法的世界。这种无法状态正是现代性的处境。但是索勒姆不同意本雅明的观点，突出强调我们并不是丧失了圣典，而是圣典已经无法辨认，这种观点深受犹太教神秘主义的影响。阿甘本接着索勒姆进一步讨论"无意义的效力存在"（Geltung ohne Bedeutung）。显然，本雅明比索勒姆持有更为激进的观点，丧失圣典和律法的绝望处境使本雅明步入更为虚无的境地。本雅明认为这时律法只能被研习而不再是实用的。研习律法产生的学识是通往正义的门径，而正义超越了神话暴力。

（接上页）之中，才需要向着大地更深地沉陷。这种沉陷和沉沦、耽搁于尘世、肉体的重负，恰恰是揭开恶的主观性的空洞纸花。这是一个真正的姿态：重心在上帝那里，然而尘世向着与上帝相反的方向即向着大地沉陷。沉陷恰恰表明头上超自然力量的强大和尘世世界的空洞虚无。这是一种重心固定于上帝的尘世虚无主义。这是垂直方向的姿态。在历史的层面，在水平方向上，本雅明提供了新天使的姿态。（参见本雅明：《德国悲悼剧的起源》，陈永国译，北京：文化艺术出版社，2001年，第194—196页。）

① 本雅明：《启迪：本雅明文选》，第134页。
② 同上书，第148页。

研习法律的是谁？是学生，而且学生是卡夫卡笔下助手形象的代言人和领袖。本雅明在关于卡夫卡的杰出研究中注意到了卡夫卡笔下的助手、夜半站在阳台上的大学生，还有那些埋头读书以至于我们只能看到堆积的作业却看不到人的学生们，正是这些卑微的人、劳役的人、奴隶般的人是卡夫卡心灵中的天使。实际上，本雅明把握了卡夫卡思想中的两面性即学生和罪犯。学生和罪犯的两面性是卡夫卡的重要特征。这是卡夫卡以学生的姿态羞怯地对抗法庭，以奴隶的姿态孱弱地对抗律法的方式。学生的任务是研习律法，将世界当作文献、档案、见证一样来学习。研习律法，不是逃避自己的罪犯身份，相反恰恰是罪犯唯一的救赎方式。在学生和罪犯两种身份之间，救赎的希望正在于"拖延"："在《审判》中，拖延成了被告的希望：愿诉讼不要演变成判决。"①这种拖延正如本雅明所述关于公主的故事，公主的等待实际上也是一种拖延，只是在公主的故事中灵魂和身体之间有着设宴的希望。本雅明关于"拖延"的思想受到索勒姆的影响，本雅明将整个历史都理解为一场诉讼，各艺术家作为证人由于证词不一致使得法官无法作出判决，因此这场诉讼就一直拖延下去，这种拖延实际上构成了幸存和救赎的可能性。

四

本雅明对歌德、波德莱尔、卡夫卡的论述均属于试图通过审美的方式克服法律暴力的努力，这一努力方向在《暴力批判》中也可以找到端倪："存在着非暴力解决冲突的可能性吗？毋庸置疑。私人之间的关系就充满了这样的事例。只要文明的前景允许使用纯粹的协议手段，非暴力协议就有可能实现。每一种合法的或非法的暴力手段都可能受到作为纯粹手段的非暴力协议的挑战。礼貌、同情、息事宁人、信任以及诸如此类的一切，都是这种纯粹手段的主观先决条件。"②这一真正非暴力的领域是语言，在语言中可以实现向着原初语言复归的救赎。哈贝马斯在《瓦尔特·本雅明：提高觉悟或拯救性批判》中强调了本雅明思想中非暴力的救赎。③然

---

① 本雅明：《启迪：本雅明文选》，第137页。
② 本雅明：《本雅明文选》，第334页。
③ 参见郭军、曹雷雨编：《论瓦尔特·本雅明：现代性、寓言和语言的种子》，长春：吉林人民出版社，2003年，第401—441页。

而本雅明和拉西斯、布莱希特等人的结识使他增进了对政治的关注和对历史唯物主义的接受。本雅明意识到纯粹的协议手段和非暴力的语言不足以应对法西斯主义。1936年,本雅明在《机械复制时代的艺术作品》的结尾呼吁共产主义以艺术的政治化对抗战争美学。而在1940年的绝笔《历史哲学论纲》中,本雅明关于历史唯物主义和弥赛亚思想的主题再次会聚,激发了"真正的紧急状态",这是关于革命的神圣暴力。

究竟如何调谐历史唯物主义和弥赛亚主题,或者说如何调谐世俗秩序和弥赛亚王国的关系,这可以追溯到本雅明高深莫测的《神学—政治残篇》。笔者更为认同陶伯斯、索勒姆的观点,即认为这是本雅明1921年左右的早期作品,而不是阿多诺所认为的晚期作品。在这一残篇中,本雅明将世俗秩序和弥赛亚王国严格地区分开来同时又以一种奇特的方式相互关联。本雅明明确指出世俗秩序不能以弥赛亚王国为目标,而只能建立在幸福观念的基础上。弥赛亚王国不是一个目标,而是世界历史真正的终结,同时本雅明鲜明地指出只有弥赛亚才能救赎历史。陶伯斯在《保罗的政治神学》中指出:"本雅明有卡尔·巴特式的严厉。这里没有内在性。从内在性出发会无路可走。"[1]陶伯斯将《神学—政治残篇》与《罗马书》第8章对举,并认为本雅明回应的正是《罗马书》,这得到了阿甘本的响应。在截然区分了世俗秩序和弥赛亚王国之后,本雅明指出人类追求幸福的方向是背离弥赛亚的方向,但是这种背道而驰恰恰加速了弥赛亚王国的来临。本雅明深刻地领悟到世俗价值的脆弱性:"为这种消亡而奋斗,甚至为了那些本来便是自然的人生诸阶段而奋斗,乃是世界政治学的任务,而其手段必须称之为虚无主义。"[2]人类背离弥赛亚王国的消亡恰恰就是弥赛亚的自然节奏,这种自我抹除、自我消逝的虚无主义姿态使本雅明将自身牢牢地铭刻在弥赛亚主题上。以至于在《历史哲学论纲》的第一条中,本雅明再次宣称历史唯物主义需要神学的帮助才能取得胜利。

然而,绝然异质的弥赛亚的救赎瞬间是如何进入历史的呢?我们何以需要这样的救赎瞬间?这样的救赎瞬间面对的是怎样的

---

[1] Jacob Taubes, *The Political Theology of Paul*, trans. Dana Hollander, California: Stanford University Press, 1993, pp. 75—76.

[2] 刘小枫编:《当代政治神学文选》,蒋庆等译,长春:吉林人民出版社,2002年,第53页。

历史状况？本雅明试图提出一种新的历史概念，这种历史概念与胜利者的历史相区别，真正的历史唯物主义者要与历史保持一种格格不入的关系，具有新天使的姿态。统治者的历史所有的战利品都是野蛮暴力的记录，都是法律暴力的记录，历史唯物主义者就是要使自身认识到那些无名的劳作。对无名劳作的记忆，也是在过去和现在之间建立起一种记忆救赎的关系。本雅明称在过去和现在之间存在着一种秘密的协议，这种协议要求当代人去记忆那些被压迫者的历史。即使霍克海默尔告诫本雅明过去的压迫已成事实，不可更改，但是本雅明强调历史不仅是一种事实，还是一种记忆。记忆的力量是一种救赎的力量。本雅明认为我们被赋予了一种微弱的救世主力量，正是这种微弱的救世主力量才使得我们可以摆脱现实的法律暴力，质疑胜利者的历史，恢复对无名者、被压迫者的受难记忆。在这样的记忆中，辩证意象闪现出来。阿甘本接续陶伯斯的思考，认为本雅明深受保罗的影响，在《历史哲学论纲》第五条提及的图景（Bild）概念中所涉的过去和现在之间的关联含义对应的正是保罗所标记的弥赛亚时机（kairos）。① 真正的紧急状态所要把握的正是在图景中闪现的时机。

本雅明注意到在胜利者历史中，法西斯主义已经不是例外，而是常态，也就是说例外已经成为了常态。这正是进步的历史观带来的历史视野，本雅明激烈地反对进步的历史观，并将进步视为一种永恒的重复，这正是基于法律的神话暴力。要克服这种法律统治的神话暴力，克服例外作为常态的历史状况，就需要激发一种"真正的紧急状态"。神圣暴力作为对神话暴力的克服，正可以激发真正的紧急状态。本雅明从犹太教传统中吸收神圣暴力的思想。本雅明认为神圣暴力摆脱了手段和目的的循环，摆脱了立法暴力和护法暴力之间的循环，成为在法律之外作为无中介的暴力的直接显现。神圣暴力是不见血的，是一种救赎，这和神话暴力的见血和毁灭形成了鲜明的对照。同时本雅明也为神圣暴力找到了恰切的形式即教育。在教育中神圣暴力指向的正是一种救赎力量。德里达指责本雅明的神圣暴力和施米特的主权暴力难以区分开来，其实本雅明自己已经对此做出了区分，本雅明认为神圣暴力恰恰可以最大限度地减少实际暴力。本雅明受索雷尔影响区分了

---

① Giorgio Agamben, *The Time that Remains: A Commentary on the Letter to the Romans*, p.142.

政治总罢工和无产阶级总罢工,并认为无产阶级总罢工正是一种无具体目的的神圣暴力。政治总罢工指向具体的罢工目的,但无产阶级总罢工指向取消国家本身。这种罢工时刻、神圣暴力直接显现的时刻正是"真正的紧急状态",这时革命并不是如马克思所言的是火车头,而恰恰是对进步历史的急刹车,是一个"停顿"。①在革命停顿的时刻,有一种神圣的暴力发生,这也是弥赛亚力量介入历史的时刻。

　　本雅明强调每一个时刻都是弥赛亚来临的小门,对现在(Jetzteit)的强调将任何一个时刻都展现为行动的时刻,使人们发挥各自微弱的救世主力量,从而避免进步历史观带来的静寂主义,这也是对卡夫卡式的拖延的克服。但是这一扇门是如此容易敞开的吗?美国艺术家杜尚曾经设计过一个奇特的装置。在两面呈直角的墙之间有一扇门,当从一边推开这扇门时,另一面墙上的门就会被关闭。弥赛亚来临时进入的是这样一扇门吗?如果他来临,或许他打开的只是对他而言的那一扇门,却将世俗世界的大门关闭了。如此说来,弥赛亚来临的小门也处于悖反之中,神圣暴力对法律暴力的克服也是一种两难,但是本雅明已经指出正义对法律的绝对超越,从而提供了一个超越法律暴力的视野。

　　康德展示了法则、规则、准则之间的张力,已经隐含了法则对准则的抑制。从康德出发,利奥塔高扬了康德的反思判断力。从利奥塔和本雅明对法则的研究可以得知,法则的暴力正在于法则的自我合法化和总体化,在利奥塔那里法则通过神话叙事和解放叙事来进行合法化叙事,在本雅明那里法律表现为一种垄断一切法外暴力的力量,这都是法则试图以总体化的力量统摄差异和多元,压制例外、特殊和个体。克服这种自我总体化的法则暴力,必须瓦解法则自身的主权机制,即居有授予法则的主权位置。当代思想家都试图将法则的授予者这一位置空出来,而不是让任何实体的主权者居有它,从而替代利奥塔所说的纯粹意志的领域。我们从利奥塔和本雅明的思想中总结出三条克服法则暴力的道路即

---

①　本雅明关于停顿、中断、震惊的思想隐秘地受到荷尔德林的影响,这在本雅明的《论歌德的〈亲和力〉》中显示出来了:"荷尔德林曾经把'西方的朱诺式'的克制设想为所有德国艺术实践最难企及的目标,这种'克制'只是诗律'停顿'的另一名称,所有的词语与和谐一起在克制中同时静止,放出所有艺术媒质里面的一种不言的力量。这在希腊悲剧中最为明显,此外在荷尔德林的赞美诗中也尤为突出。"(本雅明:《本雅明文选》,第96页。)这也正是本雅明停顿辩证法的逻辑。

审美、革命和救赎，也是当代思想家克服法则暴力的基本范式。其中审美对应于诗意，主要代表是海德格尔和薇依，这将在第二章中论述。革命对应于例外，主要代表是施米特和阿甘本，这也在当前复杂的保罗论争中展现出来。这将在第三章中论述。救赎对应于正义，主要代表是德里达，这将在第四章中论述。本书也正是以这三条道路展开框架结构的。

第二章

法则的诗意

第四节　人是万物的尺度

　　法则是一种自我总体化、自我合法化的暴力,它究竟建基于怎样的主体观念?这是海德格尔思考法则问题的出发点。海德格尔疑惑的是前苏格拉底作为去蔽的真理观念为何会在近现代哲学中成为一种主体和客体的符合关系,以至于用笛卡尔的哲学观念去看普罗泰戈拉的箴言"人是万物的尺度"。主体对万物的权力宰制源于西方世界自柏拉图以来对存在本身的遗忘,而将存在视为存在者,于是将客体对象化,在主体和客体之间建立起主体中心的表象关系。于是,主体是万物的尺度和法则,这种法则必然是主体自我总体化和自我合法化的。在第四节中,主要展现海德格尔是如何重新解释"人是万物的尺度"以及对主体中心的形而上学立场的批判。在第五节中,具体展开海德格尔通过对荷尔德林诗歌的阐释,以诗意的方式克服法则暴力。在第六节中,从薇依展开对世界之美的论述,薇依的世界之美向着一个弃绝想象、自我倾空的主体敞开,因为世界之美本就是上帝自我撤退之后,为尘世所存留的凭据。在一个自我限制的主体和一个自我限制的上帝之间,世界之美犹如永恒心脏坚如磐石,而美也就是秩序和法则。

一

　　海德格尔的《尼采》(下)已经开始游离于尼采哲学的语境,在占大量笔墨的第五章《欧洲虚无主义》中详细地解读了普罗泰戈拉的箴言:πάντων χρημάτων μέτρον ἐστὶν ἄνθρωπος, τῶν μὲν ὄντων ὡς ἔστιν, τῶν δὲ μὴ ὄντων ὡς οὐκ ἔστιν。海德格尔列出了流行的译文:"人是万物的尺度,是存在者存在的尺度,也是不存在者不存在的尺度。"按此译文,似乎普罗泰戈拉就是一个希腊形而上学中的笛卡尔,就已经有近代甚嚣尘上的主体主义了。海德格尔重解普罗泰戈拉箴言的用心就在于试图通过批判箴言的主体主义式的解读，呈现西方形而上学尤其是笛卡尔以来的主体—客体模式，并试图通过重解箴言还原普罗泰戈拉的原初境况，激活箴言的真正含义，从而将普罗泰戈拉箴言与形而上学区别开来。

海德格尔是在虚无主义境况中论述普罗泰戈拉箴言的。海德格尔分析了尼采所云虚无主义的三种形式。第一种形式是"无意义状态"，在这里意义指向的是目标，那个无条件的、有效力的价值设定，这一最高价值的废黜使得人类处于一种无意义的状态。最高价值的自行废黜也就意味着超感性领域的法则失效了，这一领域的法则原本是作为人的目标存在的，由于它失效了人也就因此丧失了根本的目标。第二种形式是人类对"无意义状态"的心理感觉。人类不仅追求意义，而且将最高价值设定为一种统一性，在尼采看来这不过是出于自我保存罢了。人类若意识到这种统一性的虚幻，也就会进一步发现一些实在和生成的非现实性，一切都丧失了重量。第三种形式是对超感性领域和生成之物的明确的不信（Unglauben），世界的无意义状态和现实的非现实性使得超感性领域完全沦落了，而原本认为并不真实的生成世界反转成了似乎唯一可靠真实的世界。从总体上说，虚无主义在尼采的语境中也就意味着原先的价值设定方式的全面失效，因此尼采要求重估一切价值。但是何以重估，谁来重估呢？海德格尔如此论述尼采语境中最高价值的废黜和人类尺度的建立："随着对以往一切价值的重估，人类就面临着一个无限制的挑战，那就是：无条件地从自身出发、通过自身并且超出自身，建立起一些'新标尺'；人类必须根据这些'新标尺'把存在者整体设置为一种新秩序。既然'超感性之物'、'彼岸'和'天国'已经被摧毁了，那就只剩下大地了。所以这个新秩序就必定是：纯粹强力通过人类对地球的无条件统治地位。"①尼采在形而上学之终结的意义上仍然在形而上学的界限之内，因为他仍然未能思及存在本身，仍然在价值设定的模式中，仍然在主体性哲学的边界上。由于尼采没有从存在的角度去思想，更多是从生成即存在者的存在角度去思想，因此也就没有真正面对虚无主义的"无"（Nichts）本身。什么是"虚无"，这恰恰是在追问

---

① 海德格尔：《尼采》，孙周兴译，北京：商务印书馆，2002年，第676—677页。

虚无主义时被遗忘了的,这种对追问"无"本身的遗忘恰恰是真正的虚无主义。

海德格尔要追问什么是"无"。这涉及他所极力强调的存在论差异:存在不是存在者,西方形而上学一直将存在变成了存在者,或者作为最高的存在者上帝,或者作为对象化的存在者,却一直没有将存在作为存在本身来对待。海德格尔认为形而上学的基本问题是:为什么存在者存在而无反而不存在。在《形而上学是什么?》中海德格尔集中论述了这个"无"。无是对存在者整体的否定,因此无本身无法成为一个对象,不是一个存在者。无要比否定更为本源,海德格尔认为:"无就是这种指引而在畏中簇拥着此在——乃是无的本质,即无化。无化既不是对存在者的消灭,它也不是从一种否定中产生的。无化也不能归结为消灭和否定。无本身就不着(Das Nichts selbst nichtet)。"①这一不停地不着的"无"也被尼采称为虚无主义的极端形式:"此在,如其所是的此在,没有意义和目标,但无可避免地轮回着,没有一个直抵虚无的结局:'永恒轮回'。此乃虚无主义的最极端形式:虚无(无意义)永恒!"②在这里,无不再是一种状态,而是无自身的永恒轮回,是无自身的永恒化。从存在者角度看,这一不停地不着的无使得存在者的存在自身回撤了,存在作为无不是一个对象。存在作为无,无也就开启了一个敞开域,这一敞开域的开启作为超越意味着自由,自由同时也就意味着无根据。存在作为无向着无根据的自由敞开,也就置身于无尺度之中,但是这里的无尺度不是最高价值沦落后的无尺度,而是敞开了尺度的可能性条件。向着尺度的无,向着无根据的自由,本真尺度才被允诺出来。

海德格尔从四个角度重新规定了形而上学的基本立场:第一是人之为人成为他自身并且由此认识自身的方式,即人的自身性。第二是存在对存在者的筹划。第三是对存在者之真理的本质的筹划。第四是人当下为存在者之真理采取和给予"尺度"的方式。海德格尔认为这四个角度是共属一体的,相互涵盖与牵引。海德格尔认为这四个角度都指向了一个同一者,这一同一者使得这四个角度相互之间处于无名的统一结构之中,这个同一者就是人和存在的关系。人与存在本身的关联正是形而上学基本立场的真正本

---

① 海德格尔:《路标》,孙周兴译,北京:商务印书馆,2000年,第132页。
② 尼采:《权力意志》,孙周兴译,北京:商务印书馆,2007年,第249页。

质,只有在人和存在的关系中,才有可能思考尺度问题。什么是人和存在的关联呢?海德格尔认为存在与存在者的区分支撑着人和存在的关联,也支撑着人和存在者的关联。存在与存在者的区分恰恰说明了那个同一者。因为没有此一区分,存在自身就无法显现,人们也就不可能对其进行命名。由此看来,存在与存在者的区分乃是一切形而上学的共同基础,只是形而上学将存在本身遗忘了,于是形而上学就仅仅着力于存在者。在《论根据的本质》中,海德格尔围绕"没有什么东西是没有根据的"(nihil est sine retione)这句话展开对求根据的形而上学的批判,形而上学求根据并设置对象将存在视为存在者,从而错失了存在本身。于是海德格尔要求思想的"跳跃":"跳跃保持了思想的自由开放的可能性;这是如此决然的,以至于事实上是自由和敞开的本质性领地首先打开了跳跃的场域。"①这一跳跃就是要跳跃出形而上学的立场,重新确立西方的开端,进入对无根据的思想,也是进入"无"本身。形而上学之所以能着力于存在者,还是以存在与存在者的区分为前提的。存在与存在者的区分中也正是有一个"不",一个"不"在区分着存在与存在者。形而上学正是没有直面这个存在和存在者之间的"不"和"无",因此也就错失了虚无主义的根底,而且这种错失本身构成了虚无主义的实质。这种虚无主义时代的尺度丧失还要回溯到主体性哲学的兴起,以下就按照海德格尔对形而上学立场的其他三个方面展开论述,分别是人的自身性、存在者的存在状态和存在的真理。

---

① Martin Heidegger, *The Principle of Reason*, trans. Reginald Lilly, Bloomington: Indiana University Press, 1991, p. 93. 1955—1956 年,海德格尔在弗莱堡大学开了"根据律"(Der Satz vom Grund)的课程,并于 1957 年出版了讲稿。求问万物的尺度和求问根据的根据律实际上同一个问题。求问万物的尺度,实际上就是求问万物的根据,本身就是根据律的追问。通过对根据的追问,海德格尔实现了思想的"跳跃"(Sprung),即从根据到无根据,从存在者到存在的跳跃,这也是对西方形而上学思想实现的一次整体的跳跃。正如《根据律》的英译者在导言中指出的,Der Satz vom Grund 是一个不可译的书名,Satz 同时有原则(principle)、句子(sentence)、命题(proposition)、运动(movement)、跳跃(leap)、拱顶(vault)的含义。leap 本身就内在于 Satz 中,根据律也内在地是根据的跳跃,参见 Translator's introduction, in *The Principle of Reason*, PXII. 学者朱刚从根据的角度对海德格尔作出了研究,参见朱刚:《本原与延异——德里达对本原形而上学的解构》,上海:上海人民出版社,2005 年,第 261—268 页。

二

何以普罗泰戈拉箴言会被视为一种主体主义的尺度僭越？何以人类会以一种主体主义的方式去读解普罗泰戈拉箴言？这种读解的背后究竟深藏着怎样的哲学前见？海德格尔回溯到了笛卡尔和尼采的哲学，试图去解释人是如何看待自身，即在笛卡尔至尼采的哲学中，人的自身性为何？尺度给予要么是从人的自身性出发给予存在者以尺度，要么是从存在者那里采取尺度用在人自身上。因此无论如何，考察尺度问题都必须追问何谓人自身。只有人自身已经先行得到了规定，人自身和存在者的关系才能得到考察，这正是形而上学立场的一个入口。

人是万物的尺度。这里的"人"是一个主体，但究竟什么是"主体"，主体何以可能？海德格尔回溯主体的词源：Sub-iectum 是希腊文ύπο-κείμενον（基体）的拉丁文翻译，意思是放在下面和放在基底的东西，已经从自身而来放在眼前的东西。从希腊时代甚至到现代形而上学，一切存在者都可以被视为 Sub-iectum。何以从笛卡尔开始，Sub-iectum 最后被规定为主体的人？而且这个主体的人与一种"自我"关联起来。于是一般主体等于主体，主体等于自我。这需要进一步回溯笛卡尔的"我思故我在"，"我思"（cogito）的实质是"我思我思"（cogito me cogito），也就是自我意识。这种人对人自身的意识作为对象意识的前提构建起来了，在自身意识的独立中产生了关于对象的意识。这时就出现了自我意识一极的主体和对象意识一极的客体，于是主体和客体的对峙成为可能。然而，在主体和客体的关系中，客体是通过表象活动被建构起来的，客体存在于主体的表象之中。于是主体就不只是与客体相对的一极，而是更为基础、更为源始的一极，是作为地基的基础了。海德格尔认为："现在，自身表象着的表象意义上的 subiectum（一般主体）就是'基础'和'principium'（原理、本原）。由此就作出了一个新决定：在何种意义上这个关于 subiectum（一般主体）的定律地地道道是这个基础定律（Grund-satz）。基础定律的本质现在是根据'主体性'的本质，并且通过'主体性'而得到规定的。"[①]笛卡尔的"我思故我在"在海德格尔看来，就是将主体作为根基和基础。

---

① 海德格尔：《尼采》，第 799 页。

Sub-iectum(基体)落实在自我上来,而自我通过自我意识建构起主体性的存在。既然主体作为基体,那么人也就成为了万物的尺度,万物皆要以人为中心进行尺度的度量。

笛卡尔规定了现代形而上学的开端,这一开端奠定了从主体出发给存在者进行尺度度量的地位,主体对一切存在者进行表象,并为存在者的真理进行奠基。这一主体性哲学在尼采那里达到了其可能性限度的终点,尼采在形而上学的限度内终结了形而上学。尼采将自己的哲学视为柏拉图主义的倒转。在柏拉图那里,超感性领域是最高的、真实的,因此也是给予尺度者。尼采的倒转并不是将感性领域设为高位,并贬低超感性领域。尼采在最后的年岁中认为真实世界不过是无稽之谈,这意味着尼采抹去了高位本身。尼采梳理过柏拉图主义的六个历史阶段:第一阶段是柏拉图学说,有美德者可以达到真实世界。在第二阶段,超感性领域已经被视为彼岸世界,于是有了信仰。第三阶段以康德哲学为代表,真实世界作为一个假设,仍然是出于基督教传统,它作为一种责任。第四阶段是在德国唯心论结束后的一段时间,这时真实世界被视为是未知的。第五阶段也是尼采哲学的第一阶段,他认为真实世界是一个无用的、多余的理念,但还是留下了一个高层的空位。柏拉图主义的第六阶段,尼采同时也废去了虚假世界,即真实世界与虚假世界的区分、对立本身也被废去了。尼采对柏拉图主义的倒转最后还原到了生命的混沌本身。尼采所说的混沌绝非意指杂乱无章,而是指向流动、涌现的事物,这些流动、涌现着的事物是一种肉身性的存在。海德格尔如此论述尼采的混沌和身体:"'混沌',作为混沌的世界,这指的是:与身体及其肉身存在相关而得到筹划的存在者整体。"①尼采的生物学思维将世界整体表象为一个巨大无比的身体,这一身体不断地涌动、生成。由此,对于尼采而言,人实际上是一个生成的身体,本能肉身性存在的主体。这样的主体通过其与存在者的关系建立起尺度给予,尼采认为作为对以往一切价值的重估,这里的最高价值已经落实在艺术上了,尼采认为艺术是旺盛的肉身深入形象和愿望世界之中的一种充溢和涌流。

笛卡尔与尼采的主体都仍然落实在自身性和自我性上,通过对自身性和自我性的确证,构建起了一个对存在者整体具有绝对

---

① 海德格尔:《尼采》,第553页。

支配地位的主体,无论是笛卡尔的我思主体还是尼采的身体主体,在人和存在者的关系中都是主体中心的。海德格尔由此看到即使是在形而上学的终结处,仍然是哲学人类学。海德格尔的《存在与时间》已经试图走出笛卡尔和尼采的主体性哲学。生存着的此在不是可以规定和固定下来的存在者,海德格尔通过此在追问存在本身,就不是将此在视为一个存在者,而是生存。生存着的此在通过筹划总是在出离,出离到 Dasein 的 Da 的敞开域中。由于 Dasein 可以出离,因此,Dasein 在诸多存在者中有别具一格的地位,因为出离就使得此在能够从存在者整体中脱离出来,然而,此在一旦从存在者整体中脱离出来又归往何处呢?此在出离到了一个存在与存在者之间的 Da 的敞开域,从而与存在本身相关联了。但此在又由于失落了与存在者的关联,从而使得此在面对着世界整体迎面而来的畏,这样的此在就已经在畏的情调中显得无家可归了。然而正是这一无家可归、这一出离、这一与存在本身的关联,才使得此在与诸多存在者不同,正是此在可以出离到 Da 中,这一 Da 的敞开域恰恰使得此在成为可能。因此,海德格尔对于人的规定已经出离了传统形而上学,不再将主体视为可以规定的存在者。同时在此在与存在者整体之间有着处身性的情调,即所谓的现身情态,因此此在与存在者之间不只是表象关系,而且还是处于现身情态之中。

三

尺度给予问题首先是人和存在者之间的关系。当人作为基体或主体对一切存在者进行支配、计算之时,什么是存在者的存在状态?在人和存在者的关联中,存在如何得到筹划?海德格尔指出:"主体性、对象与反思是共属一体的。惟当反思之为反思已经得到了经验,也即被经验为一种与存在者的基本关联时,作为对立状态的存在才成为可规定的。"[①]这就意味着主体性得到规定的同时,人与存在者的关联也已经得到了规定。主体性的方式已经包含了人和存在者的关系,存在者作为一个对象已经立于主体的面前。这一对象作为对立于主体的一极且根据这种对立来揭示自身。海德格尔从形而上学历史的角度考察了对象的对象性。

---

① 海德格尔:《演讲与论文集》,孙周兴译,北京:生活·读书·新知三联书店,2005年,第 86 页。

在笛卡尔那里,存在者的存在就是表象着的主体的被表象状态。存在者在主体那里处于被表象状态,且唯有通过被表象状态,存在者才作为一个对象被主体设置起来。然而,被表象状态并不是抹去存在者的现实存在,而是说存在者唯有通过主体的表象才能与主体建立关联,主体的表象作为存在者成为对象的基础和可能性条件。因此,存在者依赖于主体对它的表象,主体成为了存在者的保障。主体对存在者的表象所取得的支配地位使得主体在存在者中间进行各种活动成为可能。笛卡尔的我思主体也就获得了对存在者的支配,人作为一切存在者的尺度对存在者进行尺度的度量。在康德那里,他的"我思"也无非是把某物表象出来,就是让某物作为某物共同站立出来(Zusammenstehen)。这种表象的共同站立出来首先由于有一个我思主体的意志,在《纯粹理性批判》中,这一意志作为先验统觉是最高的原理。然而,在尼采那里,存在者不再被把握为一种持存性的存在,不再是固定的现存物的表象。存在者的存在是强力意志。海德格尔认为:"强力意志决不是某个个别的现实之物的意愿。强力意志关涉到存在者的存在和本质。它就是这种存在和本质本身。因此,我们可以说:强力意志始终是本质之意志(Wesenswille)。"[①]强力意志就是强力的自身提高,也只有当强力作为自身提高才是强力。只有存在者如其所是地存在,那么存在者就是强力意志。作为强力之提高,存在者必须持续地处于"生成"之中。然而,存在者的生成并不是朝着某个别处的目标提高,而是向着强力本身提高,因此存在者的生成总是提高到强力本身中来,由此存在者的生成就一直向着一个同一者回归,这就是永恒轮回。海德格尔认为尼采对于世界的肉身化仍然依赖于作为本能和情绪的主体性,因此虽然尼采将存在者整体视为一种生成,但仍然是出于主体性的意志的形而上学规定之中。

在1920年代,海德格尔提出了形式显示(formale Anzeige)的现象学。海德格尔将存在者整体视为此在生存的场域,存在者不是此在认知的对象。因此,海德格尔这时已经在反思胡塞尔的现象学,寻找一个前理论的、非客体化的生命经验。海德格尔在讨论"东西"(Etwas)时区分了四种"东西",前理论的东西包括前世界的东西和世界性质的东西,理论的东西包括对象的形式逻辑的东西

[①] 海德格尔:《尼采》,第64页。

和客体性质的东西。海德格尔认为从笛卡尔以来经过康德到尼采,甚至是胡塞尔,他们仍然是以对象化的方式去看待存在者,因此存在者也就是被表象的对象。在形而上学主体性哲学的支配下,都将存在者看作对象和客体,因此将存在者看成了理论的东西。海德格尔的形式显示保持着悬空,不落入对象,指向的是一种时间性的形成。因此,形式显示所要指引的不是对象化的存在者,不是理论领域、客体领域的对象,而是前理论、非客体的领域。胡塞尔区分了形式化(Formalisierung)和总体化(Generalisierung),海德格尔深化了这种区分。形式化没有特定的实事领域,不是属和种的等级秩序,因此不是像总体化那样意味着一种排序方式,也不是从感性到普遍性的逐级上升。海德格尔以红颜色为例,指出从感性性质到本质的过渡,从本质到对象的过渡,是一种形式化。形式化不落于对象化,但也必须有关联意义的起因。海德格尔说:"形式述谓是并不受制于实事的,但它又必定是以某种方式起因的。它的起因如何呢?它起于姿态关联(Einstellungsbezug)本身的意义。"①形式述谓起因于姿态关联,并不指向对象的内容,而是指向对象的纯粹形式,在注视和纯粹形式之间建立起一种姿态关联。姿态关联一直都保持在悬空之中,因此这样的关联本身是尚未规定和保持开放的,并不落入对象的内容,而是让纯粹形式指向一个尚未规定的关联。形式显示的悬空使得对象一直保持在前理论的领域,对象一直都是一种"原东西"(Ur-etwas)。海德格尔对形式显示的呈现是和他对保罗书信中的帖撒罗尼迦前后书的重新解读相交叉的。海德格尔受路德的解构(destructio, Destruktion)的影响,并在克尔凯郭尔的自身性的指引下,以形式显示的方式深入保罗时代原始基督徒的弥赛亚时间的经验。海德格尔以基督的临在(parousia)激发起原始基督徒生存的极限,并做出决断。与此相应,在《存在与时间》中,海德格尔通过向死而在、良知召唤和决心将此在拉入生存的极限,在这样的极限境况中此在通过决断在存在本身上打入时间性的标记。通过形式显示的悬空和生存境况的极限经验,人和存在者的关系进入了前理论的领域,摆脱了主体性哲学的主体—客体模式。这时,人和存在者的尺度度量也必须在形式显示的指引中去考量。

---

① 海德格尔:《形式显示的现象学:海德格尔早期弗莱堡文选》,孙周兴译,上海:同济大学出版社,2004年,第68页。

四

　　从尺度角度看形而上学的基本立场,以上分别就人的自身性、存在者的存在状态分析了人和存在者的关联。人和存在者的关联在海德格尔看来首先是因为人和存在本身有着关联。在尺度问题的指引下,人和存在者的关联最后落实到存在者之真理本质的界定。什么是真理？海德格尔试图重新理解希腊的真理概念,同时与自柏拉图以来尤其是近代的真理概念区别开来。柏拉图虽然仍然将真理视为存在者的一个特性,但是柏拉图的 aletheia(无蔽)已经转移到 idea(相)中,也就要求有正确的观看。于是真理在形而上学的基本立场中越来越需要人的保障,成为了以人为尺度给予之中心的对存在者的设定。在主体性哲学的支配下,传统与流俗的真理观念就是真理是知和物的符合,这种符合指向的是正确性(Richtigkeit)。在康德的主体性哲学之前,真理的符合首先在基督教神学中发展起来,在信仰中真理就是物(受造物)与知(上帝)的符合以及知(人类的)与物(创造的)符合,即受造的存在者符合整个创世的秩序。在基督教的创世秩序中,人们培养了一种对救恩的确信,这种确信在现代理性精神兴起的时候逐渐被克服,代之而起的是另一种确信即自身确信的自身立法。从基督教的确信到现代理性精神的自身立法的确信,实现了形而上学的一次转换。在笛卡尔的我思主体中,被表象的存在者依赖于主体的自我确信,即必须还原到我思主体的不可怀疑上。正是基于对我思主体的不可怀疑的确信,也基于我思主体对存在者的表象的确信,这一存在者作为客体被主体所自身投置,亦即进入了主体的确信之中,如此这一存在者方可说是被确信了的。从主体的确信的出发,主体对客体的投置方式也就变得重要了,因此才有笛卡尔对方法问题的提出。主体的确信将人自身设置为存在者的中心,人对存在者进行计算和筹划,于是就产生了主体给予尺度时的狂妄和僭越。然而尼采认为这种确信的真理其实是谬误,是幻想,只是持以为真(Fur-wahr-halten)。在作为确信的真理中,真理取决于人,是由强力意志所规定的。人有一种求真理的意志,真理不过是人所汲求的最高价值。尼采认为人们对真理的敬仰已经成为了一种幻想。从强力意志看,持以为真的确信的真理不过是一个假象罢了,因为真理不是一个持存物,一切都在生成,一切都在向着更高的力提高。于是看似不再有真理了,不再有最高价值,最高价值已经自行废黜了。人们从主体自身立法的理性自由中进入更为昏暗的自由深渊,这一深渊呈现了人类无根据和无价值的自由。这样的自由是无度的自由,尼采同时呈现虚无主义和克服虚无主义,但是海德格尔认为尼采的克服仍然在价值的思想框架之内。

在主体性哲学中,尺度成为了对存在者的筹划和计算,成为主体的僭越。在尼采之后,西方思想进入了虚无主义,虚无主义的人进入了无根据的自由和尺度本身的无度。海德格尔认为人道主义的方式仍然在西方形而上学的界限之内,西方形而上学总是试图将人设置为存在者的中心。而海德格尔回到普罗泰戈拉的箴言,重启西方开端时认知真理和尺度的原初境况。海德格尔重新翻译了箴言:"(各个)人是万'物'(即在人的使用和需要中,因而总是在人周围的事物,即 χράματα, χράσθαι)的尺度,是在场者如其在场那样在场的尺度,但也是不在场者不在场的尺度。"[①]海德格尔认为普罗泰戈拉所指的人并非笛卡尔意义上的主体,而是归属于一个无蔽状态的区域,aletheia 可以更为合乎字面地翻译为无蔽,而不是真理。在一个无蔽状态的区域中,人觉知着在场者。主体的表象唯有在无蔽的敞开域先行给予之后才是可能的,表象性陈述和确信的真理实际上是这一敞开域的关系实行。此在作为绽出之生存的存在者可以进入最切近的敞开域,Da 之场域的敞开本身允诺了此在本身的绽出,而绽出就是要出离到 Da 之中,面向着敞开域从而获得自己的自身性,通过在敞开域中的决断在存在本身上打上时间性的标记。海德格尔自身也意识到此在的绽出和向死而在都有着形成另一种主体性的嫌疑,因此在发现此在的无聊情调之后,就掉转了从存在者看存在的方向,反过来从存在本身来看,于是就不得不进入真理和非真理的讨论。学者夏可君指出:"作为疏明与遮蔽(Verbergung)对立着的真理就发生于这一'裂隙'之中。真理的双重性也是争执,不过是元争执(Urstreit),并把争执者相互归属在亲密的'切心'(Innigkeit)之中,在这切心中才有宁静。"[②]在《艺术作品的本源》中,真理成为了世界和大地的争执,而更为重要的是真理和非真理的元争执。海德格尔将迷误归结为真理的非本

---

① 海德格尔:《尼采》,第 768 页。
② 夏可君:《世界的语言生成——与海德格尔一道发现世界》,武汉:武汉大学博士论文,2001 年。

质,因为真理首先是以遮蔽的方式运作的。于是,不再是世界和大地的显隐争执,而是大地的彻底隐藏和不可显现,是非真理本身的遮蔽。海德格尔认为哲学并不逃避这种非真理的隐藏,这是存在本身的存在方式,面对这种隐藏哲学也就必须进入柔和的泰然让之(Gelassenheit der Milde)的境地。柔和的泰然让之就是让存在者存在(das Seinlassen von Seiendem)。这种让存在是在存在者面前的节制和自身引退,而不是像在主体性哲学中是对存在者的计算和支配。让存在使得存在者公开在敞开域中并且通过这种让存在归属于这一敞开域。让存在作为自由,是固执地绽出生存。正因为固执,迷误就作为真理本身的特性存在了,同时因为绽出,就可以进入存在者的被解蔽的敞开域。在这一敞开域中,真理的本质是一种归属的自由。海德格尔认为:"人向来是在场状态和无蔽状态的尺度,因为他把自身节制和限制于那个最切近的敞开域上,而又没有否认最遥远的锁闭之物,没有自以为能作出一种关于后者的在场与不在场的决断。"①归属于敞开域,也就是归属于真理的自由本质,归属于存在作为无,以及存在和存在者之间的"不"。此在不再是主体,不再是对存在者的尺度的支配,而是存在者的牧人,因为此在归属于无,这个无不是虚无主义的,而是存在本身。

第五节 元伦理的居住

在上一节中,海德格尔重新阐释了普罗泰戈拉的箴言,对从柏拉图至尼采的形而上学进行了整体性的批判。那么为什么海德格尔要从尼采转向荷尔德林?海德格尔自觉到,他早期的此在的时间性仍是一种主体性的时间性。海德格尔意在探究存在本身,赢获存在的时间性。于是,就必须进入历史的天命。但是,由尼采所呈现出来的虚无主义,已经表明自希腊以来的历史理性是虚无主义,而在虚无主义之后不再有法则。于是,海德格尔从尼采返回到荷尔德林,并借着荷尔德林回到前苏格拉底。一方面,通过回到荷尔德林,等待最后的到来之神,在诗意的歌咏中接纳神圣者。另一方面,在回到德意志的谱系中,避免尼采的金发野兽的种族神话,通过荷尔德林的大地概念更加微妙地回到德意志精神。要克服建

---

① 海德格尔:《尼采》,第772页。

基于形而上学立场中的法则暴力,需要通过"诗人中的诗人"荷尔德林的诗意来重新唤起西方没落的命运,重获元伦理居住的法则,正如荷尔德林所吟诵的:人,诗意地栖居在大地上。

一

《人道主义书信》的关键或许在于荷尔德林。海德格尔在书信中回顾了自己的思想道路,并特意强调了荷尔德林对于通往世界历史本源的独特意义。荷尔德林在何种意义上、在何种历史命运中成为一个关键?海德格尔直陈荷尔德林对于一个无家可归的时代具有命运转向的意义。无家可归状态尤其是现代人的命运,海德格尔认为马克思所说的异化状态其实就是一种无家可归状态。无家可归状态所关联的是整个存在的历史,也只有从存在的历史角度去看人的无家可归,才能够领会无家可归的真正含义。从存在的历史看,无家可归正是因为存在的遗忘,存在的遗忘是由形而上学引发的,同时形而上学不断地加深着存在的遗忘,加深着人的无家可归,更为关键的是形而上学最终还隐藏了人的无家可归与对存在的遗忘。海德格尔论述人的无家可归的背景其实是尼采的虚无主义。尼采试图克服虚无主义,但是他仍然局限于价值的角度,尼采的克服仍然在形而上学的界限之内,尼采作为形而上学的终结和颠倒仍然是形而上学的。因此,海德格尔的问题是很明确的,当他不再从此在角度去思考存在,而是反过来从存在出发来思考时,就出现了存在的历史和历史的天命问题。海德格尔要问究竟什么是西方之天命的归属?海德格尔所指的西方当然不是地理学的,也不是民族学的,正如他所说是从历史本源的切近处来思考的。但是海德格尔仍然有着鲜明的地缘政治和德意志民族的倾向,在他看来德意志就已经可以表征整个欧洲了,而且似乎也只有德意志民族才能在存在历史中起到关键的作用。

海德格尔注意到荷尔德林比歌德等人更为敏锐地领会到现代性的虚无主义。荷尔德林在德意志民族精神最辉煌的时期,在歌德、席勒的魏玛古典主义的氛围中,在康德、费希特、谢林、黑格尔的哲学氛围中,以及后来的德国浪漫派的精神成就之中,敏锐地意识到随着最后一位神基督的离去,整个欧洲的历史已经进入世界之夜。正是在存在之遗忘和天命之失落的意义上,海德格尔如此重视荷尔德林,并认为荷尔德林警示着整个欧洲历史的命运,也正是在荷尔德林身上有着欧洲天命的新的开端。在《形而上学导论》中,海德格尔就倚借荷尔德林对《安提戈涅》的翻译解读著名的第一合唱曲"人颂"①。关键的问题在于如何翻译 δεινον 这个词。荷尔德林将之译为 Ungeheuer,海德格尔将之译为 Unheimliche。海德格尔的翻译显然已经受到了荷尔德林的影响,海德格尔实际上已经在用 Unheimliche(无家可归)来重解荷尔德林的 Ungeheuer(骇然)了。②海德格尔说:"我们把 unheimlich 理解为从'隐秘的'、'本乡的'、'习惯的'、'熟习的'、'可靠的'里面跑出来的那个事物。非本乡的就不让我们安于本乡。"③由此看来,人是最为无家可归的,虽然他可以拥有领会、言谈、现身情态和技术等等,但是正因为如此人恰恰是最为无家可归的。无家可归不仅仅是一个历史的命运,而且也是人的根本的虚无性。海德格尔必须从存在的历史尤其是在虚无主义的无家可归中寻找一个新的开端。从尼采的形而上学的限制中更进一步,海德格尔找到了荷尔德林。借着荷尔德林,海德格尔重返前苏格拉底哲学,同时试图重新开启一个存在的历史之开端,去重获欧洲历史的天命,去为现代人的无家可归寻找一个诗意居住之家。正是在无家可归的语境中,海德格尔认为荷尔德林为这样的诗意居住提供了一种新的开端的可能性。

海德格尔当然不会在人道主义这种从价值和主体出发的形而上学地基上建立一种伦理学。海德格尔指出在赫拉克利特那里,ethos 意味着居留、居住之所。居住首先是一个敞开域的打开,并且正是因为这种敞开人可以与之相归属。在《筑居思》中海德格尔将居住视为必有一死者的存在方式。无论是无家可归状态还是在家状态均是由居住所引发的。海德格尔试图从荷尔德林的诗中找到一种诗意的语言,通过归属于这一蕴含着居住之敞开域的语言,为无家可归状态找到一个在家的归家之路。在海德格尔看来,人的无家可归状态正是由于人颠倒了人和语言的归属关系。诗意的居住就是要让人归属于语言,而不是反过来使语言成为受人支配的工具。人对语言的支配将人驱逐进了无家可归的状态,这与"人

---

① 《罗念生全集》(第二卷),上海:上海人民出版社,2004年,第305页。
② 此处采纳了刘小枫教授的译文,参见刘小枫:《中译序》,载伯纳德特:《神圣的罪业》,张新樟译,北京:华夏出版社,2005年,序,第7—9页。
③ 海德格尔:《形而上学导论》,熊伟、王庆节译,北京:商务印书馆,1996年,第152页。

颂"中所说的是一致的,正是因为人可以上天入地,正是因为人可以使用工具而取得制胜的强力,才使得人逐入无家可归之中。而诗意的居住,是一种让居住。作诗,就是一种让居住。让居住敞开了一个无蔽的场域,在这一个敞开域中汇聚起天地神人,在天地神人的环舞中相互归属、共属一体。荷尔德林的诗就提供了这样一种可以让人归属的语言,荷尔德林诗意语言汇聚了天地神人,提供了一个四方汇聚的场域,正是在这种四方汇聚的诗意语言中,人的居住才成为可能。这就是海德格尔所说的源初的伦理,源初的伦理对于四方域中的必有一死者来说恰恰意味着出窍,意味着此在出离到"Da"中去,正是通过这种出离,此在才归属于四方。有学者试图从海德格尔后期的诗意语言和泰然让之出发,结合海德格尔早期在《存在与时间》中所呈现的自身性的主体,忽略 30、40 年代世界与大地的争执和元政治的思想,从而提出一种诗意的主体、诗意的此在。①

二

在海德格尔看来,现代人之所以变得无家可归,是出于存在的历史,那么究竟什么是这一历史的内在吊诡？追随荷尔德林,海德格尔也深入地思考了本己和他异的关系问题。本己和他异是古今之争的题旨,也是命运的本质法则:"为了熟稔于本己之物的缘故而热爱非家乡存在,这乃是命运的本质法则;由于这种命运,诗人便被天命遣送到'祖国'历史地建基中去了。"②本己和他异作为命运的本质法则,直接关联于整个欧洲的命运,海德格尔洞察到唯有在本己之物中才有可能诗意地居住。如何去本己地居有本己之物呢？这个问题必须追溯到荷尔德林。在 1801 年 12 月 4 日和 1802 年 11 月致伯伦朵夫的两封书信中,荷尔德林论述了这一本己和他异的命运的本质法则,荷尔德林沿用的是卢梭—席勒式的自然和文化的区分,但是思考的方式却已截然不同。

---

① See Jennifer Anna Gosetti-Fnerencei, *Heidegger, Hölderlin, and the Subject of Poetic Language*: *Toward a New Poetics of Dasein*, New York: Fordham University Press, 2004.

② 海德格尔:《荷尔德林诗的阐释》,孙周兴译,北京:商务印书馆,2000 年,第 104 页。

海德格尔与荷尔德林都认识到西方（Abendland）作为傍晚之国已经隐含了命运的失落和世界之夜的来临，因此希腊和西方的区分不仅是地理上的区分，同时还是时间性和历史性的区分。荷尔德林指出希腊的自然和天赋是"天空的火焰"（Frueer vom Himmel）、"神圣的激情"（heiligen Pathos）。西方的自然和天赋是"表现的清晰性"（die Klarheit der Darstellung）、"庄严的清明"（Junonische Nüchternheit）。但是自然和天赋恰恰是守不住的："原本为民族性的东西在教养的进步中会渐渐失去优势。正因为希腊人生来具有神圣的激情，所以他们并非激情的大师，相反从荷马起，他们就在表现之天赋上出类拔萃，因为这位不同凡响的人有足够丰满的灵魂，为他的阿波罗王国盗来西方世界的庄严的清明，并且如此真实地将陌生者化为自己所本有。"① 海德格尔更为关心的是如何自由地使用本己之物。譬如，希腊人的本己之物是天空之火。但是希腊人为了自由地使用自己的本己之物，却需要去学习对于希腊人来说是陌生的表现的清晰性。这与海德格尔对荷尔德林的河流诗的解读是一致的，正如伊斯特尔河是流经异域然后返回自己的国度，诗人唯有离开自己的家才能有归家之说，才能真正本己地运用自己的本己之物。正如荷尔德林所说自由地运用本己之物是最为困难的。海德格尔将荷尔德林所说的 Hesperia② 基本上是等同于德国的，在这个意义上海德格尔比荷尔德林更为具有德意志民族和地缘政治的倾向。海德格尔也认为德国的本己之物是表现的清晰性，海德格尔进一步从现代性的主体计算和专业划分的意义上去理解表现的清晰性。那么德国人如何用好自己的本己之物呢？海德格尔认为必须去学习对于德国来说是他异的天空之火，也就是说要为德国获得存在的天命。

然而荷尔德林还看到希腊本身就是晚熟的，在它之前还有埃及。这涉及《恩培多克勒之死》的三个草稿。③ 在悲剧第三稿中，恩

---

① 荷尔德林：《荷尔德林文集》，戴晖译，北京：商务印书馆，1999 年，第 440 页。

② Hesperia 指西方，希腊人用这个词指意大利，即那个与希腊相关的沉落之地。希腊人和赫斯伯里安是相对的，赫斯伯里安作为希腊人的沉落，犹如现代人作为古代人的沉落。

③ See Friedrich Hölderlin, *The Death of Empedocles: A Mourning Play*, trans. David Farrell Krell. New York: State University of New York, 2008. 学者 Krell 详细翻译了荷尔德林的悲剧《恩培多克勒之死》的三个稿本。帕萨纳斯是恩培多克勒的学生，马纳斯是一个埃及人。

培多克勒给帕萨纳斯最后的忠告,他告诫帕萨纳斯勇敢地去漫游,这一漫游的历程包括罗马、希腊(譬如柏拉图)和埃及。恩培多克勒告诉帕萨纳斯能够在埃及听到美神严肃的琴声及其调式的变换。而在《许佩里翁》中,荷尔德林认为埃及人只有一种空洞的无限性,不能生产智慧而只能生产虚无。荷尔德林对埃及的观念转变是如何发生的? 这是由于荷尔德林逐渐在埃及和西方之间找到了一种对称性,从而打破了希腊和西方难以逾越的模仿关系。在悲剧第三稿中,第二场帕萨纳斯的突然离开和第三场马纳斯的突然回返之间的停顿(Caesura)形成了一种对称结构:马纳斯其实是帕萨纳斯从埃及的返回,于是学生帕萨纳斯变成了先生马纳斯,先生马纳斯变成了学生帕萨纳斯。根据致伯伦多夫的第一封书信,马纳斯代表东方,恩培多克勒代表希腊,帕萨纳斯代表西方。于是在帕萨纳斯和马纳斯、埃及和西方之间形成一种对称结构。有学者如此表述埃及、希腊和西方的关系①:

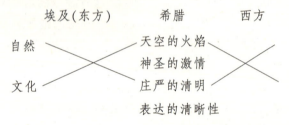

但是荷尔德林并非一个黑格尔主义者,在埃及、希腊和西方之间并非一个绝对精神发展的过程。在埃及和西方之间并非简单的倒转和等同,而是经过了历史的交织扭结。② 更进一步,荷尔德林指出在西方和希腊之间并没有共同的"生机勃勃的关系和命运"(lebendigen Verhältnis und Geschick),而是说在将"生机勃勃的关

---

① Andrzej Warminski, Rodolphe Gasché. *Readings in interpretation: Hölderlin, Hegel, Heidegger*, Minneapolis : University of Minnesota Press, 1987, pp. 19 - 20. 这个表格意味着埃及的自然是庄严的清明和表达的清晰性,埃及的文化是天空的火焰和神圣的激情。而对于希腊,实现了一次新的调谐和倒转,希腊的自然是天空的火焰和神圣的激情,它的文化是庄严的清明和表达的清晰性。对于西方,又重新实现了一次新的调谐和倒转,西方的自然是庄严的清明和表达的清晰性,它的文化是天空的火焰和神圣的激情。这不是简单的辩证法的发展,而是在每一次倒转中都基于本己(自然)和他异(文化)的调谐,都是再次习得本己之物和接纳他异之物,并非使用现成性的自然和文化,而是以创造性习得的方式更新本民族的自然和文化。

② Ibid., p. 20.

系和命运"都视为至高无上这一点上是共同的。从而,荷尔德林彻底否定了模仿希腊的可能性。荷尔德林此时对古今之争的思考已经转向了以模仿之不可能性为前提。最为关键的是荷尔德林指出本己(das Eigene)和陌生(das Fremde)一样必须是习得(gelernt)的。本己之物自己无法守住,譬如希腊自己就丢失了"天空的火焰",更进一步说,其实本来就没有可以直接运用的本己之物,自然、文化和法则都是习得的。没有纯粹的自然和天赋,民族性本已包含习得的成分,而文化更是习得之物。本己无法守住,且本己自身也必须是习得的。转化陌生之物而来的也不是本己之物,因为它仍然是陌生的。于是本己是陌生的,而陌生仍然保持为陌生。在这个意义上,本己和陌生都是习得的、他异的。因此,海德格尔虽然追随荷尔德林回归古希腊,但并没有真正跟随晚期荷尔德林的转向,晚期荷尔德林并不认为我们可以从希腊那里学到什么,希腊自身也是本源缺失的,因此它依赖于埃及。荷尔德林直指本源幻象,将自然和文化均转化为习得问题。海德格尔认为荷尔德林作为欧洲的新开端,其重要意义在于重新赢得了存在的历史天命,但是其实荷尔德林更为彻底地认识到这一天命是源初丧失的。如果没有了天命,那么人该如何诗意地居住呢?

三

海德格尔思考的是欧洲的命运,存在本身作为命运的发送,这是天命的问题。在《追忆》中,海德格尔认为:"至高者最切近于至高之物。而这种至高之物乃是神圣者,是那种不同于人之法则的法则。从人之法则来看神圣者在一切法规(Sazungen)面前设立的方式,几乎不能叫法则,因为这种方式乃是命运的派送。"① 海德格尔所说的法则(Gesetz)是至高者,作为存在的历史,本身是天命的发送。海德格尔认为在西方思想的开端,有着关于存在的思考,但是还未曾思考过"有"(Es gibt)。"有"作为一种赠礼的给出,乃是发送(Schicken),历史就是天命发送的历史(Geschichte)。海德格尔对天命发送的至高者之"法则"的思考是结合荷尔德林对品达的译疏。1805年的夏天,荷尔德林翻译品达并写作了九篇评注,其中第五篇评论的是品达的《残篇169》。荷尔德林首先对《残篇169》进

---

① 海德格尔:《荷尔德林诗的阐释》,第124—125页。

行了翻译：

> 至高者
>
> Das Gesetz,
> Von allen der König, Sterblich und
> Unsterblich; das fuehrt eben
> Darum gewaltig
> Das gerechteste Recht mit allerhöchster Hand.
>
> 法则，
> 万物之王，必死者和
> 不朽者之王；为此
> 以至高无上的手
> 有力地施行最公正的权力。

至高者作为天命发送的法则显然不是人之法则，人之法则作为条规是现成性的、对象性的。海德格尔追问人之法则的可能性条件。荷尔德林在译疏残篇中说："严格地说（streng genommen），直接者对必死者和不朽者都是不可能的；神根据其本性必须区分不同的世界，因为天国的财富为了它自身的缘故必须是神圣的，没有杂质。人作为认识者也必须区分不同的世界，因为知识只有通过对立才是可能的。严格地说，直接者对于必死者是不可能的，同样对不朽者也是不可能的。而严格的间接性（die strenge Mittelbarkeit）就是法则。"[①] 在荷尔德林和海德格尔看来，必死者和不朽者都不是最高的，神和人都仍然属于间接者。对于神和人而言，真正的直接者是不可能的。神和人都必须通过区分才能获得自己的规定，对于神而言区分是维护其神圣的条件，对于人而言区分是其作为认识者的知识条件。知识唯有通过对立和对象的设置才有可能，于是直接者作为知识的不可能的条件。知识不能接近直接者，因为知识本身就来自于间接者的区分。直接者就是神和人这样的间接者的不可能性，唯有通过直接者的不可能性才有间接者的可能性，也才有区分、对立和知识。于是，直接者就是至高者，就是法则本身，也是不可能性本身。法则作为存在天命的发

---

① Friedrich Hölderlin, *Essays and Letters*, trans. Jeremy Adler and Charlie Louth, London: Penguin Group, 2009, pp. 336-337. 参考孙周兴译文，有改动。

送,不是具体条规的设置,而是作为间接者的具体条规之可能性条件,法则作为可能性条件恰恰是不可能的。唯有不可能性才能作为真正的基础、根据,也才能作为万物之王,这就是法则作为不可能性的主权。

那么究竟什么是法则,什么是作为法则的直接者呢?海德格尔在论荷尔德林的《如当节日的时候……》一文中对此做出了论述。海德格尔认为直接者是高于神和人的神圣者(das Heilige),神和人作为间接者均源出于神圣者。而神圣者在荷尔德林的诗中就是自然。海德格尔认为荷尔德林作为别具一格的诗人道出了希腊的自然概念的隐秘内涵。自然意味着生长,是进入敞开域的涌现,同时又是作为涌现的自身返回。自然给予事物以澄明,自然提供了敞开域,因此自然要比时间更为古老,它作为当前现身者先行于一切在场者,也就先行于神和人。这样的自然,在荷尔德林的诗中就是神圣者。自然作为神圣者是"牢不可破的法则",因为自然作为万物不可动摇之初始,是最为原初的,也是万物的始源。然而问题在于荷尔德林在诗中吟咏:"遵循牢不可破的法则,一如既往地/源出于神圣的混沌……"(《如当节日的时候……》)海德格尔指出了何以在荷尔德林的诗中混沌与法则结合在一起了?海德格尔认为荷尔德林所言的混沌并非是纯然的混乱,这样的混沌只是混沌的非本质。真正的混沌应当从自然的涌现去理解,混沌(chaos)首先意味着一种张裂的深渊,是先行开启的敞开域。于是混沌就是自然本身,就是张裂着的涌现,作为吞噬一切的先行开启者,要比一切间接者和差异者更为古老和初始,因此混沌是最为本源的源头。诗人保持着对张裂的混沌的预感,因此在预感着自然之当前现身的意义上,诗人乃是先知。

通过对自然、混沌、神圣者的描述,海德格尔将至高者作为直接者的不可能性展现出来了,同时神和人相对神圣者而言只是间接者,而直接者和间接者是怎样的关系呢?学者 Thomas Schestag 指出海德格尔忽视了荷尔德林尤其强调的"严格地说(streng genommen)"。Thomas Schestag 认为海德格尔对 streng genommen 的忽视集中表现在试图将 nomos 的德译 Gesetz 理解为天命的设定(setzen)和发送(schicken),也就是将与 nomos 相关的一组词即 Nehmen,Nahme,nemein 均向着海德格尔所倾心的另一组词关联起来，即 Geschik, Schicksal, Schicksung 等等。① 然而，荷尔德林所反复强调的 streng genommen 的 genommen 是 taken 的意思，nomos 的动词形式是 nemein，对应的德语词是 nehmen，荷尔德林显然强调的是 take 的含义，如此也就能够解释荷尔德林对"手"（Hand）的强调，法则乃是至高无上的手。Thomas Schestag 认为："从这个角度来看，Gesetz 并不是它们中间的一个翻译，而是它尝试去限制（engführen）和捉取——nemein——严格地捉取。"②也就是用"手"去捉取"法则"，让它得到限定，以便成为可把握的尺度。与此相类，海德格尔几乎完全忽视了 streng genommen 中的限定词 streng，忽视了严格的间接性（die strenge Mittelbarkeit）中的"严格"（strenge）一词，strenge 是对间接性的限制，海德格尔将直接者等同于间接性，但是荷尔德林所要强调的恰恰是"严格的"间接性。严格的间接性所要突出的是间接者作为间接者的中介缺失，也正是荷尔德林所说的神和人的双重不忠。③

四

诗人们居于混沌的敞开域中，承受混沌的张裂和深渊般吞噬的力量，诗人听任直接者的直接性，因此是最为接近神圣者和自然的。荷尔德林说，作诗是最为清白无邪的事情，但是同时语言是最危险的财富。诗人如同河流，作为半神，诗人的语言是一种本真的语言，是诗意的道说（Sagen）。语言的危险在于唯有通过语言才能进入敞开域，语言使得通达和锁闭敞开域成为可能，而本真的道说则是源于对源初的混沌的预感。诗人的道说接近神圣者，使得神圣者的神圣性受到了威胁，同时诗人置于神圣者的危险中心。荷尔德林在《如当节日的时候……》中吟咏，诗人当以赤裸的头颅迎

---

① Aris Fioretos ed., *The Solid Letter: Reading of Friedrich Hölderlin*, California: Stanford University Press, 1999, p. 390.
② Ibid., p. 386.
③ "双重的不忠"是荷尔德林在关于索福克勒斯的两部悲剧《俄狄浦斯》和《安提戈涅》的评注中提出的。参见荷尔德林：《荷尔德林文集》，戴晖译，北京：商务印书馆，2003年，第270页。在本书的结语部分将再次论及这个概念。"双重的不忠"指明了人和神之间的间隔，一个空无的地带。在这一间隔地带中，神对人不忠，人对神也不忠，因为他们都要保持自身的领域，以便不使神圣受到污染。

承神的狂暴雷霆,同时要用自己的手去抓住天父之光芒。为了更好地获得本己之物即德意志表现的清晰性,诗人必须去接纳天空的火焰和存在的天命。作为吟咏至高者的诗人,诗人有着一种勇气,一种情绪高昂的情志(Gemüt)[①]。诗人的情志使得诗人们能够接近神圣者,情志不是心理学和人类学意义上的情绪,而是与灵魂(Seele)同一的。"情志"就在于冷静和贫穷、温厚和高尚、优美和无私、宽容和忍让等灵魂体验的亲密性(Innigkeit),诗人的情志在歌咏之中得到了调谐与平衡。然而,荷尔德林深深懂得天空之火焰的炽烈,以及希腊悲剧中所呈现的神圣的迷狂,没有人可以单独地承受命运,因此德意志的诗人们应该来共同承担法则的混沌力量。

  海德格尔在荷尔德林的诗中找到了使法则柔和的方式。通过诗的吟咏去接受光芒的中介作用,接受直接者的暴力,从而将民众庇护在歌声之中。海德格尔通过对荷尔德林的河流诗《日耳曼尼亚》、《莱茵河》、《伊斯特尔》以及《追忆》等的解读,试图连接日耳曼尼亚和希腊,在河流水的清冷和树荫的保护之中,河流半神接受天空的火焰,从而能够以柔和的方式调谐天空的火焰和表达的清晰性,以歌咏的方式既获得自己的本己之物,又接受存在的天命。如果说在《日尔曼尼亚》和《莱茵河》的解读中,海德格尔着力于神圣的哀伤的情调,以此来沉思世界之夜中大地上没有尺度的困境,以及突出河流半神遭受束缚和争执的半神之狂暴;那么在对《伊斯特尔》和《追忆》的解读中,海德格尔已经追随荷尔德林离开了德意志,去往他异之地,因此这是在陌生之地的东北风之问候,如此才有返乡的歌咏。在《荷尔德林的大地和天空》中,海德格尔将这种本己和他异的调谐称为"柔和",荷尔德林在法国南部感受到的希腊人的"身强力壮"和希腊人的最高理智"反思力"达到了协调,这种调谐是希腊人的大众性,是柔和。在柔和之中,身强力壮和反思力在其本质上共属一体了。海德格尔在河流诗的返乡途中,思想着对法则的柔和承受。

  [①] 早在《存在与时间》中,海德格尔就已经开始关注 Gemüt:"这个徒有其表的哲学新开端,拆穿了,却是在培植一个不祥的成见,后世就是从这个成见出发才把以'情志〔Gemüt〕'为主题的存在论分析耽搁下去的;这一分析原应以存在问题为线索,并同时对承袭下来的古代存在论加以批判剖析。"(海德格尔:《存在与时间》,陈嘉映、王庆节译,北京:生活·读书·新知三联书店,1987年,第31页。)在《追忆》中,海德格尔指明了 Gemüt 和 Seele 相等同,由此也就将 Gemüt 与普通的情绪相区别,它是灵魂体验的一种亲密性(Innigkeit)。

诗人在歌咏之中，将天空的火焰接纳到河流的树荫中来，从而调谐了本己和他异，这时诗作为这种接纳是让栖居。正是由于诗的歌咏，才有诗意栖居的可能。诗人对至高者的接纳是尺度的度量，海德格尔说作诗就是度量，度量就是作诗。海德格尔认为作诗所依据的是一种特殊的尺度，一种不可能的尺度。诗的度量是对栖居之所的度量，这一栖居之所就是天空和大地之间。海德格尔说："这一'之间'（das Zwischen）被分配给人，构成人的栖居之所。我们现在把这种被分配的贯通——天空与大地的'之间'由此贯通而敞开——称为维度（die Dimension）。"①作诗就是对这一栖居之所的"之间"进行度量，唯有先行对向我们敞开的"之间"进行度量，才有筑居的奠基工作，也才有元伦理的居住。然而，诗人以什么尺度来进行度量呢？海德格尔认为诗的度量所采取的尺度是神不可知的尺度。诗的尺度作为不可能的尺度，恰恰是神的不可知，神以不可知的方式在显示自身的同时自行遮蔽，然而诗人正是在其富有勇气的"情志"中采取了这一不可知的、自我隐藏的尺度。唯有这样的尺度才能为"之间"的栖居之所进行元伦理的奠基。诗的度量迥然不同于现代性的计算，不同于主体性的意志暴力。诗的度量深深地进入了法则的亲密性关系之中。

在天空和大地之间，诗人所测度到的是"之间"的天、地、神、人的共属一体，因此诗意栖居的"之间"是海德格尔所说的四方域。通过诗人的歌咏，神圣者转化到了诗人具有中介作用的词语之温柔中了，因此神圣者也变得柔和，这就是柔和的法则。柔和的法则就是对至高者柔和的承纳，就是本己和他异的调谐，也就是间接者在其间接性中的生动关系。海德格尔注意到荷尔德林的一句诗："万物亲密地存在。"这种亲密性（Innigkeit）就是天地神人的共属一体之环舞，也是万物之间作为间接者无限的柔和关系。四方在进入某个本己中失去本己，于是是一方与其他三方的去己的转让，这就是四方之间的映射游戏（Spiegel-Spiel）。海德格尔说："世界的映射游戏乃是居有之圆舞（der Reigen des Ereignens）。因此，这种圆舞也并不只是像一个环那样包括着四方。这种圆舞乃是起环绕作用的圆环（Ring），在嵌合之际起支配作用，因为它作为映射而游戏。它在居有之际照亮四方，并使四方进入它们的纯一性的光芒

---

① 海德格尔：《演讲与论文集》，孙周兴译，北京：商务印书馆，2005年，第204页。

之中。"①在四方中通过映射游戏聚集起来的本质被海德格尔称为环化(das Gering)。而在古德语中,ring 和 gering 意指的是柔和地、柔顺地、柔韧地、顺从地、轻巧地。因此,海德格尔将居有之圆舞的环化与柔和关联起来了。万物在天地神人中聚集环化,围绕着一个不可见的中心万物完好无损地当前现身,这个不可见的中心就是荷尔德林所吟咏的"永恒心脏坚如磐石"(《如当节日的时候……》)。这一颗坚如磐石的心脏作为至高者、神圣者和涌现之自然的隐喻,在四方的居有之圆舞的环化中柔和下来,它就是万物的亲密性本身,在诗人的歌咏中进入词语的温柔。

第六节　世界之美

海德格尔与荷尔德林所说的诗意,接近于薇依所理解的世界之美,指的是世界的秩序和法则。在薇依看来,世界的法则从物质上看完全是必然性,是物质的暴力。但正由于世界的法则是必然性,它才是宇宙的精确,这种精确是被思维所限制的。通过注目世界的法则、物质的暴力,就能找到从物质到思维、从重负到神恩的超越之途。薇依在领悟世界之美的同时,理解了上帝的自我撤退,以及人应当模仿上帝的自我撤退,人应当弃绝想象,拒绝填补虚空。一个有限性的人,如何走向超越呢?薇依在少女时代,曾为自己不是天才而感到极度焦虑。然而,在数月之后,这一场青春期的焦虑就得到了释放,这个 14 岁的孩子蓦然醒悟:"永远确信不管什么人,即使天资等于零,只要他渴望真实并锲而不舍地追求真实,就会进入这个天才所特有的真实王国。这样他也能成为天才,即使这个天才由于缺乏才干并不外露也罢。"②真善美,对于薇依而言均可统称为真实。在尘世中,最触目的真实莫过于世界之美。

一

在薇依看来,爱世界之美是爱他人的补充。爱他人和爱世界之美是内心爱上帝的两种主要方式。但问题是《福音书》中只有两

---

① 海德格尔:《演讲与论文集》,第189页。
② 薇依:《在期待之中》,杜小真、顾嘉琛译,北京:生活·读书·新知三联书店,1994年,第21页。

处提到世界之美:一处是基督训导门徒效法飞鸟与百合花的顺从,不要为明天忧虑①;另一处是基督训导门徒效法阳光和雨水,一视同仁地爱仇敌。②薇依认为,《福音书》很少论及世界之美的原因在于人们早已普遍接受世界之美,就不必多费笔墨再三强调。事实上,在《福音书》惜墨如金的记载中,基督两次论及世界之美,已经并非少数了。而且,在《旧约》的《诗篇》、《约伯记》、《以赛亚书》等经卷里都有关于世界之美的华彩章节。更为重要的是,薇依尤为珍爱希腊、印度、中国等早期文明中所普遍论及的世界之美。在世界之美这一议题中,薇依找到了基督教和异教文明的相通之处。正因为如此,薇依认为世界各早期文明具有与基督教同样的价值。教会经常不能接纳这些闪烁着真理光辉的典籍,由此薇依认为教会主要仍是属于社会的事物。薇依认为,世界各民族中前基督教的思想甚至可以取代《旧约》,世界之美正是内心爱上帝最为明确而普遍的表达。

在爱世界之美上,薇依认为希腊的斯多亚主义尤为切近于基督教。在基督教中,圣·弗朗西斯的诗作以及他的隐修生活都是爱世界之美的最好例证。在11、12世纪的文艺复兴中,朗格多克和奥克地区的行吟诗人都与世界之美保持着密切的接触。然而,在薇依看来,13世纪之后欧洲就已开始变得自我封闭,随后而来的那一场文艺复兴是一个假象。这后一场文艺复兴的人文主义放弃了世界之美,人的因素已经高过世界之美。如今,白种人的世界发展建立在毁坏世界之美的基础上。即使如此,对于他们来说,世界

---

① "所以我告诉你们:不要为生命忧虑吃什么,喝什么,为身体忧虑穿什么。生命不胜于饮食吗?身体不胜于衣装吗?你们看那天上的飞鸟,也不种,也不收,也不积蓄在仓里,你们的天父尚且养活它。你们不比飞鸟贵重得多吗?你们哪一个能用思虑使寿数多加一刻呢?何必为衣裳忧虑呢?你想:野地里的百合花怎么长起来;它也不劳苦,也不纺线;然而我告诉你们:就是所罗门极荣华的时候,他所穿戴的还不如这花一朵呢!你们这小信的人哪!野地里的草今天还在,明天就丢在炉里,神还给它这样的装饰,何况你们呢!所以,不要忧虑说:'吃什么?喝什么?穿什么?'这都是外邦人所求的。你们需用的这一切东西,你们的天父是知道的。你们要先求他的国和他的义,这些东西都要加给你们了。所以,不要为明天忧虑,因为明天自有明天的忧虑;一天的难处一天当就够了。"(《马太福音》6:25—34)

② "你们听见有话说:'当爱你的邻舍,恨你的仇敌。'只是我告诉你们:要爱你们的仇敌,为那逼迫你们的祷告。这样,就可以作你们天父的儿子。因为他叫日头照好人,也照歹人;降雨给义人,也给不义的人。你们若单爱那爱你们的人,有什么赏赐呢?就是税吏不也是这样行吗?你们若单请你弟兄的安,比人有什么长处呢?就是外邦人不也是这样行吗?所以你们要完全,像你们的天父完全一样。"(《马太福音》5:43—48)

之美仍然是接近上帝最便捷的途径。与世界之美的接近程度,是薇依度量一个思想家和一个时代的重要尺标。薇依说:"世界之美是最普遍、最容易、最自然的道路。"[1]因为爱他人对于现代人,是更为罕见之事。相对于爱他人,世界之美不可撼动地存在着,世界之美作为世界的法则是不可摧毁的必然性。薇依给现代人开出的疗救之方,其中至关重要的一项便是增进对世界之美的领会。

薇依认为世界之美是上帝弃绝之爱的表现。薇依说:"上帝使这个世界存在,并自愿不对这个世界发号施令,尽管他有这种权力,他一方面自愿让同物质紧密相连的机械的必然性(包括灵魂的心理物质在内)代替他主宰一切,另一方面让位于坚持正统思想的人所具有的基本自主性。"[2]上帝创造了这个世界,并撤出世界,以便让世界如其所是地存在。正如薇依所说:"上帝的在场。这应当从两方面去理解。上帝作为创世主,自万物存在之时起,他就在一切存在之物中。上帝需要被造物合作的那种在场,正是上帝的在场,并不因为他是造物主,而是因为他是圣灵。最初的在场是创世的在场。其次的在场是失去——创造。"[3]在薇依看来,上帝可以作为造物主而在场,然而更重要的是上帝的创造恰恰是通过上帝对受造物的隐藏来实现的。上帝的创世并非强行进入世界,而是相反,恰恰是上帝对于世界的撤退。这种撤退,就是上帝在创造之后的失去创造。失去创造并非遗弃这个世界,而是将世界还给世界,还给世界之美和世界法则的统治。

创造是一种爱的行为,上帝通过受造物实现自爱。失去创造,赋予了受造物成其所是的可能。如果上帝不失去创造,那么就只有上帝自己。上帝就是爱,上帝的创造也是爱的行为。在薇依看来,上帝的爱是一种自爱。上帝创造了受造物,以便通过失去创造,让受造物成为上帝所爱的存在。在这样的受造物中,上帝实现对自己的爱。由此,可以看到薇依同时以爱和弃绝来思考上帝的自爱与创造。上帝的创世正是一种弃绝,同时是一种爱。在上帝的所有行为中,都包含着这种矛盾和绝境。让受造物成为受造物,就是让受造物成为必然的存在,处于必然性中。受造物失去创造,也就失去了上帝的直接

---

[1] 薇依:《在期待之中》,第100页。
[2] 同上书,第96页。
[3] 薇依:《重负与神恩》,顾嘉琛、杜小真译,北京:中国人民大学出版社,2005年,第38页。

统治,上帝在受造物中间接地在场。受造物完美无缺地受制于世界的法则,世界法则的精确性只能以美来形容。由于上帝的撤退,上帝在受造物中不在场,但上帝并非完全地遗弃受造物,而是爱受造物,使受造物成为受造物。上帝撤退是为了让受造物被必然性的世界法则接管,而世界的法则被更高的上帝之爱统治。

在世界之美和世界法则中,上帝是沉默的。20世纪对上帝沉默的思考,或许还需要从世界之美中得到启迪。在薇依看来,沉默是一种比声音更为内在的和更为真实的事物。上帝若作为直接可感之物,那么上帝就只是偶像而已。上帝必然超逾感知、超逾声音,上帝甚至是沉默的。薇依曾以埃斯库罗斯《奠酒人》中厄勒克特拉和俄瑞斯特斯的相见为例论及上帝的沉默。厄勒克特拉极为渴慕见到俄瑞斯特斯,但这种渴慕面向的是空无。当俄瑞斯特斯真的突然来到眼前时,厄勒克特拉几乎只能用双手去触摸她的兄弟。对于尘世中的人,上帝就是沉默的俄瑞斯特斯。在世界之美中,万物圆满而寂静,它们按照某种精确的世界法则运行。不存在奇迹和机械降神,一切都在法则的轨道里。薇依认为上帝是非个性的,具有无名性。上帝是自我弃绝的最高楷模,当上帝自我弃绝时,上帝倾空了自己所有的特性,以至于达到一种无名的状态。薇依并不认同以具体的、人形的基督去设想上帝,薇依所理解的基督主要是受苦的基督。那么复活的基督对于薇依来说,是否过于荣耀、过于刺眼,以致不能再继续使她羡慕十字架呢?对于薇依来说,阳光和雨水要比基督更接近本真的上帝。阳光和雨水是无名的,而且普照和挥洒在一切之上,并不区分好人还是歹人。对于薇依来说,真正沉默的上帝或许只能在世界之美中找到。

二

在失去创造中,世界呈现为必然性。必然性最为直接的触感是力量。必然性的力量在物质、战争、劳动、死亡的暴力中是昭然若揭的。物质的暴力以法则的精确性展示了严峻的必然性。荷马史诗中的大海和兵器可以说是两部史诗的核心。奥德修斯不得不经受大海的暴力,在海上漂泊饱历痛苦。大海是无情的,并不会因为某个个体而减弱它的力量。大海的暴力是完全一视同仁的残忍,它吞没一切、摧毁一切,毫不留情。同样,《伊利亚特》中的兵器展示了一幅幅残忍的死亡场面,战争毫无怜悯地将死亡带给人类。

薇依在关于《伊利亚特》的出色研究中将《伊利亚特》视为一部力量之诗:"力量,就是把任何人变成顺服它的物。当力量施行到底时,它把人变成纯粹意义的物,因为,它把人变成一具尸体。"①在兵器面前,人失去了作为人的全部内在性,人被暴露在纯粹的力量面前,以致成为了物、成为了尸体。整部《伊利亚特》都充斥着人临终时刻的场景,此时人被剥夺了一切幻想的光环,不得不承受必然性暴力对生命的侵吞。1934年至1935年,薇依在工厂劳动。薇依在劳动中,感受到奴隶般的必然性。在劳动中,她只能被当作牲口和奴隶,剥夺了闲暇,劳动的暴力使她沦为物。当必然性展示为力量时,人就被抛甩进暴力的强制中。

　　在必然性的暴力面前,人沉沦在纯粹的不幸中。正如薇依所说:"有一种不幸是:人们无力承受它延续下去,也无力从中摆脱出来。"②不幸的特点就在于不堪承受又无法逃避,必然性超出了人类的有限性所能担负的。在这种孤立无援的境地中,人的时间破碎了,失去了所有方向,以至于必然性呈现为纯粹的时间暴力。《伊利亚特》中临死者的面容正是这些不幸者的面容,譬如临死时向阿基琉斯求饶的赫克托尔、亲吻杀子凶手阿基琉斯双手的老国王普里阿摩斯等。薇依尤为敏锐地指出:"诗中没有一个人不在某个时刻被迫向力量屈服。"③另一个薇依看重的不幸者的例子是《卡拉马佐夫兄弟》中伊凡关于孩子眼泪的著名篇章。④ 伊凡对阿辽沙说道:"只要还有时间,我就要抓紧保卫自己,所以我决不接受最高的和谐,这种和谐的价值还抵不上一个受苦的孩子的眼泪——这孩子用小拳头捶着自己的胸脯,在臭气熏天的屋子里用无法补偿的眼泪祷告着:'我的上帝!'所以抵不上,就因为他的眼泪是无法补偿。"⑤这个受苦的孩子,他无法补偿的眼泪显露了纯粹的不幸。在这里,莱布尼兹式的最高和谐无法给人带来安慰。无法补偿的眼泪里面,是全部必然性的暴力,是纯粹的、无法慰藉的受苦。

　　必然性作为力量和不幸,具有充分的严格性,它加诸人的痛苦

---

① 薇依:《〈伊里亚特〉,或力量之诗》,吴雅凌译,载《上海文化》,2011年第3期,第67页。
② 薇依:《重负与神恩》,第83—84页。
③ 薇依:《〈伊里亚特〉,或力量之诗》,第71页。
④ 参见薇依:《重负与神恩》,第82页。
⑤ 陀思妥耶夫斯基:《卡拉马佐夫兄弟》,耿济之译,北京:人民文学出版社,1981年,第366页。

具有法则的精确。单从必然性的暴力外表来看,它意味着精确的冷酷、重负的法则。当自然的必然性法则一旦加诸人,它就突然释放出恐怖的力量,以至于人在其中完全成为了丧失方向的物。在人的面前,必然性的力量仿佛在操弄力的游戏,人正是这一残酷游戏的致命玩偶。在必然性法则的统治之下,人处于茫茫的暗夜之中,处于碎片化的时间之中,完全丧失了走出无法承受之困厄的方向。在绝对的暴力统治中,没有超自然之光。但是在薇依看来,冷酷的必然性同时也是仁慈的必然性。薇依以双重眼光看必然性,并在冷酷的必然性和仁慈的必然性之间实现反转。薇依说:"倘若我们把我们的心灵移出自身,移出世界,移出时空,移至天主所在之处,如果我们从那里观察这个机制,它就完全不同了。类似必然性的那种东西变成顺从。物质完全是被动性,因而完全顺从上帝的意志。除了上帝和顺从上帝的东西以外别无其它存在。"①法则正因为是必然性,它才不是偶然施暴。正因为其外观的残忍,它才是无动于衷地听命于上帝。

如果海浪只是偶然地施暴,那么它就仍是有选择的。但海浪一视同仁地施暴,这种别无选择的必然性,才表征了海浪处于绝对的被动性中。海浪的施暴与百合花的柔和,两者是同一种必然性的两幅面孔:一者是令人恐惧的,一者是令人欢愉的。它们的共同之处在于,它们绝对地顺从上帝,作为力量顺从上帝,也作为柔和顺从上帝。力量与柔和,作为顺从上帝的形象而言,是同质的。因此,《约伯记》中所说的波希墨特、利维坦与《福音书》中所说的飞鸟、百合花,都指向了万物对上帝的顺从。由此,必然性作为重负的法则,就是完全顺从的形象。正如薇依所说:"一切看得见摸得着的力都服从一个它们永远无法跨越的不可见的限制。在大海中,一个浪上升、上升、再上升;到了某一点——然而此处唯余虚空——它就停止了。"②从人的目光来看,必然性就是重负的法则。从神的目光来看,它就是顺从的形象。薇依的思想要求人同时以双重眼光来看世界之美。在顺从上帝和加诸重负之间,必然性的法则是令人惊诧的美。世界之美正是在物质对上帝的顺从中,达到了它的极致。因此,基督在《福音书》中教导人学习飞鸟与百合

---

① 薇依:《在期待之中》,第 73 页。
② 薇依:《扎根:人类责任宣言绪论》,徐卫翔译,北京:生活·读书·新知三联书店,2003 年,第 254 页。

花的顺从,在这种顺从中,人可以获得顺从上帝的美。

三

在薇依看来,暴力并不是最高的,最高的是限制。正如海浪不会无限制地上升,物体不会无限制地被抛离地面。薇依认为这种限制的思想是毕达哥拉斯学派、斯多亚主义以及远东的印度教、中国的老子等所共享的思想,它也是基督教的精粹。《诗篇》第104首中写道:"你为水设定了不可跨越的界限,免得它们淹没新的土地。"在薇依看来,这种限制正是人在尘世的慰藉:"这是给予人的保证,是约柜、盟约、此世看得见摸得着的应许、希望的可靠支撑。这就是真理,当我们每一次感受到世界之美时,都会咬动我们的心。"①限制意味着无论尘世中的必然性法则如何强大,都只是完全地驯服于上帝。暴力并不能肆无忌惮地吞噬一切,因为在暴力之上的是爱,是思维。思维高于物质,爱高于暴力,上帝高于世界。暴力置身于必然性的关系中,必然性的关系由思维和爱构成。这一必然性的关系对人和天地的保护,正是"天网恢恢,疏而不漏"。世界之所以是美的,就是因为世界处于更高的超自然的必然性关系中,处于更高的确定性的限制之网中,它的必然性外观正是超自然的顺从形象。薇依曾举例,即使希特勒也能领会到宇宙天体的精确循环,只是这种循环不是弱者对力量的顺从,而是力量对永恒智慧的顺从。世界之美、世界的秩序、世界的法则,并非仅仅是精确性,它还是能思维的爱。

如果说冷酷的必然性是重负的法则,那么仁慈的必然性就是神恩的法则。两者同时出现于某物,这本身就是超自然的现象。尘世的事物并非某种单纯的事物,而是奇特的混杂,包含着互不相容的对立面。但是在神恩的干预下,对立面完美无缺地结合在一起。薇依说:"对立物的良好结合是在更高的层次上形成的。因此,统治和压迫之间的对立是在法的层次上解决的,法即平衡。"②世界之美,也就是世界的法则,是对立面的平衡。对立面的平衡是对限制更为形象和具体的表述。对立面的平衡表现为限制。在对立面的平衡中,必然和自由神奇地结合,冷酷的必然性和仁慈的必然性神奇地结合。这两者的结合,正是在神人之间,所实现的奇

---

① 薇依:《扎根:人类责任宣言绪论》,第252页。
② 薇依:《重负与神恩》,第104页。

迹。若没有必然,自由就是轻巧的。若没有自由,必然就是死寂的。只有在必然的强力中,自由才是可以去获得和保存的。只有在自由的释放中,必然才是可以去顺从和超越的。正如薇依所说:"犹如波浪的起伏,所有此世现象之前后相继——均由相互补偿的平衡(rupture déquilibre)而构成:生与死、盛与衰——都使人鲜明地感受到限制之网的不可见的临在,这网虽无实体,却比砖石还硬。"①互不相容者所实现的是超自然的统一,超自然地合乎比例。这种比例就是中道(le juste milieu),即不偏向任何一方的绝对公正,超越了平等和不平等的宇宙性平衡。这种互不相容之物在更高的关系中所达到的平衡,正是神圣。世界之美,其暴力的方面和顺从的方面,在更高的必然性关系中达到公正的比例。

互不相容者实际上是同一事物的双重现象。薇依说:"一切都只是一个、同一个事物,相对于上帝就是永恒智慧,相对于宇宙就是完美的服从,相对于我们爱就是美,相对于我们的理智就是必然性关系的平衡,相对于我们的肉体就是暴力。"②对于具有双重现象的永恒智慧,我们只能以思维去接近。因为永恒智慧正是超越了物质的思维。薇依很自然地就此强调了注意力的重要性。正是在注意力这一点上,薇依找到了天才的真正标志,从而克服了与自己兄长比天分的内在焦虑。注意力不是绷紧肌肉,不是使自己变得愈加僵化,而是启动内心深处的恳求。相对于肉体的绷紧来说,注意力就是内心的目光,内心的目光看不在场的上帝,就是看一个爱的深渊。注意力不是投射在某个在场之物,而是投射在不在场之上,因为应爱的人不在场。正如上帝以必然性在场,事实上是失去创造,是不在场。那么内心爱上帝,就是爱不在场的上帝,爱一个远非在场的偶像的上帝。对不在场之物的纯粹渴望,就是薇依所说的注意力。薇依甚至认为全部学校教育的最终目的均在于形成这种超自然的注意力。薇依已经将信仰转变成了注意力的训练,这虽然远离了绷紧肉体,但同样有绷紧精神的危险。我们在薇依那里更多地看到限制和专注,而不是开阔和释放。在注意力的训练中,显明了薇依作为一个苦行主义者的思想理路。

用注意力去接近世界之美,至高法则的平衡。注意力和法则处于同一个超自然的层面上。注意力是人心灵中超自然的理智感

---

① 薇依:《扎根:人类责任宣言绪论》,第255页。
② 同上书,第262页。

官。通过注意力,可以看到不在场之物,可以唤起内心的渴望和确信。注意力是以目光来拯救,而不是以行为来拯救。这种拯救恰恰是最为激烈的,因为它拒绝了一切谎言和一切实存。注意力唤起了实存的危机,在注目不在场之处时,克制对不在场之物的召唤,而是顺从于必然性,那么就能从注意力的深处产生一种绝对的赞同。薇依曾举过一个极佳的例子,这种赞同正如未婚妻同意婚事时所作出的努力。我们爱世界之美,也就是在注意力的深处赞同世界的法则。这种赞同并非肌肉的努力,而是一种期待。在这里,个人并不能做出什么努力,因为注意力、期待、赞同,这些行为都是被动性的行为。我们不可能动用肉身中的感官进入超自然的领域,而只能是超自然领域中的神奇事物自行向我们开启它的奥秘。我们所能做的仅仅是赞同神奇事物的开启,赞同世界之美的奇迹,这种赞同已然是人所能做的最高德行。去竭力达到这种纯粹的被动性,去倾听一个茫然之中的应允,正是薇依苦行的意旨所在。正如她所宣告的,即使永生放在桌前,若没有得到应允,她也是不会贸然夺取的。

四

被动性也就是放弃自身,成为中介,使自己顺从必然性的法则,不启用自己肉身的能力,以便领受超自然法则的平衡。被动性所达致的思想境地,是使自身成为上帝和造物之间的媒介。薇依经常举的一个例子是笔杆,笔杆是手和字之间的中介。笔杆自身并不做工,它仅仅承纳手的劳动,并传递手的劳动通往纸面以便书写。笔杆作为中介,以其自身的不做工,促成了写字的劳动。成为中介,就是成为上帝和造物之间的笔杆。在薇依看来,基督就是纯粹的中介,而这一思想同样表现在数学中,尤其是毕达哥拉斯学说。在薇依看来,一切神秘文化中最精深的是毕达哥拉斯学说,这种学说在菲洛劳斯、柏拉图和阿那克西曼德等人那里均有体现,他们的学说是基督之前的基督奥秘。菲洛劳斯说"一"(One)创造了"统一"(Unity),"统一"的中心是火,是心。柏拉图认为数是一和无限的中介,相当于圣子的位格。亚里士多德的"思想思想思想"(Thought is the thought of thought.),薇依在这个定义中道出了三位一体(Trinity),思想有三个位格:思想(圣父)、思想(圣子)、思想(圣灵),思想既是主动、又是被动,还是运作着的。这些思想其实都已经显明了第二位格的中介意义。

究竟什么是中介？薇依列举了很多《约翰福音》中的经文。譬如，耶稣说："我就是道路、真理、生命，若不借着我，没有人能到父那里去。"(《约翰福音》14:6)"我爱你们，正如父爱我一样；你们要常在我的爱里。你们若遵守我的命令，就常在我的爱里，正如我遵守了我父的命令，常在他的爱里。"(《约翰福音》15:9—10)"我是好牧人；我认识我的羊，我的羊也认识我，正如父认识我，我也认识父一样；并且我为羊舍命。"(《约翰福音》10:14—15)"我爱你们，正如父爱我一样；你们要常在我的爱里。你们若遵守我的命令，就常在我的爱里，正如我遵守了我父的命令，常在他的爱里。"(《约翰福音》15:9—10)"使他们都合而为一；正如你父在我里面，我在你里面，使他们也在我们里面，叫世人可以信你差了我来。你所赐给我的荣耀，我已赐给他们，使他们合而为一，像我们合而为一。"(《约翰福音》17:21—22)。

这里所呈现的正是"人：耶稣＝耶稣：上帝"的分数关系。在分数的两边，耶稣是共同的，是作为关联两个分数的中介。这对应于数学的表达就是：$a/b=b/c$。只有通过 b, a 才能通往 c。相应地，只有通过耶稣，人才能到父那里去。在薇依看来，上帝是真正的几何学家。正义是由和谐而来的超自然的友爱。薇依说："在由友爱这个词指示出来的三种关系中，上帝总是中介者。他是他自己与自己的中介。他是他自己与人的中介。他是一个人与另一个人的中介。上帝实质上就是中介。上帝是和谐的独一原则。这是为什么歌声适合于他的赞美。"①数如同日晷固定的指针，是事物的形式。必然性由各种可变事物的表面变动构成。必然性是我们的自然(nature)和我们的自由的赞同(consent)之间的中介，我们的自然服从必然性，我们的赞同就接受它。只要服从必然性，那么必然性中就有上帝的意志活跃起来，于是从必然性中借着上帝得到超脱。我们的赞同作为服从必然性，也就是放弃自我，接受被动性。服从必然，就是使自己成为笔杆，以便能被上帝之手所握。在对成为中介的赞同中，赞同了基督位格，基督的位格是通过自我弃绝(renunciation)实现其功效的。它的功效正在于自我离弃，基督通过自我弃绝成为中介，又通过自我弃绝离开大地。

---

① Simone Weil, *Intimations of Christianity among the Ancient Greeks*, London and New York: Routledge, 1998, p.176.

如何从实存通往理想、从此岸通往彼岸、从死亡通往永生,中间的鸿沟如何跨越,这是思想史中千古不变的命题。能够连接起这一鸿沟的就是至高的中介。我们可以在诸多思想家那里找到相类的公式。柏拉图试图借助苏格拉底这一哲学家形象实现灵魂转向的教育。康德试图以艺术品连接起无机物和有机物。尼采试图以超人为范例,使人通往大地的意义。而马克思则以无产阶级为革命的阶级,无产阶级作为摧毁一切阶级的阶级,致力于使人们实现从必然王国向自由王国的飞跃。然而,20世纪的灾难,正在于强行居有中介的位置。在神和人之间自命为中介,自命为先知,就会传达错误的神谕,造成错误的行动。事实上,"人:耶稣=耶稣:上帝"的奥秘更在于耶稣是自我撤退的,即耶稣在此公式中自行隐去。正如《约翰福音》17章11节所说的:"从今以后,我不在世上,他们却在世上,我往你那里去。"薇依反复强调的是上帝的自我弃绝。薇依在基督的十字架遗言中找到了基督教神圣事物的明证:"我的神,我的神,为什么离弃我?"(《马太福音》27:46)基督教的上帝是自我弃绝的上帝,在十字架遗言中上帝的自我弃绝达到了最为深邃奥秘之处。任何自命中介,若没有弃绝的维度,就会成为神、人之间的阻碍。造物成为中介,是使造物相互成为中介,以至于形成造物的中介连环。基督的离去,正是要使人们彼此相爱,彼此成为中介。

五

在薇依看来,世界之美,就是基督通过物质微笑。世界之美就是基督和人之间的中介。世界之美就是造物互为中介的美妙圆环。世界之美,因其以物质性的驯服完全模仿了基督的中介功效,它才是美的。世界之美或可用薇依所喜爱的圆形来形容,是完美无缺、互为中介的。在上帝和人之间,在这个失去创造的世界,上帝隐藏在必然性的面纱之下。必然性,就其顺从而言,就是上帝的能力。薇依认为:"唯一真正的美,唯一体现上帝真正在场的美,是世界之美。小于世界之物,无美可言。"① 世界之美作为中介,没有自己的目的,正如对于手,笔杆没有自己的目的。世界之美具有无名的特点,因此它没有意图、没有目的,是完全客观的、纯粹的。在世界之美上,我们无法看到雕琢、想象、巧饰,一切都是巧夺天工的

---

① 薇依:《在期待之中》,第110页。

自然。世界之美是自然而然地合乎目的，但它本身没有任何目的。正如，笔杆自然而然地合乎手的目的，但是笔杆本身没有任何目的。薇依接受了康德的论断，认为世界之美正是无目的的合目的性。就合目的性而言，世界之美是纯粹的。因此，薇依为阳光和雨水而动容。阳光和雨水对万物都一视同仁，不仅降落于好人，也降落于歹人。这种普遍的仁慈，这种阔大的无目的性，正是上帝之永恒目的的形象。上帝的人格显现为无名和非人，上帝的仁慈接近于无动于衷的客观。

物质是基督教的神奇。正如圣餐礼中饼和酒，这小小的物，被奉献于人。这小小的物正是信仰的核心所在。同样，世界之美，物质的美丽和丰饶，也具有圣礼的品质。只要我们与其在神圣中照面，我们就与世界之美在圣礼的关系中。圣餐礼中的饼和酒，不因个人而改变，它具有仁慈和恩赐的客观性。同样，世界之美的客观性超逾了人的感受和主观想象。世界之美的物质是无名的，是无法用想象去接近的，而只能用无知去接纳。薇依强调不要在想象中接近世界之美，要弃绝想象。想象中的事物杜绝了现实性，使得现实性得以来临的空位被想象所填补。想象所填补的正是虚空。在薇依看来，虚空是神恩来临的可能性条件。想象在时空之内设想对象，并将由想象产生的对象视为现实的，从而产生了现实性的错位。这种错位是诸种不幸、罪恶的根源所在。人之所以要想象，是因为人有一种寻求平衡与报答的诉求。一种痛苦总是寻求相应的平衡和对等物，这就造成了想象，受苦之人想象一种事物可以平衡他的受苦。然而，这种寻求平衡的想象在薇依看来将痛苦播撒到了痛苦之外，使得恶得以繁殖。真正接近世界之美的方式是弃绝想象，直面物质，顺从世界之美的必然法则。

存在着一种想象中的世界之美，譬如对肉欲、权力、金钱等的渴望。想象中的世界之美是对物质的世界之美的拙劣模仿。由于人在某物中掺入想象，以至于物质不能抵达人身，以至于人成为了对象物的奴隶。在想象中，人被必需性所奴役。想象中的世界之美，就是对自己制造谎言。所有这一切，都是因为在心灵的深处，仍有一个"我"的痼疾在抵抗世界之美。人一旦拒斥想象、拒斥报答，那么就进入了对"我"的倾空。薇依说："对'我'的摧毁。在这世界上，我一无所有，除了说'我'的权利，因为运命会剥夺世上的其它一切，无论是我们的性格、我们的智识、我们的爱和我们的恨；

但是不包括说'我'的权利;除非它是极端折磨的后果。"①"我"是可以毁灭一切的偶然性最终无法毁灭的,因为"我"只能由说"我"的那个人自己去毁灭。弃绝"我"就是不要让自己等同于想象中的自我,当我从想象的"我"中脱离剥落时,我已经在弃绝"我"了。弃绝"我",就是将自己视为一无所是,就是倾空自己、成为中介。接近世界之美,作为圣礼,正是从内心中凿去自我、接纳客观的努力。

人一旦弃绝想象,就进入了某种专注中。创造性的注意力,使人接近世界之美。在物的必然性面纱上,人遇见了上帝。薇依接近世界之美主要有两种方式:静观和劳动。静观譬如艺术、科学和修士的苦修。艺术中也存在着接近世界之美的必然性,譬如诗韵的规则,艺术家面对诗韵加诸的不幸而实现对美的直观。在艺术中,可以拯救被弃绝的想象,在更高的品级中重新接纳想象力,这种想象力是从美直接流溢的,它灌注于人的被动性之上,它是清洁的灵感。科学是对世界之美的理解,在数学中表征了世界之美,最终仍将回归对世界之美的赞同。科学只有赞同世界之美,才能摆脱现代科学的狂妄和傲慢,才能对世界之美形成敬畏。劳动在薇依的思想中具有特殊的重要性。静观和劳动作为对立面,在更高的必然性关系中,在对接近世界之美的要求中统一起来。薇依认为:"村庄中的一切教育,都应以增加对世界之美、自然之美的感受性为基本目的。"②劳动是对世界之美直接的接触,尤其是直接触及了必然性。在劳动中,薇依着力于实现从重负向神恩的转换,实现目光的反转,从而形成一种劳动的灵性。劳动的灵性有助于人扎根于唯一的现实世界,而不是想象一个乌托邦,在苦难中扎根于此世,过扎根的丰沛生活。然而,人受到必然性的侵袭,在此世不得不处于经常被拔根的境况中。即使在世界之美中,人依旧身处异乡,处于根本性的例外状态中。海德格尔和薇依,都不得不面对阿多诺的论断,在奥斯维辛之后写诗是可耻的。诗意如何面对由奥斯维辛所呈现出来的人性的根本恶,以及由此暴露出来的总体败坏和危机呢?在阿甘本等人看来,奥斯维辛意味着整个西方进入了例外状态,对例外状态的解释是克服法则暴力较为革命性的姿态,这是海德格尔、薇依从诗意道路出发所没有着力展开的。

---

① Simone Weil, *The Notebooks of Simone Weil* (V. 2), trans. Arthur Wills, London: Routledge & Kegan Paul, 1956, p.337.
② 薇依:《扎根:人类责任宣言绪论》,第255页。

第三章

法则的例外

第七节　主权就是决定例外状态

当代有两位论述例外状态的思想家，一位是施米特，另一位是本雅明。在施米特和本雅明中，究竟谁是例外状态的决定性诠释者？一般来说，都认为是本雅明受施米特影响，这也使本雅明颇受非议。但本雅明究竟如何受施米特影响？从本雅明的思想理路来看，他确实受施米特例外状态理论的影响，但本雅明却一直是反对施米特的理论并与其争辩的，这在《德国悲悼剧的起源》和晚期的《历史哲学论纲》中较为清晰地表露出来。施米特和本雅明争论的关键在于，究竟是将例外纳入法则以便使法则可以支配例外，还是将法则激进化成为例外使例外无法被法则统摄。阿甘本继续施米特和本雅明的争论，试图以本雅明的"真正的例外状态"去克服施米特的"虚构的例外状态"。与此相应，齐泽克、巴丢在保罗复兴的争论中也提供了挣脱存在秩序和结构性例外的方式。而施米特以主权逻辑将例外法则化，以此来规避例外状态的先在性，施米特的政治神学是一种排斥例外的政治神学，这本身就是政治神学的危机所在。本章论述从例外状态展开克服法则暴力的道路，这是较为革命性的姿态。第七节主要论述施米特的例外状态理论，第八节主要论述当代保罗复兴挣脱存在秩序的方式，第九节进一步展开阿甘本的例外状态理论。

一

1922 年，施米特出版了《政治的神学：主权学说四论》，1923 年出版了《罗马天主教与政治形式》，1970 年又写了《政治的神学续编：终结所有政治神学的传说》，从早期的魏玛民国思想到晚年的家乡幽居时期，施米特一直都坚持着政治神学的题旨，尝试在政治和神学之间建立起紧密的关联。施米特的政治神学着力于追寻法则的决定论的来源,从而克服失序的潜在威胁。施米特忧虑规范化的法律世界,在商谈式的自由主义和纯粹规范的述求中,可能会再次落入失序的自然状态,从而被多元纷乱的因素左右。在规范论思维和秩序论思维的争辩中,施米特认为规范论思维是一种抽象的、排除了个人化因素的法学思维,而事实中的法律根植于具体的法院组织和人事任命。因此,具体的法院组织和人事任命所构成的"秩序"(Ordnung)要高于"规范"(Recht):"在具体秩序的思维里,法学上的'秩序'并不是规则或规则的加总;反之,规则只是构成秩序的一部分,或只是秩序的一种手段。"[1]具体秩序来源于主权者的决断,主权者决定具体秩序和法律规范。主权者相当于神学中的上帝,诫命权威的来源是上帝,而不是因为它是真理。

施米特激烈地抨击了中立化和非政治化的现代思维模式,而中立化和非政治化就是自由主义的一种操作。中立化和非政治化的时代认为技术和经济所构成的"社会"领域已经取代了主权的"政治"领域,每一个领域都不断地经历中立化的过程,并且使自身躲避到中立化的领域中,以此逃避价值上的根本的斗争。中立化和非政治化的关键就在于试图使社会和政治脱离、法律和道德脱离、经济与政治脱离,并且使社会、法律和经济具有独立自足的意义。然而,这种脱离并不能给世界带来真正的公正,反而使神圣的价值受制于经济和物质,这种脱离的实质在于独立出来的经济和物质开始决定价值的判断。中立化和非政治化,使价值失去了神圣的起源,使价值成为可变的、历史的,也就成为了商谈之中众人的意见。中立化和非政治化,就是使神圣的价值俯就人的自然人性,俯就人的经济和物质的利益计算,不断地抽空了生活的神圣根据,人们也就越来越忽略由来已久的关乎价值的斗争。

在施米特看来,无论是以诺瓦利斯、施莱格尔等人为代表的政治浪漫派,还是凯尔森的形式法学、巴枯宁的无政府主义,都不过是自由主义的变种。施米特认为政治浪漫派是优柔寡断的,个体主义和审美主义最终走向的是政治立场的丧失,政治浪漫派缺乏关乎政治价值的根本决断,因此他们总是作为政治力量的附庸而存在。凯尔森的形式法学追求法学思想的中立,巴枯宁的无政府

---

[1] 施米特:《论法学思维的三种模式》,苏慧婕译,北京:中国法制出版社,2012年,第51页。

主义否定了神学，它们都无法建立起施米特颇为看重的国家权威。在奉行自由主义的魏玛民国，施米特认为自由主义是贫弱的，无法凝聚国家的总体意志，德国需要一位强有力的主权者来维护国家的秩序。

施特劳斯看到了秩序在施米特思想中的优先性，即施米特的核心问题是探讨"人类事务的秩序"。然而，施特劳斯认为施米特并没有超越自由主义的视野："施米特是在一个自由主义的世界上承担起对自由主义的批判；在此，我们是指他对自由主义的批判发生在自由主义的视界之内；他的非自由主义倾向依然受制于无法克服的'自由主义思想体系'。"① 施特劳斯和施米特均以"秩序"对抗自由主义所导致的法则丧失，但是对霍布斯的不同理解使两人的视野分离开来。在施特劳斯看来，霍布斯仍然处于现代性的浪潮之中：霍布斯的自然权利观念是保全人的性命，而这为自由主义的权利观念间接开辟了道路。施特劳斯认为施米特对霍布斯的依赖没有看到现代性的道德价值亏空，从而未能对现代性方案作出根本性的批判。施特劳斯试图超越整个现代性的视野，回到古典政治哲学的眼光，用自然正当来填补无法（anomia）的空白地带，而施米特试图以主权者的决断来填补，但是两者都意识到秩序的根本意义。

迈尔教授认为在施米特和施特劳斯之间有着隐秘的对话，它关涉到神学－政治问题："政治神学和政治哲学联手批判人们对[生活世界中]最重要的事情不知所谓的淡化或蓄意删除。两者的一致在于：在政治领域展开根本性的关于正确的论争——何为正义的统治、良好的秩序、实际的和平，询问人的首要问题：我应该怎样生活？因各自对这些问题的回答不同，政治神学与政治哲学处于不可克服的相互冲突之中。政治神学无条件地基于信仰的 unum est necessarium（太一不可或缺），并全然依靠启示的真理；政治哲学则将对正确性问题的回答完完全全置于'人的智慧'的土地上，以便在这里靠人自己的力量所能支配的最根本、最全面的方式和方法对问题作出解释。"② 施米特的政治神学试图从自由主义的多元意见中争回正当性的法则。施米特和施特劳斯都试图回应现

---

① 刘小枫选编：《施米特和政治法学》，上海：上海三联书店，2002年，第24页。
② 迈尔：《隐匿的对话——施米特与施特劳斯》，朱雁冰等译，北京：华夏出版社，2008年，第104页。

代性的困境,即正当性法则的缺失。

从当代意大利哲学家阿甘本的视野返回来看施米特,并且从施米特的秩序问题出发,则可以发现施米特欲言而未言的东西,那就是现代性所标志的正是进入例外状态的时代。丧失了真正的"正当性"的时代,不就是例外状态的时代吗?当然,施米特也从人的罪性以及民族国家的生存战争上去理解例外状态。无论是人的罪性、民族国家的生存危机,还是政治形式的正当性空缺,都意味着世界进入了例外状态。而真正的困难在于:在现代性的例外状态时代,如何重新建立法则和秩序?

二

施米特的主权逻辑将例外法则化,以此来规避例外状态的先在性。主权者之所以可以在例外状态下起到决断的作用,是因为主权者可以类比于上帝。在《政治神学》一书中,施米特如此描述政治法学与神学的概念类比:

> 现代国家理论中的所有重要概念都是世俗化了的神学概念,这不仅由于它们在历史发展中从神学转移到国家理论,比如,全能的上帝变成了全能的立法者,而且也是因为它们的系统结构,若对这些概念进行社会学考察,就必须对这种结构有所认识。法理学的非常状态类似于神学中的奇迹。①

施米特强调的是神学和法学的结构对称性。为了使得法学具有政治性,就需要为法学获得主权的区域,这一区域则由神学的类比来予以保证。神学为政治和法学的连接提供了基础,作为类比却最后成为了政治法学的内在构成。施米特假借类比使得神学的构成性进入政治法学,来为例外状态的主权决断提供类似上帝的决断权。正因为神学作为政治的潜在对称结构,在施米特的思想中主权者和法律具有绝对的优先性,而在主权者和法律之间居有优先地位的是主权者。这是因为施米特所要维护的是秩序、法则和尺度,法律只是主权者达成秩序的一个手段。法律在施米特思想中是时高时低的,这是因为施米特真正要追求的并非法律,而是秩序,以便辖制人的恶及相应的无序状态。

《政治神学》开篇施米特就如此定义主权:"主权就是决定例外

---

① 施米特:《政治的概念》,刘宗坤等译,上海:上海人民出版社,2004年,第24页。

状态。"①施米特思考的是1919年德国宪法第48条,宪法规定民国总统可以宣布例外状态,但由于受到议会即民国国会的限制使得第48条的主权权力失去了效力。施米特要求主权的绝对权力,而不是通过分权和权力的制衡压制主权权力。施米特批判了凯尔森的纯粹法学,凯尔森将国家视为法律秩序本身,而不是像施米特那样将国家和社会分离开来。在施米特那里,国家具有优先性。凯尔森认为必须从根本上抑制主权概念。施米特批判凯尔森的观念仍然是传统自由主义试图以法律否定国家的思路,譬如克拉贝就认为法律拥有主权。施米特要拆解法律决定主权的纯粹法学,要拆解以法律取代政治的非政治化倾向,要拆解幻想法律等于国家的中立化模式。然而施米特必须要回答:主权的正当性何在?

在纳粹上台之前,他对纳粹是持反感态度的。然而,何以施米特会与纳粹同谋?施米特认为中立化和非政治化的方式、自由主义和纯粹法学的方式无法守护民主,民主无法以民主的方式来守护,法律无法以法律的方式来守护。值得注意的是纳粹并非通过独裁的方式上台的,而恰恰是通过魏玛民主上台的。因为民主、法律等已经陷入了中立化和非政治化的泥淖,要求着浪漫派所主张的"永恒的对话",试图通过协商对话的方式来解决政治问题。刘小枫教授对此论到:"按照施米特对于法治国家的宗教批判,自由主义国家的根本问题就是社会(等于国家)伦理的分崩离析,不再有共同一致的道德,人们对于什么是对、什么是错,什么应该、什么不应该再也无法达成共识。传统社会中的道德一致原本就不是什么共识,而是靠神性的绝对律令和毫不留情的绝对惩罚建立起来的。自由主义放纵了人的自然权利,把原罪变成了自由。"②而且,"永恒的对话"在例外状态中不堪一击。施米特认为这种逃避政治的对谈恰恰葬送了民主,他要求面对具体的政治处境,提出一切法律都是具体情境中的法律,而魏玛民国的现实处境需要一位主权者来守护民主。

施米特寻求一个更高的决断者,由他来决定例外状态并将例外状态法则化。施米特对主权的定义与例外状态结合在一起。所谓例外状态,在施米特的语境中指的是在特殊情况下悬隔原来的

---

① 施米特:《政治的概念》,第5页。
② 刘小枫:《现代人及其敌人:公法学家施米特引论》,北京:华夏出版社,2005年,第222页脚注。

宪法。德国宪法第48条赋予主权者具有这样的权力。第48条呈现了法律内部的裂隙,它在法律的内部构成法律的自我瓦解。只要打开第48条,就可以将整个法律悬置起来。主权者居有了第48条,并且主权者也正是以居有第48条来界定自身的。在法律的内部已经先在地存有一个超出法律之外的非法瓦解机制。于是主权者悬置法律构成的是一个奇特的悖论:一方面,主权者终止法律是第48条所规定的。另一方面,终止法律的行为必定是非法的。于是主权者是以非法的方式终止法律,却合乎法律的内在规定。通过对例外状态的宣布,主权者就同时处于法律内部和法律外部,他可以在法律内部将法律外部界定为例外状态,同时可以在法律外部用非法的方式悬置整个法律。

阿甘本认为在施米特的政治神学中,例外状态就是一个治理的装置。主权者通过宣布例外状态而形成一系列的"无区分地带",其基本特征就在于取消了内与外、合法与非法的区分。进而主权者居有这一"无区分地带",并于其上再次变动、更改和加强法律。主权者通过居有"无区分地带",将例外状态再次纳入秩序和法则之中。因此,例外状态就是一种治理的模式,已经成为了现代政治治理的常态,例外状态将人们投入到法律和生命的政治连接中,从而使人们处于受法律控制的"赤裸生命"(bare life)的状态。阿甘本试图利用本雅明的"真正的例外状态"来对抗施米特"虚构的例外状态",在"真正的例外状态"中,发生了本雅明所说的纯粹暴力,以此冲破"虚构的例外状态"的治理装置,倒转施米特的主权优先理论,如此"真正的例外状态"就不再可以被秩序和法则统摄的。

三

施米特认为由主权者支配的纷争可以为国家带来秩序,政治使得法成为可能。主权逻辑在政治领域的落实就是敌友区分。施米特在与道德、审美等领域的区分和对比中,找到了政治相对独立的界定,敌友区分是政治的标准。政治概念的本质在于其区分的特性,对于道德和审美而言,区分是共同的,只是区分的质料或者依据是有着差异的。对于伦理是善与恶,对于审美是美与丑,对于政治则是敌友区分。然而施米特同时也表示其它领域的区分可以转换为敌友区分,由此看来政治是最为根本和关键的。施米特说:

"政治可以从截然不同的人类活动,如宗教、经济、道德以及其他各种对立中获取动力。它并不描绘自己的实质,而只是描绘人类联合或分裂的强度,人类可能怀着宗教的、民族的(在种族或文化的意义上)、经济的或其他各种动机,而且它们在不同的时候可能对联合或分裂产生不同的影响。"[1]施米特认为政治是人类最为决定性的生活形式,它意味着"人类联合或分裂的强度",也就是敌友区分。而政治之所以可能并且是人类最为本质性的领域,是基于对人类状态的寻思。施米特是一位天主教法学家,对人性持有原罪的悲观意识,同时现代政治是民族国家之间的生存斗争。人类的生存对于有原罪的、在民族国家中的人来说,就是一种例外状态中的生存,这种生存形式就是政治,而政治就是敌友区分。但是,在敌友区分中,究竟是以朋友为重心,还是以敌人为重心,这敌人又是什么样的敌人?事实上,施米特侧重于敌人,敌人较朋友具有优先性。敌人是政治的条件,哪里有敌人哪里就有政治。

什么是施米特所说的敌人?施米特有一段集中的表述:"敌人并不是指那些单纯的竞争对手或泛指任何冲突的对方。敌人也不是为某个人所痛恨的私敌。至少在潜在的意义上,只有当一个斗争的群体遇到另一个类似的群体时,才有敌人存在。敌人只意味着公敌,因为任何与上述人类群体,尤其是与整个国家有关的东西,均会通过这种关系而变得具有公共性。广义地讲,敌人乃是公敌(hostis),而非私敌(inimicus)。"[2]施米特接续霍布斯的思路,预设了人是一种具有危险的存在。人的危险性如同幽灵一样萦绕在政治生活中,一旦危险具体显现,那么人就成为了敌人。但是施米特的敌人指的是公敌,即群体性的敌人。施米特以柏拉图为依据,坚持区分战争(polemos)与内讧(stasis),战争发生在本族人与外国人之间,而内讧则是本族人内部的兄弟失和。战争和内讧的区分仍然建立在公私区分的基础上。然而,问题在于公共的敌人与私人的朋友这种区分是可能的吗?德里达在《友爱政治学》中试图解构敌友区分,在他那里朋友可以成为敌人,而敌人也可以是朋友,于是在公共敌人和私人朋友之间已经在开端就相互污染了,区分恰恰是以污染为前提了,而任何区分要做出区分则依赖于对该区分的再次区分和标记。德里达认为严格的敌友区分是不可能的:

---

[1] 施米特:《政治的概念》,第118页。
[2] 同上书,第109—110页。

"朋友(amicus)可以成为敌人(hostis);我可能敌对于我的朋友,在公开场合可能和他敌对,而在私下场合又爱着他。由此看来,一切都可能遵循着一种严谨有序、规范正常的形式,一切都来源于公私之分。换句话说,在每一点上,公私之分的界限岌岌可危、脆弱不堪、千疮百孔和绝无权威。"①这种区分的不可能性为友爱政治学打开了通道。

敌人不仅有公敌和私敌的问题,更关键的还在于是实际的敌人,还是绝对的敌人。施米特在《游击队理论——"政治的概念"附识》中说:"任何在两条战线上的战争都会提出这一问题:究竟谁是实际的敌人。有一个以上的实际敌人,岂不是内部分裂的征兆?敌人是我们自己的作为形象的问题。如果自己的形象是清楚确定的,哪来的敌人呢?敌人并不是某种出于某一理由必须排除和因其非价值而必须消灭的东西。敌人处于我自己的层面。基于这一理由,为了要争得自己的范围、界线、形象,我必须以斗争方式与敌人清楚区别开来。"②施米特表明了敌友区分是抢夺"范围、界线、形

---

① 德里达:《〈友爱政治学〉及其他》,夏可君编,胡继华等译,长春:吉林人民出版社,2006年,第126页。

② 施米特:《政治的概念》,第326页。既然施米特是以与敌人搏斗的方式建立自己形象的,在自己的形象和敌人的形象的纠缠中,施米特为什么无法认识到:"他的恶就是你的恶,他的苦难就是你的苦难,对他的辩护就是对你的辩护。只有拯救他的才能拯救你。"(卡尔·巴特:《罗马书释义》,魏育青译,上海:华东师范大学出版社,2005年,第427页。)在巴特看来,敌人的"客观的不义",也正是我们自己的"客观的不义"。敌人的"客观的不义"就是我们自己生存的最大危机,即我们和敌人可能处于同一种"客观的不义"之中。敌人就是唤起我们生存危机的、"难以辨认、面目全非的别人"(卡尔·巴特:《罗马书释义》,第424页)。在与敌人的形象的争斗中,我们若以同一种"客观的不义"对敌人"以恶报恶",那么我们就成为了敌人的敌人。巴特认为在这个敌人的面容中,应当辨认出不可识别的"别人"。既然,我们和敌人都处于近似的不义中,敌人的拯救,也就是我们的拯救;敌人的毁灭,也就是我们的毁灭。我们的形象和敌人的形象以奇异的方式纠缠在一起,在其最深的危机中,我们和敌人是最为内在地,甚至是最亲密地关联着的。在敌人中,使那不可辨识的上帝得到辨认,用"行为"使隐藏于敌人面容之中的上帝成为可辨识的,这就是"爱敌人"的不可能的行为。这首先是因为上帝以不可能的方式身处于敌人之中,爱敌人就是冒着上帝的怒火来爱这位不可能的上帝:愤怒的、隐藏的上帝。爱敌人,这一不可能的行为一旦行在敌人身上,也就是将愤怒的、隐藏的上帝转变成慈爱的、怜悯的上帝,同样,给我们带来生存之最大危机的敌人也就成为了我们的朋友。与巴特的思路迥然相异,施米特并没有辨认出敌人身上的、"难以辨认、面目全非的别人",也没有看到他所攻击的敌人正是隐藏的上帝以敌人的方式对他发起的攻击。施米特启示录式的寻找敌人、对待敌人的方式,并没有真正将自己置于敌人的位置中,去承受自己也可能承受的相应的神圣愤怒,而是充当了上帝的正义,成为了敌人的敌人,在法学的类比中以政治的方式抵挡他心目中的敌人。

象"而展开的生存斗争。对此,刘小枫教授论及:"如果施米特主张政治的神学理解,就不可能主张政治的生存论理解——所谓'敌人'就不可能是国家的'实际'敌人,而是绝对的——宗教和道德上的敌人。"① 而且"《政治的概念》最后两节中的神学类比,让人怀疑实际的敌人也是宗教的敌人"②。由此看来,敌人的问题确实是一个政治-神学问题。

施米特的主权逻辑需要寻求敌人,只有寻找到相应的敌人才使得政治成为可能。因此,主权、政治和敌人存在着相互循环的论证关系:只要有主权和政治,就必须有敌人;只要有敌人,就必然有主权和政治。施米特在他的罗马天主教的政治形式的感召之下,去寻找德意志的敌人,这个敌人必须是具体的、实证的,而且必须是公敌,这就是作为一个民族的犹太人。直到晚年,施米特仍然是一个反犹主义者和纳粹分子,这是和他启示录般地以敌人为敌的信念是相关的,因此施米特的政治法学的背后确实是他信念的地窖神学(Krypto-Theologie)③。然而,德里达与施米特针锋相对,提出友爱的政治学。德里达的解构在尼采的"或许"的呼声和祈求中,在各种区分之前的个体的绝对差异之中,寻找友爱的政治学。德里达的友爱与他的正义概念一样,恰恰是不可能的、不可在场的但始终是临在的友爱。友爱作为一种个体绝对的差异和绝对的敌意之中临在的不可能性经验,允诺一种未来的民主。

四

政治就是敌友区分,政治意在维护秩序。在历史演进的每一个时期,秩序都是通过辖制例外状态获得的,而秩序的设定与空间的区分和分配有关。施米特于 1942 年出版了《陆地与海洋》,并于 1950 年出版了《大地之法》,在这部著作中施米特考察了空间秩序的变换以及与欧洲公法的关系。施米特回溯到希腊的 nomos 概念,重新解释 nomos 所具有的政治神学含义。施米特通过语源学的方式寻找 nomos 的原初含义,同时反对现代从价值和规范的含义去理解 nomos。施米特在《大地之法》中指出希腊词 nomos 的原

---

① 刘小枫:《现代人及其敌人:公法学家施米特引论》,第 156—157 页。
② 同上书,第 159 页。
③ 见学者尼希黛斯《启示录的宪法学说——从彼特森神学看施米特》文末的说法,载刘小枫选编:《施米特和政治法学》,上海:上海三联书店,2002 年,第 262 页。

初含义是土地的首次居有和夺取,是空间的第一次分割,是原初的区分和分派,是一切尺度中的第一尺度。施米特反复强调 nomos 和土地夺取(appropriate)之间的关系,这是由于施米特意识到任何秩序的确定都源于对空间的区分和分配,土地的区分和分配是空间秩序的原初形式。

施米特强调 nomos 具有三个含义:夺取(appropriation)、分配(distribution)、产品(production)。名词 nomos 的动词形式是 nemein。nemein 的第一个含义是 nehmen,德语词 nehmen 的词根和希腊词 nemein 相同,nehmen 在德语里的含义是夺取、居有。nemein 的第二个含义是 teilen,是分配、区分、分派,所谓法律不过是让每个人分配到其所应得的。nemein 的第三个含义是 weiden,即放牧。然而放牧已经假设了所有权,施米特指出这意味着从先前的区分和分配中获得了产品。施米特认为 nomos 的三个含义即夺取、分配、产品内在于并先在于任何法律、经济和社会秩序。任何秩序都以 nomos 为前提,都以夺取、分配和产品为前提。

施米特在 nomos 概念的分析中置入了主权逻辑,这体现在施米特区分了夺取、分配和产品三个含义的等级次序。在施米特看来,夺取是第一位的。没有夺取就不可能有分配。因此,夺取是分配和产品的可能性条件。施米特写道:"正如区分先于产品,夺取也就先于区分;它打开了分派的道路。不是区分——不是原初的区分——而是先有夺取。起初,没有基始的规范,却有基始的夺取。没有收取,无人可以给予、区分和分配。只有那位从无中创造世界的上帝,才能没有收取就给予和分配。"①因此,夺取第一位、分配第二位、产品第三位。施米特强调夺取的第一位和主权逻辑是一致的。主权者要高于例外状态和法律,同时唯有主权者才可以区分例外和常规,因此主权逻辑正是夺取高于分配。施米特以主权逻辑解读 nomos,也就将 nomos 视为主权者的政治行动。

科耶夫反驳道:"我刚刚读过一篇文章,这篇文章是我读过的最机智诙谐也最才华横溢的文章之一,这篇文章说,古希腊的 nomos 是从三个根源发展起来的:夺取、区分、放牧(即使用和消费)。在我看来,这无疑是正确的。但是,古希腊人并不知道,现代

---

① Carl Schmitt, *The Nomos of the Earth: in the International Law of the Jus Publicum Europaeum*, trans. G. L. Ulmen, New York: Telos Press Publishing, 2003, p. 345.

的 nomos 也会有第四个,并且还可能是最主要的根源,即给予。现代社会这样一种社会—政治性的和经济性的规律,其根源是在古希腊人的理解能力之外的:这或许是因为他们是一个狭小的异教民族,而不是一个庞大的基督教力量?谁知道呢。"[1]科耶夫将 nomos 视为"给予",这和品达、荷尔德林将 nomos 视为至高者、严格的间接性以及南希将 nomos 视为"分享"是相通的。科耶夫认为即使是"夺取",也已经包含在"给予"之中了。而施米特的逻辑仍是以夺取压制分配、以主权压制例外、以政治压制法律。施米特以主权的力量来填补由区分造成的无区分地带,从而居有了本应无人可以居有的无法区域,损害了间隔的严格纯洁性。例外状态被施米特扬弃入法则之中,秩序要高于一切区分、产品。

施米特的 nomos 是和空间革命直接相关的:"任何一种基本秩序都是空间秩序。人们把一个国家或大陆的宪法称为基本秩序,它的法(nomos)。真正的、源初意义上的基本秩序本质上建立在某种明确的空间界限的基础之上,建立在某种标准和土地分配的基础之上。"[2] nomos 在原初意义上具有空间性的奠基含义,是方位(Ortung)和秩序(Ordnung)的设定。经过夺取、分配和产品的进程,才被形式化为法律和规范,由此看来相对大地之法而言法律和规范不过是次生性的。nomos 所具有的空间区分意义具有主权者的决断在其中,因此不同于纯粹的法律和规范。施米特认为罗马天主教的政治形式是这种 nomos 的典型,他以罗马天主教的政治形式来对抗自由主义的商谈政治,在《语汇》中施米特甚至认为罗马(Rome)和空间(Raum)是同一个词。施米特认为罗马的代表制体现了主权逻辑,在空间革命的演进中罗马天主教也都一直是坚守土地的保守力量,与向海洋挺进的新教力量相对。

施米特对比了陆地性存在与海洋性存在,并且回溯到了圣经传统。创世记第一章实际上就是一个从给予到区分再到产品的秩序化过程,与主权者所不同的是上帝可以从无创造但主权者只能先夺取。上帝连续区分了光和暗、天和水、陆地与海洋,并将陆地分配给人类居住,显然海洋是令人恐怖之物。整部圣经都贯穿着

---

[1] 科耶夫等:《科耶夫的新拉丁帝国》,邱立波编/译,北京:华夏出版社,2008 年,第 200 页。

[2] 施米特:《陆地与海洋——古今之"法"变》,林国基、周敏译,上海:华东师范大学出版社,2006 年,第 41 页。

陆地和海洋的冲突。16世纪，欧洲开始了对海洋的争夺。选择罗马天主教的国家譬如法国仍然坚守着他们的土地。但是孤岛英国却完成了从陆地到海洋、从陆地性存在到海洋性存在的转变，于是英国的舰队夺取了广大的海域并确立了海洋的法则。赫拉克勒斯的科技力量使得19世纪成为一个工业时代，并且为20世纪开启了新一轮的空间革命：对天空的夺取。现在占统治地位的欧洲国际法可能已经不再是陆地与海洋对峙时代的大地之法，不再是土与水的对峙，经过工业革命火的中介，现在已经过渡到气的元素和人造元素的革命了。在新的空间革命所带来的空间划分模式的转变中，在中立化与非政治化时代的政治模式的侵袭中，施米特追问：什么是新的大地之法？施米特的政治神学正是要给出一种可以遏制人性恶的人类秩序，通过国家确立起来。

然而施米特激赏赫拉克利特的名言：战争把人聚在一起，法（正义）就是纷争。我们已经实在地看到，避难所的丧失不只是荷尔德林所言的世界进入黑夜，不只是尼采所言的上帝之死，也不只是施米特所抨击的中立化和非政治化，而是实际性的彻底黑暗、人身的杀灭和焚尸炉的火焰，虚无主义的极致已经不再只是精神的受难，而是赤裸生命的受难。① 陶伯斯曾与施米特讨论《罗马书》第9章至11章，争论主要涉及犹太人究竟是敌人还是蒙爱者。藉于此，陶伯斯在去世前通过演讲结集而成《保罗的政治神学》，继而引发了巴丢、阿甘本、齐泽克等人进一步的讨论。在当代，已经形成了一股保罗复兴的热潮。在巴丢、阿甘本、齐泽克等人看来，历史唯物主义与保罗神学之间存在着本雅明所说的"木偶与侏儒"的关系，两者可以共同对付新罗马帝国这一资本主义世界，因为保罗神

---

① 施米特作为一个纳粹法学家，是声名狼藉的。施米特思想的危险或许就潜藏于试图在政治和神学之间建立起直接的对应和联手的努力，从而僭夺了上帝之言的奥秘性，居有了上帝自身奥秘的决断，以人类有限的政治形式寻找启示中的敌人。对于奥秘的神学而言，施米特自告奋勇的虔诚不过是一种至深的亵渎。然而，施米特对中立化和非政治化时代的批判亦足以使我们看到现代性正当性法则的缺失、价值问题在多元语境中摇摆不定的危机。唤起价值领域由来已久的古老斗争，或许并非是一个无足轻重的告诫，而是关乎现代性命运的至关重要的问题。然而，在保持价值领域斗争的同时，又必须保持对价值领域的谦卑，否则价值领域的斗争不过是人类心灵中专横的宣示而已。价值领域中的论争，必然涉及有所坚持而又有所保留的思想形式，在有所坚持而又有所保留的思想形式中，或许会出现一种含有信念和温情的思想表达。施米特、海德格尔等人"失足"于纳粹，看来并非只是政治决断中一次"偶然"的失误。在思想、价值的领域中，或许尤其需要一种思辨的审慎，也需要对人世的爱和温情。

学提供了一种"真正的例外状态"的可能性。

第八节　当代保罗复兴

巴丢在《圣保罗：普世主义的基础》中论及意大利导演帕索里尼(Pasolini)关于圣保罗的电影脚本。虽然这部电影没有拍成，但是留下来的脚本已经显明了帕索里尼想在现实语境中召回圣保罗的努力。在电影脚本中，圣保罗成为了我们的同时代人，他成为了一个抵抗主义的共产主义战士。帕索里尼的圣保罗是当代保罗复兴中保罗形象的集中缩影，是当代保罗复兴真正所指的圣保罗，是面对着当代危机的圣保罗形象。当代大陆哲学家与帕索里尼的进路是一致的，他们都在寻求真正能够介入新罗马帝国现实的主体，他们都在寻求能够在当前困境中实现革命性突破的圣保罗。在这样的切身性寻求中，当代西方左派试图实现马克思主义和基督教的会合，他们试图在马克思主义和基督教的精神深处寻找两者共同的真理核心，这一真理核心必须能中止整个新罗马帝国的律法统治，从而实现重新夺获生命主权的使命。

一

巴丢概述了帕索里尼的脚本：

　　这部电影脚本在现实世界中绘制了一个神圣的轨迹。这种转变如何发生的？
　　罗马是纽约，美国帝国主义的首都。耶路撒冷是罗马人占领的文化胜地，而知识胜地则是在德国人铁蹄之下的巴黎。新生代小基督教社区被再现为抵抗组织，而法利赛人则成了贝当派(Pétainists)。
　　保罗是法国人，出身于舒适的资产阶级家庭，搜寻抵抗组织成员的同谋者。
　　大马色是弗朗哥西班牙的巴赛隆纳。法西斯分子保罗奉命去看望弗朗哥的支持者。在去往巴赛隆纳的路上，穿过法国西南部时，他获得了启示，而参加了反法西斯的抵抗组织。
　　然后我们跟着他去意大利、西班牙和德国宣传抵抗运动。而雅典，即拒绝保罗讲道的诡辩论者横行的雅典，被再现为当代的罗马，那些诡辩论者则被再现为帕索里尼痛恨的意大利小知识分子和批评家。最后,保罗来到了纽约,在那里,他被出卖、被逮捕,在肮脏的环境里被处死。①

这一个保罗,在纽约、巴黎、意大利、西班牙和德国漫游、宣讲和抵抗的保罗,正是当代保罗复兴真正关注的保罗形象。近二十年,当代最活跃的大陆哲学家纷纷关注保罗尤其是他的《罗马书》,在西方人文学界形成了保罗复兴的热潮,使得保罗成为了"我们的同时代人"(巴丢语)。诸大陆哲学家力图摆脱教会神学建制传统中的保罗形象,从政治和哲学角度尤其是从马克思主义和基督教的关系出发对保罗进行了"非宗教的阅读"(nonreligious reading)。齐泽克认为基督教颠覆性的精髓只能被唯物主义者理解,而要成为真正的辩证唯物主义者,须有基督徒的经验。在他看来,基督教的成果不能被原教旨主义所垄断。这是本雅明在《历史哲学论纲》中所开启的"木偶与侏儒"(the puppet and the dwarf)的问题:

> 据说有一种能和人对弈的机械装置,你每走一步,它便回应一手。表面上看,和你下棋的是个身着土耳其服装、叼水烟筒的木偶。它端坐在桌边,注视着棋盘,而一组镜子给人一种幻觉,好像你能把桌子的任何一侧都看得清清楚楚。其实,一个棋艺高超的驼背侏儒正藏在游戏机里,通过线绳操控木偶。我们不难想象这种诡计在哲学上的对应物。这个木偶名叫"历史唯物主义",它总是会赢。要是还有神学助它一臂之力,它简直是战无不胜。只是神学如今已经枯萎,难当此任了。②

棋盘上的木偶是历史唯物主义,幕后的侏儒是基督教神学,木偶与侏儒的联合也就是历史唯物主义和基督教神学的联合,它们的共同对手是新罗马帝国的生命政治和资本主义拜物教。如果木偶有侏儒的协助,如果历史唯物主义有神学助其一臂之力,那么对付新罗马帝国这一机械装置,就是轻而易举的了。这一枯萎了的神学是什么呢?那能够协助作为木偶的历史唯物主义的神学究竟是什么呢?在陶伯斯看来,这一侏儒正是着力强调弥赛亚主义的

---

① 巴迪乌:《普世主义的基础》,陈永国译,台北:台湾基督教文艺出版社,2011年,第38—39页。

② 本雅明:《启迪:本雅明文选》,第265页。

保罗神学,他能开启一种虚无主义的世界政治。①

保罗复兴话题是由陶伯斯引发的,他于1987年做演说结集而成《保罗的政治神学》,在他看来本雅明才是真正理解保罗的人。继而,巴丢在1998年出版了《圣保罗:普遍主义的基础》,阿甘本在2000年出版《剩余的时间:〈罗马书〉评论》,齐泽克陆续出版了《敏感的主体:政治本体论的缺席中心》(1999)、《易碎的绝对》(2000)、《论信仰》(2001)、《木偶与侏儒:基督教的反向内核》(2003)。他们综合犹太—基督教的弥赛亚主题和马克思主义复兴保罗,陶伯斯和阿甘本侧重弥赛亚主题,巴丢和齐泽克侧重马克思主义。陶伯斯将尼采、弗洛伊德、巴特、施米特、本雅明等人引入论域,阿甘本试图回应早期海德格尔的保罗研究。保罗复兴在犹太教侧面上与"保罗新观"相关联,在神学与政治的关系上与巴特相关联。保罗复兴呈现了保罗在现代进入政治和哲学的"非宗教"旅程,展示了一个教会神学建制之外的保罗形象。

当代保罗复兴集中对保罗进行了"非宗教的阅读"。在诠释的路上,当代保罗复兴是神学的"非宗教阅读"的最新案例。在保罗论争中,这一诠释现象展现得格外错综复杂,人文学和神学在政治思想中交会,展示了人文学征用神学成果之后的面貌,以及神学被人文学诠释之后的面貌。在保罗复兴诠释现象的核心中,我们可以看到政治思想的内在焦虑,以及在这一焦虑中暴露的时代情境。实际上,对保罗的"非宗教阅读"由来已久,只是在当代保罗复兴的密集论争中,这一诠释现象被充分挖掘出来。陶伯斯追溯了现代自弗洛伊德、尼采、本雅明等人以来对保罗进行的非宗教阅读,而此前海德格尔于1920年代在《宗教生命现象学》中就对保罗进行了"原初基督教"(urchristliche Religiositt)的诠释。在巴特看来,保罗是一个时代之子,巴特的神学本就是面对具体情境的。而彼特森的《罗马书注疏》则在神学与法学之间实现了交叉。

在这一诠释过程中,尤为值得关注的是:律法、恩典、弥赛亚时间和犹太基督徒等传统神学范畴向着哲学和政治领域转化,这是一种范畴变形现象。当代西方左派征用保罗的方式,是促使实现保罗神学在政治领域中的"引用"(citation)和异轨(détournement)。阿甘本在《剩余的时间》中论及本雅明的"引用"

---

① 关于该主题的论述,亦可参见,曾庆豹:《木偶与侏儒——马克思与基督宗教"联手"面对当代资本主义》,载《现代哲学》2011年第1期。

策略,通过引用,古人和当代人实现了交会,在两者之间形成辩证意象,从而找到挣脱当前危机的有效形式。德波在《异轨使用手册》中谈到"异轨"是一种刻意的讽刺性的模仿,通过对原著进行修正,从而在原著和新语境之间发生变形的效应。① 在这种激进的文本诠释中,实现的是对原著精义的挪用(appropriate)。对保罗神学进行范畴变形,意在将保罗的弥赛亚主义"引用"到当今的语境中,从而将其原初的弥赛亚主义内涵激发出来。由此,激进的"引用"和"异轨",也是一种政治神学的现象。

保罗复兴论争的参与者多为左派马克思主义者,均有鲜明的政治神学诉求,诸大陆哲学家面对的首要问题是诊断现代性政治状况并寻求应对策略。由此可见,"非宗教的阅读"这一诠释现象并非只是诠释学领域内的一个转型,而且关涉到深具时代介入性的政治神学问题。正如巴特在《罗马书释义》的初版前言中所说:"诚然,保罗是作为时代之子向同时代人说这番话的。但比这事实重要得多的是:他又是作为上帝王国的先知和使徒向所有时代的所有人说这番话的。"②保罗为何可以对当代发言?在诸大陆哲学家看来,保罗作为一个时代之子,其潜在的对手是罗马帝国。而现代性的政治状况可以归结为阿甘本所说的生命政治和巴丢、齐泽克等人批判的资本主义拜物教,这是哈特所说的新帝国秩序。保罗和当代左派面对的对手是新罗马帝国的秩序。保罗作为一个时代之子,因具备弥赛亚式事件的开端能力,从而超逾了时代,向当代说话。通过回到保罗的列宁式文本《罗马书》,当代西方左派试图寻找行之有效的政治实践。

二

陶伯斯认为《罗马书》是明显的政治宣言。虽然罗马教会并非由保罗亲自所建,但是保罗选择罗马教会进行政治上的教导。在陶伯斯看来,给帝国首都所在地致信,且是在克劳狄一世(Claudius)死后尼禄开始统治期间致信,意味着向帝国宣战:"我想强调,当一封信以这些话而不是其他话开篇,寄往在罗马的教会,

---

① 参见德波:《景观社会》,王昭凤译,南京:南京大学出版社,2006年,第155—161页。

② 巴特:《罗马书释义》,魏育青译,上海:华东师范大学出版社,2005年,第4页。

并将在会中被大声宣读,这就是一个政治的战争宣言。"①陶伯斯提醒,保罗是一位律法的狂热主义者,犹太的奋锐党人。陶伯斯以尼采式的笔调写到:"保罗以完全不同的方式回应了同一件事,那就是予以抗议,予以价值重估:律法并非统治者,那被律法钉上十字架的人才是统治者! 这是不可思议的,与此相比所有微不足道的革命家都是无足轻重的。价值重估颠倒了犹太—罗马—希腊化的统治神学,颠倒了希腊化主义的整个大杂烩。"②保罗的抗议,是在追问:究竟谁是真正的掌权者? 由此,保罗潜在地向整个罗马帝国宣战。

齐泽克在评论哈特和奈格里的《帝国》时说到:"马克思那句古老的断语至今仍然有效:资本主义自身就是它的掘墓人。哈特和奈格里描述了从民族国家向全球帝国转化这样一个过程,这个帝国是一个堪与罗马帝国相比的超国家的存在,生存在其中的是建立在离散的认同之上的杂交的群众。"③但是齐泽克认为哈特和奈格里仍是一部前马克思主义的著作,因为未能诉诸列宁。在齐泽克看来,"在圣保罗之外没有基督;与此完全相应,绕开列宁,就不可能直接接近'真正的马克思'。"④齐泽克试图在列宁和保罗之间建立起联手的关系,以便共同对付"大量的新时代唯心论"。在这样鲜明的政治神学背景中,诸大陆哲学家所面对的问题是一致的,即对付新罗马帝国的秩序。新罗马帝国的秩序与保罗的"律法"相对应。在保罗的律法领域中,律法让人死。新罗马帝国的现代性政治状况可以归结为人类关系的全面律法化,即律法对生命的强制。

总地来说,诸大陆哲学家对保罗"律法"(nomos)概念的变形主要在四个方面。第一,陶伯斯和巴丢论述了自然秩序和存在秩序中的律法。陶伯斯率先提出了保罗所要颠覆的几种律法观念。陶伯斯追问,当保罗提到"律法"时指的是什么? 这必然涉及保罗的真实处境,保罗的"律法"同时指涉了"托拉"(Torah)、自然法和罗马的法律。陶伯斯突出保罗的犹太人身份,保罗是在做一件超越

---

① Jacob Taubes, *The Political Teology of Paul*, trans. Dana Hollander, California: Stanford University Press, 2004, p. 16.
② Jacob Taubes, *The Political Teology of Paul*, p. 24.
③ 罗岗主编:《帝国、都市与现代性》,南京:江苏人民出版社,2006 年,第 84 页。
④ Slavoj Žižek, *The Fragile Abosolute, or Why Is the Christian Legacy Worth Fighting for*, London & New York: Verso, 2000, p. 2.

摩西的工作：创造一个新的上帝民族。巴丢继承了陶伯斯的区分，但以主体的倾向（subjective dispositions）来看三种话语（discourse），即犹太话语（先知统治）、希腊话语（哲学统治）、夸口奇迹的话语（神秘统治）。这三种话语都促成了律法的统治，因为这三种话语都仍然属于陶伯斯所说的"自然秩序"和巴丢所说的"存在秩序"，在这一秩序的领域，律法统治着生命。在巴丢看来，保罗诉诸基督的复活事件，才彻底摆脱了律法的统治。但值得注意的是，左派的巴丢没有着重强调保罗对罗马法律的指涉。

第二，律法变形为敌友区分，施米特、陶伯斯、阿甘本、巴丢论述了这一点。陶伯斯回顾了与施米特一起阅读《罗马书》第9章至11章的情景，陶伯斯指出在对《罗马书》11章29节的理解上，他向施米特提出了疑义。《罗马书》11章29节的经文是："就着福音说，他们为你们的缘故是仇敌；就着拣选说，他们为列祖的缘故是蒙爱的。"在陶伯斯看来，施米特未能理解保罗在敌人和蒙爱者之间实现的辩证法，从而持有一种教会反犹主义的立场。就是在同一节经文中，作敌人的犹太人，同样是蒙爱者。针对施米特的敌友区分，阿甘本更进一步将"剩余者"的概念引入敌人和蒙爱者的辩证法中，最终得到救赎的是那在区分中不可被区分的剩余者。巴丢也批判了律法在种族上进行的区分："律法始终是断言的、特殊的和片面的。"①由此，巴丢将律法解释成包括敌友区分在内的，一切将群体划分为特殊者的法则和立场。

第三，拉康在《精神分析伦理学》中针对《罗马书》7章7节提出律法和欲望之间关系的问题："欲望与律法的辩证关系导致了与律法有关的我的欲望的突现，通过它变成了对死的欲望。仅仅是由于律法，罪才呈现了过剩与夸大的特征。"②律法使人坠入僭越律法的欲望中，形成律法和欲望的恶性循环。这一循环是对康德道德律的反讽，从拉康开始，齐泽克和巴丢不得不面对这一反康德的命题。在巴丢看来，主体的分化发生在法律和欲望、存在和事件之间。如果主体是由律法的存在秩序维持，那么主体就会陷入了法律和欲望的张力，从而进入律法的死亡领域。在《敏感的主体》中，

---

① 巴迪乌：《普世主义的基础》，第84页。
② Jacques Lacan, *The Ethics of Psychoanalysis*, London: Routledge 1992, pp. 83–84. 转引自齐泽克著：《敏感的主体——政治本体论的缺席》，孙晓坤译，南京：江苏人民出版社，2006年，第175页。

齐泽克认为在律法和欲望的决裂中始终存在着拉康所说的"结构性例外"(constitutive exception)，那摆脱律法的力最后又会构成加强律法的力，欲望的力量使得人陷入律法和欲望之间的循环关系中。律法之所以能刺激起欲望的亵渎效果，在于律法是一种权威，它的作用是进行同语反复的述行。蒙田、帕斯卡尔、本雅明和德里达着重于从权威的角度思考律法，作为权威，律法禁止一切法外暴力，律法自身就是垄断暴力的力量。律法的权威激起欲望对律法的亵渎，使欲望从潜在的状态进入现实，从而比没有律法时更为显露。这是因为律法和欲望的循环使生命在律法的权势中步入死亡。律法和欲望就横阻在上帝和生命之间，成为生命的屏障。

由此，我们可以将当代大陆哲学家对律法的变形的第四点归结为律法对生命的压制，这也是对以上诸种变形模式的总结。在律法这一权威的辖制中，生命成为律法的奴仆，从而丧失了生命里的自由，欲望发动起来，生命卷入欲望与律法的循环中，从而更深地陷入自然秩序和存在秩序，使自己成为被律法所区分的特殊者，而不是获得救赎的剩余者。阿甘本认为在生命和律法的连接中，人只是赤裸的生命。使生命和律法连接起来，就是一种生命政治。在律法的强制中，生命失去了主权。在新罗马帝国中，现代性的生命政治和资本主义拜物教提供了抽象的普遍性和特殊的多元主义，而未能提供获得主权的生命主体，因为主体都已受到律法的统治，律法将人圈入死亡和欲望的领域。

三

在律法的领域中，生命的主权丧失，死亡和欲望对生命实行统治。与此相应，当代西方左派找到新罗马帝国秩序的特征便是人类关系的全面律法化。当代西方左派保存了保罗神学"律法"概念的精义，并将之挪用到现代性的政治状况中，"律法"概念已经变形为生命政治（阿甘本）、资本主义拜物教（齐泽克）的法律暴力，成为了敌友区分（施米特）、权威的力量（本雅明、德里达）、使人产生僭越欲望的律法（齐泽克）。那么究竟该如何从自然秩序和存在秩序中摆脱出来，从受律法辖制的生命中摆脱出来呢？究竟该如何凿破现代性生命政治无孔不入的律法统治，该如何从资本主义拜物教的欲望循环中得到释放，该如何对付新罗马帝国的统治秩序？为了摆脱现代性政治状况中律法的强制，当代西方左派试图征用保罗神学的"恩典"概念,并对"恩典"概念进行变形的读解,以便在新语境中激发出它的本源含义。

在陶伯斯看来,恩典是与自然秩序(natüralich Ordnung)相对的普纽玛秩序(pneumatische Ordnung)。什么是"普纽玛"(pnuema)?"普纽玛"(pnuema)在德语里被译为"精神"(Geist)。但是"精神"这个词已声名狼藉:"我们知道,精神已名誉扫地。我征引使精神名誉扫地的见证,它们可以带领你穿越 19 世纪:从经济方面(马克思)、从哲学方面(尼采)和从深度心理方面(弗洛伊德)对精神的质疑。"① 就在晚近,德里达对海德格尔的"精神"进行了集中的批判。"精神"是否已经蒙受了过多的无辜之冤呢?陶伯斯试图为"精神"挽回一块地盘,"精神"是与自然相对的超越性领域,"精神"的秩序中止了律法的统治。陶伯斯认为保罗视野中的救赎参照了犹太教的赎罪日仪式。在赎罪日仪式中,弥赛亚作为替罪羊中止了律法。律法的中止,意味着普纽玛秩序超越了自然秩序。不再是属自然秩序的律法、民族、事工,而是属普纽玛秩序的超自然的拣选,不再只是挪亚之约,而是亚伯拉罕之约。陶伯斯认为保罗将自己视为摩西的超越者(Überbieter),做成了摩西未能做的事:创造一个新的上帝民族。

巴丢基本参照了陶伯斯的模式,以事件的领域与存在的秩序相对。巴丢说:"仅就我们而言,我们这里所涉及的恰恰是一个寓言。而在保罗的情况下就尤其如此,他基于非常重要的理由把基督教化约为一个单一的陈述:耶稣复活了。"② 巴丢认为保罗的重心在于主体宣称耶稣的复活事件。复活事件仅仅依赖于主体的宣称,而不是依赖于存在秩序的环境。就存在秩序而言,复活事件是不可能的,它是一个寓言,是没有见证的。复活作为闻所未闻的不可思议之事,只有对忠诚于事件的主体而言,它才是可以认信的,它意味着从存在秩序的环境中获得全然突破。救赎作为恩典,通过复活事件给予所有人,是普世主义地、无差别地给予了一切人。同样我们可以在阿甘本那里看到,"虚构的例外状态"(the fiction of the state of exception)和"真正的例外状态"(the real state of exception)之间的区分。阿甘本为了反驳施米特的"虚构的例外状态",重启本雅明的"真正的例外状态",用以对抗现代性生命政治

---

① Jacob Taubes, *The Political Theology of Paul*, pp. 43—44.
② 巴迪乌:《普世主义的基础》,第 1 页。

的治理术。基督通过复活事件开启了真正的例外状态,律法再也不能将其统摄在内,因为律法已经成为一种"不操作"(inoperative)的纯粹潜能。在真正的例外状态中,无偿性的、过量的恩典已经颁赐。

但是齐泽克对自然秩序和普纽玛秩序、存在秩序和事件领域、虚构的例外状态和真正的例外状态这种绝然的对立持有疑虑,始终困扰齐泽克的是律法和欲望之间的恶性循环。但是正如博尔指出的:"如果想产生某些历史影响,又不想脱离左派的志业,齐泽克怎么才能构想出一种切实可行的政治?我在这里将做出这样一个论断:最初是在巴迪欧的启发下,齐泽克方才求助于圣保罗,从他那里获得了一个回应挑战的开端,而这一开端将使他走上通往列宁的道路。"①博尔认为,在《敏感的主体》中,齐泽克尚未解决"结构性例外",而在《易碎的绝对》中试图打破这一僵局,从而为精神分析找到政治实践之路。齐泽克引入对圣爱(agape)的讨论,认为圣爱打破了律法和欲望之间的循环。由此,齐泽克和巴丢的立场逐渐趋近,两者都意在寻找唯物主义的恩典。齐泽克通过联合保罗和列宁,试图摆脱精神分析在政治上的无所作为。

诸大陆哲学家的基本思路是一致的,他们将律法的秩序归结为自然秩序、存在秩序、虚构的例外状态和结构性的例外,同时他们追问究竟如何才能从律法的秩序中实现突破?他们试图以普纽玛秩序、事件的领域、真正的例外状态和圣爱突破律法的统治,从而释放出具有生命主权的主体。他们在保罗的列宁式文本中找到了事件性的恩典,通过耶稣的复活事件将过量的礼物赐予了忠诚于复活事件的人。《罗马书》与礼物的关系,自陶伯斯以来备受关注。保罗切望能去西班牙,愿能经过罗马并蒙罗马圣徒送行,如今是要将从马其顿和亚该亚募得的捐款送往耶路撒冷。保罗也提到愿能"叫我脱离在犹太不顺从的人;也叫我为耶路撒冷所办的捐项可蒙圣徒悦纳(《罗马书》15:31)"。在陶伯斯看来,这首先是外邦教会寻求合法性的问题。从外邦募来的款项,是纯粹的礼物,隐喻了基督在复活事件中所给予的"过剩性的恩典"。当代左派面临着资本主义拜物教的生产关系中存在的交换经济,试图破解这一礼物交换的难题,德里达追问:是否存在着一种不会陷入经济循环的

---

① 博尔:《天国的批判》(下),胡继华、林振华译,台北:台湾基督教文艺出版社,2010年,第153页。

礼物?

正如巴丢指出的,恩典不是工价,也不是特殊片面的律法,而是超凡能力(kharisma)的给予。这就是纯粹的礼物(Dōrean),是给所有人的。在巴丢看来,这种绝对无偿性(gratuious)和过剩性意味着恩典是不掺入任何差异的普遍主义。阿甘本将恩典与莫斯的"全面给予"和巴塔耶的"非生产性耗费"联系起来,认为恩典是一种无偿的礼物,德里达将正义视为超逾了法律的自由礼物。综合诸大陆哲学家的观点,可以看到他们均诉诸事件性的恩典,即通过十字架的复活事件实现的礼物给予,给予的是过剩性的恩典(superabundance of grace)。礼物的无偿性和过剩性回应了现代性的政治状况,当代左派试图找到一条能让主体摆脱经济循环的政治实践道路。

四

历史唯物主义的对手是神学对手的翻版,新罗马帝国是罗马帝国的现代表征。历史唯物主义和神学的使命都在于重构具有生命主权的"保罗式的唯物主义者"。历史唯物主义和神学有着共同的对手和使命,其更为深层的共同旨趣还在于两者拥有共同的弥赛亚式事件的逻辑。当代左派并非要从保罗神学中寻找某种内在的思辨,而是诉诸弥赛亚式的事件。如果说保罗神学经由复活事件,实现了从律法到恩典的转换,那么当代左派所要做的便是实现从自然秩序到普纽玛秩序、从存在到事件、从虚构的例外状态到真正的例外状态的转换。如何实现这一转换?这一转换的事件性逻辑是什么?这是诸大陆哲学家共同关注的,这也是马克思主义和基督教共享的真理核心,借此列宁式的政治行动和基督教的复活事件得以关联。

诸大陆哲学家对弥赛亚式事件的逻辑均有分散的表述,但这一逻辑总体上说仍是隐而未彰的。因此,有必要将它们集中起来进行对勘,从而展示当代保罗复兴的核心贡献。陶伯斯比较本雅明、巴特和阿多诺、布洛赫,认为前者拒绝任何内在性的道路,而后者被"好像"(Als-Ob, as if)的哲学所迷惑。陶伯斯毫不客气地批判了阿多诺:"试想[阿多诺的著作]《最低限度的道德》(*Minima Moralia*)的最后部分。你能说出实质(substantial)与好像(as-if)的差别,你能看到整个弥赛亚之事如何成为了好像(comme-si)之事。弥赛亚之事是惊异的,在这里却落为空无之行,而在青年本雅明那里弥赛亚之事是实质的。"① 伊格尔顿和马舍雷(Macherey)以相近的方式批评德里达,在关乎马克思主义的讨论中,认为德里达的"没有弥赛亚主义的弥赛亚性"(messianicity without messianism)是一种"去质料化的马克思"。②

与康德以来的"好像"的哲学相反,陶伯斯认为本雅明的虚无主义的世界政治指向的是保罗的"要像不"(hos me, as not):"弟兄们,我对你们说,时候减少了。从此以后,那有妻子的,要像没有妻子;哀哭的,要像不哀哭;快乐的,要像不快乐;置买的,要像无有所得;用世物的,要像不用世物;因为这世界的样子将要过去了。"(林前 7:29—31)海德格尔在《宗教生命的现象学》中也注意到了"要像不"的逻辑。陶伯斯认为本雅明神秘的《神学—政治残篇》是指着《罗马书》第 8 章说的,虚无主义的世界政治和保罗所说的"受造物的叹息"有着同样的意旨。阿甘本集中讨论了"要像不"。"要像不"的逻辑不同于"好像",不是抽空了现实实存,不是将弥赛亚弱化;相反,"要像不"的逻辑激进化现实实存,使弥赛亚得其实质。当万物都服在虚空之下,受造物就必然顺从于作为消逝的创造,幸福也是在顺从消逝的过程中得到的。弥赛亚的步伐作为自然的节奏,就是在消逝中来临。由此,弥赛亚从根本上讲,是与尘世的虚无主义结合在一起的。"要像不"的逻辑正是以"受造物的叹息"这样的虚无主义为前提的。顺从于消逝,不需要在外观上作何改变,需要改变的是内在的实质,从而通过微调实现实质性的变革。

相较而言,巴丢所提出的"不是……而是"(not...but)的逻辑在"好像"与"要像不"之间。"不是……而是"的逻辑是指着《罗马书》6 章 14 节说的:"因你们不在律法之下,乃在恩典之下。""不是……而是"的逻辑表明复活事件敞开了绝对全新的领域,所以它不是类比于某物,不是"好像",而是与所有现存秩序的决裂。正如巴丢所说:"事件既是肉体之路通过有问题的'不是'的中止,又是精神之路通过一个例外的'而是'的肯定。"③复活事件使主体从存在秩序中挣脱出来,完全进入由事件所激发的恩典的领域中,从而

---

① Jacob Taubes, *The Political Theology of Paul*, p. 74.
② 参见德里达:《〈友爱政治学〉及其他》,夏可君编,长春:吉林人民出版社,2006 年,第 542 页。
③ 巴迪乌:《普世主义的基础》,第 68 页。

开启了有别于律法统治的主体之路。"不是……而是"主要指向的是存在和事件的决裂,那么事件该如何去重新面对存在,如何回应存在呢?这是通过"要像不"来回答的。由此,可以说海德格尔、本雅明、陶伯斯和阿甘本所强调的"要像不"已经潜在地隐含了"不是……而是"的逻辑,"要像不"的逻辑经由"不是……而是"的主体变革之后重新回归了实存。"不是……而是"作为与存在秩序的决裂,在内在于存在秩序的"好像"与重新归返存在秩序的"要像不"之间。

德里达对这一弥赛亚式的逻辑具有明晰的意识,他曾论述"没有弥赛亚主义的弥赛亚性"(messianicity without messianism)中的小词"without",也十分关注布朗肖对"sans"(without)的悖谬性使用。without 将两个同义词连接起来,同时在其核心处将两者打破。without 并不是为了否定什么,而是在 without 的两边形成连接(with)和断裂(out)的双重关系,展开内部的差异,从而接纳陌生的他者。在"没有弥赛亚主义的弥赛亚性"(messianicity without messianism)这一表述中,德里达就试图借助"without"区分开弥赛亚主义(messianism)和弥赛亚性(messianicity),使弥赛亚性从弥赛亚主义的各色形式中挣脱出来,进入幽灵性的领域。without 的逻辑本身就是解构的精义所在,使语义在内部发生歧变。德里达对 without 的悖谬性使用,是为了克服弥赛亚主义,而选择弥赛亚性或者幽灵性的模态。德里达认为弥赛亚性或者幽灵性并非是一种乌托邦:"弥赛亚性(我将其视作经验的一种普遍结构,它无法被归结为任何种类的宗教弥赛亚主义)决不是乌托邦性质的:它在每一个此时—此地都指向一种不同寻常的真实和具体的时间的到来,也就是说,指向那最不可化约掉的异质的他者。没有什么东西比这种弥赛亚性的、紧张期待着到来的人/事之事件的忧虑(apprehension)更为'现实'或'直接'的了。"[①]正义便是这种弥赛亚性的别名,学者詹宁斯(Theodore W. Jennings, Jr.)认为德里达对正义的强调指涉的也是保罗。[②]

齐泽克通过对"反向"(perverse)的强调突出了保罗神学的悖

---

① 德里达:《〈友爱政治学〉及其他》,第538页。
② See Theodore W. Jennings, JR., *Reading Derrida/ Thinking Paul: On Justice*, California: Stanford University Press, 2006.

谬性。① 齐泽克在《木偶与侏儒：基督教的反向内核》中说到："在基督教的反向阅读中，上帝首先将人性抛给罪，以便通过基督的献祭，创造机会救赎它。在黑格尔的反向阅读中，绝对与自身游戏——它首先与自身相区分，引入一个自我误认的间隙，以便再次与自身和解。"② 这一存心亵渎的反向阅读并无多大新意，但它展示了基督教和异教观念的关系，在齐泽克看来基督教实际上是异教观念的反转，在异教中人通过压抑肉身通往精神，而上帝做了相反的运动。正是在这两种形式的交叉中，上帝的道成肉身给出了这样一个机会："当我这样一个人，经验到自己从上帝那里被分离出来，在这一极端被弃绝的时刻，我绝对地靠近了上帝，因为我发现我自己处于被离弃的基督的位置上。"③ 正是由于基督教有着"反向"的逻辑，才能将并不完善的人类提升到上帝基督的位置，提升到一个具有实践力的位置，才给不完善的主体找到了列宁式的实践之路。"反向"的逻辑使得不完善的主体从软弱变刚强，能够走向政治行动，保罗身上有着列宁的精神。

五

当代西方左派在追问：究竟谁是新的革命主体？怎样的主体才能承担起反对新帝国秩序的使命？当代西方左派在保罗神学中找到了相同的困惑，保罗的问题是：如何在罗马帝国的统治秩序中塑造一群能够超逾律法的基督徒？在当代解构主体的呼声中，当代西方左派却在积极建构新的主体哲学。诸大陆哲学家之所以诉诸保罗，就是因为看到了保罗的使命正是在于重建具有生命主权的主体。保罗在宣称十字架上基督的复活事件时，实现了从自然秩序、存在秩序和虚构的例外状态向着普纽玛秩序、事件领域和真正的例外状态的转换。那么，当代西方左派也在寻求着这样一群具有政治实践能力的主体，这些新的主体能够摆脱、克服新罗马帝国的统治秩序，能够破解现代性生命政治和资本主义拜物教对生命主权的强制。

---

① 关于齐泽克的"反向"逻辑，亦可参考杨慧林：《"反向"的神学与文学研究——齐泽克"神学"的文学读解》，《外国文学研究》，2009年第2期。
② Slavoj Žižek, *The Puppet and the Dwarf: the Perverse Core of Christianity*, Massachusetts: The MIT Press, 2003. p. 53.
③ Ibid., p. 146.

陶伯斯认为保罗和摩西面对的是共同的事业即创立一个上帝民族并使其正当化。陶伯斯指出:"我的看法是:保罗将自己理解为摩西的超越者。"① 保罗在《哥林多后书》第 3 章写到摩西的帕子如今已经被永远除去,因为基督已经废去了这帕子,一个真正的中介者已经亲自到来并永远与人同在,而不再是临时、短暂的同在。正是这一张帕子的除去,表明了保罗和摩西的差异,两者之间发生的是基督的十字架救赎事件。虽然保罗和摩西都愿为以色列人将自己从上帝的名册里除去,虽然两者都在努力创立一个上帝的民族,但保罗毕竟走向了外邦人,演出了一场爱的嫉妒戏剧。陶伯斯认为,保罗走向外邦人并不能像施米特那样推断出犹太人就是敌人,而应以一场爱的嫉妒戏剧来理解。犹太人作为福音的敌人,恰恰是"以色列全家"都要得救所展示的嫉妒场景,为的是让外邦人得救以便刺激起犹太人来回转向上帝。摩西的民族诉求在保罗这里才实现,经由基督的十字架救赎,从犹太人转向外邦人并刺激犹太人,由此形成一个真正的上帝民族、一群真的以色列人。

在当代西方左派中,巴丢提出了鲜明的主体哲学立场。巴丢认为基督教主体的本质就是分化,通过对基督复活事件的忠实与否分化为两条道路:一条是属肉的死亡之路,一条是属灵的生命之路。基督复活事件的真理主体是属灵的,是肯定的主体。主体的分化也就发生在存在和事件之间,一个主体是由律法的存在秩序维持,陷入了法律和欲望的张力;另一个主体是由基督的复活事件激发,脱离了律法的死亡区域。当人摆脱律法的强制,那么主体就走上了生命之路。巴丢说:"正如复活完全是不可预料的,而人们必须从那里开始一样,保罗的信仰就开始于他成为主体的时刻,此前没有什么促成这一时刻。那个事件——'发生了',纯粹而简单地在一条无名的路上发生了——是事件的主体的迹象,这个事件本身就是基督的复活。在保罗的内心里,那是主体的复活(再生)[(ré)surrection]。"② 这一主体的复活完全根由于基督的复活,而不是强调智慧的希腊话语,不是强调神迹的犹太话语,也不是夸口经历了神迹的话语,而是主体被基督的复活事件所分化。在巴丢看来,基督的话语与希腊话语、犹太话语和夸口经历神迹的话语不同,基督的话语开启了普世主义:"毫无疑问,普世主义以及任何真

---

① Jacob Taubes, *The Political Theology of Paul*, p.39.
② 巴迪乌:《普世主义的基础》,第 17 页。

理的存在都必须以既定差异的匮乏为条件，通过接受仅仅面对消失的事件这一挑战来引入一个自身分化的主体。"①

但是对于阿甘本来说，与其说新的主体建立于普遍主义，毋宁说是不断区分之后所剩的剩余者。剩余者作为非—非犹太人（non-non-Jews），是不可再被区分的纯粹差异和剩余。非—非犹太人正因为是剩余，他们就不再归属于某种特定的差异或者某种统一的普遍主义，而是在自身中实现了区分，是自身的剩余。在这一点上，阿甘本的思路又接近于巴丢的主体分化思想，主体的分化事实上就是在生命之路和死亡之路之间实现区分，主体是这一区分的剩余物。虽然，阿甘本和巴丢对普遍和差异的理解存在着分歧，但是他们均从主体的分化和区分角度建立主体和基督复活事件之间的关联。阿甘本将弥赛亚的剩余之民和马克思的无产阶级联系起来，阿甘本试图在生命政治的律法统治下寻找真正的剩余主体。巴丢、阿甘本、齐泽克都试图在原始基督徒和新时代的马克思主义者之间建立内在的关联和对应关系。阿甘本将基督徒和无产阶级联系起来，论述了无产阶级的救赎作用："正如蒙召与弥赛亚同钉十字架的人，向着旧的世界死了（罗 6:6），以便获得新的生命（罗 8:11），同样，无产阶级只能通过自我罢黜（autosuppression）来解放他们自身。"②这一能够自我消灭的无产阶级就是剩余者的典型。

无产阶级之所以能自我消灭，正如基督徒之所以能弃绝旧世界，乃是因为他们都是"非—大全"（not-All）的主体。齐泽克主要援引了拉康的女性性化公式（feminine formulae of sexuation）来反驳男性的大全主体，从而表明基督教的主体能够认识到自身的"非—大全"，并能以"非—大全"的主体通往摆脱律法和欲望循环的圣爱。男性的大全主体会坠入普遍法则和结构性例外的循环，因为这一例外本就来源于自身的大全性，也就只能被自身的大全性重新统摄，无法真正构成自身大全性的例外。齐泽克指出，爱是女性的，因为女性在爱中经验到了一种神奇的"无"："这一宣称的要害在于尽管我拥有全部知识，若没有爱我就是无（nothing），这并不是说有了爱，我就算是什么（something）了，在爱中我依然是无，但这'无'谦卑地自觉到自身，这'无'悖论式地从对它的缺乏的真

---

① 巴迪乌：《普世主义的基础》，第 62 页。
② Giorgio Agamben, *The Time that Remains: A Commentary on the Letter to the Romans*, trans. Patricia Dailey, California: Stanford University Press, p. 31.

正自觉中创造了丰富。只有缺乏的、残缺的存在才能够爱：爱的最终奥秘在于不完全在某种意义上比完美更加高级。"①爱的条件并非是主体自身的完全，恰恰相反，一个主体只有自身是"无"的时候，才能够去爱。主体的"无"是爱的条件，因为只有主体的"无"才能使主体实现"反向"的逻辑，才能从"无"变得丰富，但从始至终都仍然是"无"。齐泽克试图重建的是"保罗式的唯物主义者"，一种能够意识到自身是"无"的、能够活在圣爱中的主体，只有这样的主体才能摆脱资本主义拜物教中法律和欲望的循环。

新时代的保罗，帕索里尼的保罗，意在新罗马帝国中重构新的主体、新的战斗集团。基督徒在当代大陆哲学的语境中，已经变形为忠诚于事件的主体（巴丢）、剩余者（阿甘本）和保罗式的唯物主义者（齐泽克），他们是新的上帝民族（陶伯斯）。当代大陆哲学诉诸基督教的成果，探讨如何形成新的具有生命主权的主体、保罗式的唯物主义者、真正的剩余者，这些主体以辩证唯物主义的方式掌握了基督教的真理内核，从而摆脱新帝国秩序统治下的"赤裸生命"（bare life）。在当代几乎一致摧毁主体的解构呼声中，从陶伯斯到齐泽克，却在努力寻求建构"非—大全"的主体、忠诚于事件的主体。他们是保罗式的唯物主义者，能够担负以基督教的成果对付新帝国秩序的使命。

第九节　弥赛亚式的例外状态

在当代保罗复兴中，诸大陆哲学家在保罗神学中找到了从律法通往恩典的道路。在保罗神学和诸大陆哲学家之间，有着共同的帝国对手。在帝国的秩序中，生命被律法所统治。如何效法保罗神学以恩典突破律法的方式，突破新罗马帝国的统治秩序呢？诸大陆哲学家从保罗神学中汲取灵感，诉诸普纽玛秩序、事件的领域、真正的例外状态和圣爱，以便突破自然秩序、存在秩序、虚构的例外状态和结构性的例外。而在诸大陆哲学家中，阿甘本最为全面地回应了例外状态的问题。在阿甘本看来，恩典给予了"真正的例外状态"的可能性，突破以施米特为代表的"虚构的例外状态"。这一"真正的例外状态"开放了弥赛亚主义的剩余时间。在陶伯斯

---

① Slavoj Žižek, *The Fragile Absolute*, or *Why Is the Christian Legacy Worth Fighting for*, London & New York: Verso, 2000, pp. 146—147.

看来,保罗是弥赛亚主义的完美代表。阿甘本承接陶伯斯的理解提出了剩余时间的主旨:弥赛亚时间是历史时间的范式。阿甘本对例外状态和律法的理解也正是在弥赛亚时间的视野中加以考量的。

一

阿甘本对保罗的阅读将过去阅读为一种从未写出之物,试图实现本雅明所阐发的让过去在当下被补赎。阿甘本对保罗的研究并非单纯的历史事实考据,也非传统的神学经意诠释,而是试图通过保罗唤起时代的当下性,并让当下时间的危机暴露出来。这一危机就是现代性以来的虚构的例外状态和生命政治的治理术,就是避难所的丧失和例外成为常态的时代征兆。阿甘本与施米特、施特劳斯等人均质疑现代自由主义,令阿甘本疑惑的是20世纪的议会民主制国家何以会迅速转变为极权主义国家,而极权主义国家何以会迅速转变为议会民主制国家。阿甘本回溯到现代政治的可能性前提,那就是生命和政治的连接。阿甘本在《生命的政治化》中论述道:"现代生命政治(它在20世纪将会继续发展)的本质特征之一,是它不断需要重新界定生命中区别和分离内在外在的东西阈限。"①议会民主制和极权主义的共同政治地基是生命政治的治理术,寻找政治的牺牲人或者说活死人。在议会民主制的维度上,阿甘本通过回溯《人权宣言》的前身《人身保护令》的生命政治,揭示了自然生命的出生和政治公民身份的直接关系,《人权宣言》所保护的是被政治化的生命、与国家边界相关的生命。自然生命和民族政治的连接也正是纳粹的理论基础,阿甘本从医学、法学和哲学等学科交叉的方式研究奥斯维辛中犹太人的生命,提出了"赤裸生命"(bare life)概念。阿甘本寻找到了赤裸生命的思想谱系,从古罗马的献祭刑罚中的牺牲人(homo sacer),到《人身保护令》中被处死的罪犯,再到班丁的安乐死主张和奥斯维辛集中营里的犹太人,他们的生命由于过度的政治化最终越过了政治的门槛,以至于成为被政治所遗弃的人、不值得活的人、可以随意处置的人。现代政治正是建立在对这一牺牲人的规定之上,以便为政治自身划定生和死的边界,正是牺牲人的生命规定使得现代政治的

---

① 汪民安主编:《生产》(第二辑),桂林:广西师范大学出版社,2005年,第227—228页。

治理成为可能。在这样的生命政治中,赤裸生命处于例外状态中,在这里丧失了人和动物、法内和法外、法律和无法等等的区分。也正是由于现代政治的生命政治特点,现代性以来避难所的丧失标志着世界进入普遍的例外状态。阿甘本结合福柯的生命政治以及阿伦特对极权主义的论述,提出了现代政治是例外作为常态的论断。阿甘本以9·11事件为例,说明布什总统就试图在例外状态中直接行使主权权力。① 例外成为常态的时代也是黑格尔和科耶夫所显明的历史终结的时代,科耶夫表明在后历史状况中人丧失了可能性,"人是野兽的瘸疾",即人在死后所幸存的仅仅只是动物的实践。但是阿甘本更为认同巴塔耶,试图在艺术、爱和游戏尤其在保罗的弥赛亚时间结构中找到生命和主权的连接方式。

要重新找到生命和主权的连接方式,就必须对生命政治中虚构的例外状态进行解构,其首要的靶子就是施米特。在《评论》的《第五天:神的福音》部分,阿甘本开始直接论述施米特,从而引发了例外状态的论述。阿甘本在《例外状态》一书中区分了两种例外状态,即虚构的例外状态和真正的例外状态。施米特在《政治神学》中认为例外比规范更加重要,因为规范来自例外状态。阿甘本认为这种在主权逻辑支配下的例外状态是一种纳入的例外(inclusive exclusion),其装置(apparatus)②是由主权者规定例外状态,然后将例外状态再次纳入到规范中来。正是这种主权逻辑,使得施米特的例外状态仅仅只是虚构的,因为在他那里例外状态是和独裁的主权者关联在一起的。本雅明和施米特的思想都根源于对例外状态的理解,两人对此的不同理解恰好构成解构的关系。施米特将例外纳入法律,而本雅明却要激发起例外。阿甘本试图以本雅明在《历史哲学论纲》中所提出的真正的例外状态来对抗施

---

① See Giorgio Agamben, *State of Exception*, trans. Kevin Attell, Chicago and London: The University of Chicago Press, 2005, p. 22.

② "装置"或者"形势"(dispositif, apparatus),这个概念在当代法国具有重要意义,福柯、德勒兹、利奥塔、阿甘本都认识到 dispositif 的问题决不只是关涉技术的问题,它涉及更为深远的思想领域。Dispositif 这一概念还可以追溯到海德格尔的座架(Gestell)概念。于连从 dispositif 的角度分析中国思想,在 dispositif 这个词上,中西思想开始同步交锋。dispositif 这个法语词具有装置、布置、部属、形势等含义。阿甘本在《什么是装置》中论及基督的神圣经济。他指出 oikonomia 被译为拉丁语 dispositio,而法语 dispositif 或装置就源自于此词。(Giorgio Agamben, *What is An Apparatus?: And Other Essays*, trans. David Kishik and Stefan Pedatella, California: Stanford University Press, 2009, pp. 9—11.)

米特的虚构的例外状态。阿甘本并没有直接从施米特和纳粹的政治关系上简单地抨击施米特,而是将施米特视为诠释例外状态思想的重要资源,并以弥赛亚式的例外状态去解构主权逻辑支配下的例外状态。阿甘本的《罗马书》研究正是将保罗神学视为弥赛亚主义的真正代表,激发起弥赛亚式的例外状态。在这一视野中,阿甘本将本雅明视为真正领会保罗神学要旨的人。

  阿甘本在《评论》中总结了例外状态中法的三个特点,这也正是《罗马书》所显明的律法所处的例外状态。第一个特点是在法内或者法外的绝对的不可确定性。所谓例外状态,在阿甘本看来就是丧失了法,处于 anomia 的状态。在施米特那里,主权者可以居有有法和无法之间的裂隙,从而占据这一拓扑(topological)位置,从而使得法内和法外的区分成为不可能。第二个特点是无法区分遵守或者僭越法。由于法已经被例外状态悬置,只有在其被中止时才是有效的,法被中止时的效力是索勒姆所说的"无意义的效力存在"。这时法是自我指涉的,既不可违反也不可遵守。第三个特点是法的不可形式化(informulabile)。譬如在纳粹期间的《民族与国家保护法令》,既不禁止什么,也不命令什么,而只是说哪几条宪法被废止。① 纳粹正是通过法的不可形式化使得集中营成为可能,因为法在不可形式化中实现自身。阿甘本将施米特的虚构的例外状态和保罗的真正的例外状态区别开来。施米特试图压制例外状态的先在性,使得主权者居有有法和无法之间的无区分地带。但是保罗的真正的例外状态保持了例外状态的先在性,让这一内在的撕裂和脱节成为本雅明所说的"弥赛亚来临的小门"②。对于阿甘本而言,真正的政治行动不再是施米特的敌友区分,而是拆毁法律与生命的连接,由此阿甘本提出了一种抵抗现代性生命政治的根本策略。阿甘本认为:"展示与生命没有关联的法律和与法律没有关联的生命意味着在它们之间为人类行动打开一个空间,它曾声明自己的名字为政治。"③在真正的例外状态中,真正的政治行动就是使得生命和法律的连接脱节,从而使得主权者也无法介入进

---

  ① 1933 年 2 月 28 日,德国确立了《民族与国家保护法令》(Decree for the Protection of the People and the State),这条法令规定:"帝国宪法第 114、115、117、118、123、124 和 153 条被废止,直到有进一步的命令通过。"
  ② 参见本雅明:《启迪:本雅明文选》,第 276 页。
  ③ Giorgio Agamben, *State of Exception*, p. 88.

来。于是生命与其自身的主权相连接,生命不再受到主权者的支配,也就超越了赤裸生命的逻辑。所有这一切的重点就在于例外状态拆毁了法律,使得法律陷入不操作。只是有学者指出:"然而并没有一种'存在',可以不受限于每一禁令。只存在一种存在的离弃之思。"① 这是将阿甘本与南希比较而言的,离弃之思敞开的是存在和法则之间的双重悖反。同样,德里达也在法律和正义之间寻求一种协调。无论如何,他们都在探求真正的例外状态。在阿甘本的视野中,保罗的弥赛亚主义是这一思想资源的典范。保罗神学提供了一种弥赛亚时间,弥赛亚时间激发了弥赛亚式的例外状态,在这一例外状态中产生了生活在弥赛亚时间中的剩余者即非—非—犹太人,他们以悬置律法的方式使得律法不操作,从而以律法的例外状态使得律法得以完成。

二

《评论》一书的章节是以弥赛亚时间结构的方式来安排的,阿甘本试图以保罗的方式阅读保罗。《罗马书》开头的问候语是:耶稣基督的仆人保罗,奉召为使徒,特派传神的福音。其希腊语原文是:Paulos doulos christou Iēsou Klētos, apostolos aphōrismenos eis euaggelion theou。学者柯朝钦认为:"这七个问候语不只巧妙地组成这本书的七个章节安排,七个章节也以七天的讲课内容来对比星期一到星期日的弥赛亚时间结构,因为星期六的意义在阿甘本的注经下,原是一个小小的弥赛亚日(安息日)。"② 每一章节都以问候语的一个要素为标题展开论述。阿甘本的《评论》将保罗的问候语以及保罗的自我身份规定置于弥赛亚时间的总体背景下予以论述,从而展现了保罗神学的弥赛亚时间结构。阿甘本对保罗的弥赛亚时间结构的阅读是和对其他时间结构的理解交织穿插的,尤其是本雅明的历史唯物主义的弥赛亚时间构成了阿甘本阅读保罗的理论资源。阿甘本试图打开弥赛亚式的例外状态,以弥赛亚的时间结构对抗虚构的例外状态和例外作为常态的生命政治的时

---

① S. Pryor, Benjamin, "Law in Abandon: Jean-Luc Nancy and the Critical Study of Law", *Law and Critique*, 15 (2004), p.284.

② 柯朝钦:《例外状态的统治与救赎:论阿甘本的两种例外状态模式》,台湾私立东海大学社会学研究所博士论文,2006年12月,第92页注6。这是中国首篇研究阿甘本的博士论文。该论文强调阿甘本对虚构的例外状态和真正的例外状态的区分,本文亦受这一角度启发。

间结构,从而在时间之内找到一个折叠的时间差异,并在这一时间差异中置入微弱的弥赛亚力量。

在《第四天:使徒》中阿甘本集中论述了弥赛亚时间。阿甘本给出了弥赛亚时间的定义:"弥赛亚时间是时间用来达到终结的时间,或者更精确地说,是我们用来步入终结的时间、获得我们对时间的表象的时间。这不是纪年时间的线(它是可以表象却不可思想的),也不是它的终结的瞬间(它同样是不可思想的);它也不是纪年时间中的截段;而毋宁说是压入纪年时间的操作性时间,它在纪年时间中运作并转化纪年时间;它是我们需要使时间终结的时间:它是余留给我们的时间(il tempo che ci resta)。"①阿甘本对弥赛亚时间的定义首先与四种时间观念区别开来:犹太先知未来时间、基督教末世论时间、现代性的线性时间和历史纪年时间,然后以操作性时间来理解弥赛亚时间的单一——二重结构(uni-dual structure)。

第一,弥赛亚时间不同于犹太先知的未来时间。阿甘本强调保罗的使徒身份,突出使徒和先知是不同的职分。犹太先知讲说未来,因为弥赛亚一直都没有到来。犹太先知的时间是在弥赛亚来临之前讲说未来,但是使徒是在弥赛亚来临之后讲说现在。因此,使徒是先知的完成,先知所要讲说的未来已经在使徒所要讲说的现在中完成了,使徒讲说的是一个已经实现了的现在,而未来也都维系于这一现在。在保罗的神学中,使徒所要讲说的现在就是耶稣弥赛亚的复活事件。复活事件使得时间重新开始,终结了先知未来时间,同时开启了使徒的现在时间以及未来时间。基督复活事件所标记出来的"现在"不只是一个历史纪年时间,因此保罗几乎不讲说历史中的耶稣形象,而只是宣称基督的复活事件。复活事件的"现在"充满了一切时间,充满了过去、现在和未来。这也正是本雅明在《历史哲学论纲》第十四条所讲说的历史坐落在"被此时此刻的存在所充满的时间里"②。复活的现在时间作为一种充满的时间激起了当下的自身非认同,从而产生时间内部的自身差异。第二,弥赛亚时间不同于末世论的基督教时间。阿甘本认为布鲁门伯格和洛维特都将弥赛亚时间与基督教末世论时间混淆了,从而错失了对弥赛亚时间的真正揭示。阿甘本认为真正的

---

① Giorgio Agamben, *The Time that Remains: A Commentary on the Letter to the Romans*, pp. 67—68.
② 本雅明:《启迪:本雅明文选》,第 273 页。

对立并不是发生在末世论时间和现代性时间之间,而是弥赛亚时间和现代性时间之间,阿甘本试图以弥赛亚时间来克服现代性危机。弥赛亚时间关心的并非末世论时间中的终结点,而是现在与时间终结之间的剩余。弥赛亚时间是以复活的现在时刻激发起时间的终结,使得时间从现在开始走向终结,从而使得时间减少。第三,弥赛亚时间不同于现代性的线性时间。阿甘本结合居斯塔夫·纪尧姆的语言学著作《时间与动词》中的"操作性时间"来理解时间—图像的问题。纪尧姆认为人类能够经验时间,但只能以空间的方式去经验。语法上将时间表象为线是由三个部分组成的:过去、未来和现在。现在是一个区分,使得过去和未来的切分成为可能。人经验时间的图像不是一个线性的方式,而是由三个部分整合而成,这是一种形成中的时间和潜能时间。由此,时间和时间的表象是无法同一的。纪尧姆的时间—图像理论使得线性时间的模式不攻自破,那么什么是弥赛亚时间的模式结构?

第四,弥赛亚时间不同于历史纪年(chronos)时间。通过弥赛亚时间的良机(kairos)和历史纪年时间(chronos)可以清晰地呈现弥赛亚时间的单一——二重结构。弥赛亚时间不是一个另外的时间,不是一个补充在历史纪年时间上的时间,而是在历史纪年时间中的与历史纪年时间自身相差异的时间。它是内在于历史纪年时间之中的,但是它是弥赛亚来临的小门,同时作为历史纪年时间的缺口,从而外在于历史纪年时间。弥赛亚时间在历史纪年时间中将历史纪年时间带向终点,并使得历史纪年时间减少成为剩余时间。弥赛亚时间就是历史纪年时间的自身非同一,是历史纪年时间的自身减少,是剩余时间本身。弥赛亚时间激发起一种自身的非同一性,从而使得每一个历史纪年时间(chronos)都是弥赛亚时间的良机(kairos)。基督的复活事件敞开了"现在",同时这一"现在"被基督的临在(parousia)所悬隔。在复活和临在之间,有着时间的剩余。这一时间的剩余置入了历史纪年时间,使得每一个瞬间都是弥赛亚来临的良机。良机使得每一个瞬间与自身非同一,每一个瞬间都自身出窍(Ekstase)。在基督的复活和临在之间,在chronos和kairos之间,在操作性时间和表象时间之间构成了一个时间的例外地带,这一剩余时间既非chronos,也非kairos,但是它却由两者的单一——二重结构所激发,成为两者的剩余时间。这种单一——二重结构使得弥赛亚时间的延迟成为可能,正如索勒姆所指出的在复古的弥赛亚和革新的弥赛亚之间是"生活在延搁中的生命"。① 在卡夫卡的笔下,因为延迟,弥赛亚只会在他不再有必要时才会降临。在奥斯维辛之后,这一多余的弥赛亚成为关键性的形象。在这里,我们也可以看到受苦如何使人陷入绝望,而在绝望中又寻找渺茫的希望。

三

阿甘本和巴丢都试图为当代政治寻找到恰切的主体。这一主体问题也必须置于弥赛亚式的例外状态的考量中。在例外状态的视野中,阿甘本对施米特的核心观念"区分"做出了回应,同时阿甘本也回应了巴丢的普遍主义。

什么是区分?阿甘本可能受到施米特的影响,指出保罗书信至少在两个层面上使用 nomos 一词:第一种含义特指摩西律法即 Torah,第二种含义是 nomos 的词源学含义,起源于 nemō,是区分和分配各个部分的含义。不同于施米特的敌友区分,阿甘本给出了一种对区分的弥赛亚式的理解。阿甘本认为保罗作为一个希腊化了的犹太人,所使用的语言既不是希腊的,也不是希伯来的,而是在弥赛亚式的例外状态的激发下所生成的一门新语言。由此,希腊词 nomos 的区分含义也必须置于弥赛亚式的例外状态中进行新的理解。《罗马书》第一句的问候语中的"特派"(aphōrismenos)就具有区分的意思。如果按律法区分,保罗自称是一个法利赛人。但是保罗引入了一个新的区分,就是从信仰的宣称上进行区分,那么保罗是一个使徒。保罗自身是被一种新的区分所蒙召的。作为一个犹太基督徒和外邦人使徒,保罗不得不直面犹太人,保罗对 nomos 的理解必须面对犹太基督徒如何可能的问题。

nomos 作为区分,它所做的第一次区分是犹太人和非犹太人,保罗称之为受割礼的和未受割礼的(circumcision/foreskin)。但是耶稣弥赛亚作为律法的总结,带来了另一种区分,即属肉的与属灵的(sarx/pneuma, flesh/breath)。如果只是按律法的区分,则在犹太人和非犹太人之间并没有无法囊括的部分。但是在已被区分的犹太人和非犹太人之中,再一次进行区分,则会有属肉的犹太人和属灵的犹太人以及属肉的非犹太人和属灵的非犹太人。在这一双

---

① 汪民安主编:《生产》(第 2 辑),第 260 页。

重区分中,会出现无法被归类的剩余者(the remnant):非—非—犹太人(the non-non-Jew)。正如阿甘本所指出的:"对犹太人/非—犹太人、在律法中/没有律法,这种律法的区分,现在在每一边都留下了一个剩余,这个剩余既不是犹太人,也不是非犹太人。他居住在弥赛亚的律法中,是非—非—犹太人。"①这种 non non-A 的区分逻辑拆毁了施米特独断的敌友区分,阿甘本发现每一次区分的结果中都有不可区分的,区分所要达成的效果并非是要拣选已经区分开来的两个部分中的人,而是拣选在两个部分中都不可归属的人。耶稣弥赛亚所要拣选的恰恰就是这些绝然不可归属的剩余者,阿甘本认为剩余者是唯一真实的政治主体,譬如马克思所说的无产阶级。

阿甘本认为剩余者是一个弥赛亚式的概念。圣经中的《以赛亚书》和《阿摩斯书》都论及剩余者。《罗马书》(9:27)引用过《以赛亚书》:"以赛亚指着以色列人喊着说,以色列人虽多如海沙,得救的不过是剩下的余数。"因此,剩余者是耶稣弥赛亚的救赎目标,剩余者也是等候耶稣弥赛亚的主体。阿甘本思考整体—部分—剩余的关系。阿甘本认为整体(pas, all)指向的是末世论的目的意义。部分(meros, part)指向的是律法下的世俗世界,在世俗世界中一切都被区分成"部分"。剩余者在整体和部分的逻辑之外,他不是整体,也不是部分。阿甘本指出:"剩余者因此既是整体对于部分的溢出,也是部分对于整体的溢出。"②剩余者作为溢出(excess)源于区分,溢出克服了区分的暴力,通过不可区分的非同一性打破了区分的同一性。剩余者不只是相对于其他民族而言,才成为剩余者,而且也是就其自身而言的剩余者。齐泽克认为:"在双重意义上犹太人是剩余者:不只是就其他'标准'民族国家的集合而言的剩余者,而且此外,也是就他们自身而言的剩余者——在他们自身中和他们自身的剩余者——残剩者,毕竟保留和坚持为被迫害和被灭绝的人。"③剩余者是就其自身而言成为剩余的,它是一切区分中不可区分的部分,是人性自身的剩余。正是因为这种不可区分,

---

① Giorgio Agamben, *The Time that Remains: A Commentary on the Letter to the Romans*, p. 51.

② Ibid., p. 56.

③ Slavoj Žižek, *The Puppet and the Dwarf: The Perverse Core of Christianity*, Massachusetts: The MIT Press, 2003, p. 131.

人性自身的剩余物才是不可解构和不可摧毁的。但是这种剩余物并不是普遍的。阿甘本批判了巴丢的普遍主义观念，阿甘本认为并不存在超验的普遍性，保罗并非是一个普遍主义者，而是激发出例外状态和剩余者。保罗要拆毁民族的同一性，剩余者不只是犹太人，而是每一个民族中都有剩余者。与其说保罗要生产同一的普遍性，毋宁说保罗是在生产差异。弥赛亚时间使得剩余者在自身中产生张力，使得剩余者与民族产生非认同，同时也不会由此产生其他任何认同。

剩余者的"非—非"逻辑就是要以"要像不"（hōs mē, as not）的方式生活，也与巴丢的"不是……而是……"（not... but...）区分开来。① 在阿甘本那里，非同一的剩余主体总是保持为非同一，而不是走向另一个同一。《哥林多前书》(7:29-32)写道："弟兄们，我对你们说，时候减少了。从此以后，那有妻子的，要像没有妻子；哀哭的，要像不哀哭；快乐的，要像不快乐；置买的，要像无有所得；用世物的，要像不用世物；因为这世界的样子将要过去了。我愿你们无所挂虑。"阿甘本认为"要像不"是弥赛亚生命的形式，也是奉召（klēsis）的全部含义。阿甘本指出："弥赛亚的张力并不朝向另一个地方，也不是在某物及其对立面之间的无差别中耗尽自身。"② 譬如，使徒并没有说"哀哭的像是喜悦的"，也没有说"哀哭的等于没有哀哭"，而是说"哀哭的要像不哀哭"。As not 的逻辑是非居有的逻辑。阿甘本认为海德格尔在《宗教生命现象学》中对 as not 的理解正是与《存在与时间》中关于本真性（Eigentlichkeit）和非本真性（Uneigentlichkeit）的讨论是相关的。弥赛亚的奉召是在弥赛亚和主体之间唤起一种 as not，而不是巴丢的 not... but... 在 as not 中，可以实现弥赛亚力量的微调，正是这一点点微弱的弥赛亚力量使得弥赛亚主体的潜能共通体成为可能，也使得弥赛亚的拯救成为可能。

四

我们再次回到阿甘本所指出的例外状态中法的三个特征：绝

---

① Alain Badiou, *Saint Paul: the Foundation of Universalism*, trans. Ray Brassier, California: Stanford University Press, 2003, p. 63.

② Giorgio Agamben, *The Time that Remains: A Commentary on the Letter to the Romans*, p. 24.

对的不可确定性、遵守或者僭越的无法区分、不可形式化。阿甘本突出的是"信心之法"(the law of faith),并以信心之法回应例外状态中的无区分地带。什么是信心之法?阿甘本指出,保罗将应许(epaggelia, promise)和信(pistis, faith)并置一方,且与另一方即律法(nomos, law)相对。由此阿甘本介入了极为复杂的恩典与律法之争。阿甘本将应许和信区分为两个层面,也将律法区分为两个层面。

布伯在犹太的 emunah 和保罗的 pistis 之间做出区分,但是阿甘本保留了犹太的弥赛亚时间,并且结合复活事件,从而将耶稣和弥赛亚直接连接起来。阿甘本认为保罗区分了两个句法"耶稣是弥赛亚"(Jesus is the Messiah)和"耶稣弥赛亚"(Jesus Messiah),在保罗的神学中,没有"耶稣是弥赛亚",而只有"耶稣弥赛亚"。弥赛亚不是外在于耶稣的身份标记,耶稣和弥赛亚的连接没有认同的关系。因此,在犹太的 emunah 和保罗的 pistis 之间通过"耶稣弥赛亚"的直接对等穿越了两者的差别。阿甘本认同 Flusser 对布伯的再解读,认为在基督教的内部存在着两种信。一个是信历史中的耶稣,这个耶稣可以通过言和行识别出来;一个是信基督的十字架事件,信道成肉身、受难和复活的唯一神。这两种基督教的信,最先由启蒙时代的莱辛提出,莱辛区分了基督的宗教(the religion of Christ)和基督宗教(the Christian religion),基督的宗教是将基督识别为人,而基督宗教则将基督识别为应当敬拜的神。什么是保罗的信?尼采认为保罗篡改了基督教,甚至基督教是保罗的基督教。陶伯斯也认为保罗修改了基督的两条命令,只留下爱人如己。保罗与基督的其他门徒相比,更能领悟十字架受难和复活的耶稣弥赛亚,因此他不再纠缠于历史中的耶稣。保罗的信是"在耶稣弥赛亚中"(to believe in Jesus Messiah),从而激起了弥赛亚时间的例外状态,这种信仰持守在基督的复活和临在之间,每一个信仰者都成为剩余者。

既然保罗以 epaggelia-pistis 和 nomos 相对,何以保罗又在《罗马书》(7:12)中说:"这样看来,律法是圣洁的,诫命也是圣洁、公义、良善的。"在《罗马书》(3:31)中说:"这样,我们因信废了律法吗?断乎不是!更是坚固律法。"何以保罗一方面要敌对律法,另一方面又说律法是圣洁的?阿甘本认为需要从律法和应许、信的关系中去理解,因此律法和应许、信是捆绑在一起的。阿甘本认为保罗在 nomos 的内部也进行了一次区分。在《罗马书》(3:27)中保罗区分了立功之法(nomos tōn ergōn, the law of works)和信心之法(nomos pisteōs, the law of faith):"既是这样,哪里能夸口呢?没有可夸的了。用何法没有的呢?是用立功之法吗?不是,乃用信主之法。"立功之法和信心之法是 nomos 自身内部的区分,立功之法是 Torah 的规范层面,信心之法是律法中超出规范层面的部分,这一部分与 epaggelia-pistis 相关,有着应许的因素。律法内部沿着规范和应许两个方面的区分嵌入了 epaggelia-pistis,同时使得原始基督徒可以生活在律法自身分离的空白地带。一方面,在如同没有律法的情况下生活,这是指没有规范层面的律法;另一方面,在弥赛亚的律法下生活,这是指在超出规范层面那部分律法下生活。因此保罗并非一味敌对律法,他在批判律法的同时也在维护律法的圣洁。保罗使得律法自身内部相区分,同时让区分出来的两个部分相互对峙。

保罗一方面在基督教信仰的内部进行了区分,另一方面在律法的内部进行了区分。这两个方面的区分最后归结为 epaggelia-pistis 和 nomos 的相对。保罗将耶稣弥赛亚的信和 nomos 中关涉 epaggelia-pistis 的部分结合起来,从而与历史弥赛亚的信和 nomos 中的规范部分相对。保罗在《加拉太书》和《罗马书》中多次将之表述为亚伯拉罕与摩西的相对。亚伯拉罕所有的是应许(epaggelia, promise)和约(diathēkē, pact),摩西所有的是诫令(entolē, commandment)。神对亚伯拉罕的应许和约要先于摩西律法。阿甘本将亚伯拉罕与摩西的对比与制宪权(constitutive power)和执法权(constituted power)联系起来,制宪权和执法权的分裂起源于应许、约和诫令的对比,同时也是个人的忠诚与实在的义务的对比。通过回溯到个人的忠诚问题,阿甘本将弥赛亚的信仰和古代的盟约(oath)相联系。盟约属于前法(prelaw)领域,在这一领域宗教和律法无法区分。保罗的信和古代盟约具有相类的特点,pistis 和 oath 在前法领域的相互交织,使得希腊罗马世界中,信(faith)总是与法律和宗教两个领域相关,这是由于它们都起源于前法领域,而恩典与律法的争执也就必须回溯到前法领域的破裂。

那么在 epaggelia-pistis 的信仰中,nomos 是如何操作的?针对例外状态中法的绝对的不可确定性,阿甘本引入了剩余者的"非—非"逻辑,从而克服了法内和法外的区分。针对法的遵守或者僭越的无法区分、不可形式化,阿甘本则是通过信心之法使得律法不操作的方式来回应的。恩典与律法之争激发了律法的危机。阿甘本认为"非功效"(katargeō)一词是保罗的弥赛亚词汇中的关键词。阿甘本考察了 katargeō 的词源,合成词 katargeō 的词根 argeō 的形容词 argos 的意思是"不操作(inoperative)、不做工(not-At-work, a-ergos)、不活动(inactive)"。阿甘本注意到《罗马书》(7:5—6)中 enērgeito(enacted)和 katergēthēmen(de-activated)并用,这一组词的对立与希腊的 dynamis/energeia 的对立是相关的,即潜能和现实的对立。阿甘本强调了保罗对强和弱的反向转换,弥赛亚力量的实现并非通过否定、废除律法的方式实现的,而是通过激发起律法的不操作。使律法不操作不是否定律法,而是使律法处于潜能的状态。通过使律法不操作,生命在与律法的脱节中重新获得了主权。生命和主权的再次连接,也就是不使律法操作的能力,同时也是使律法得以完成的能力。阿甘本将这种信仰之道标识为"言的切近"(the nearness of the word),信就是一种言的切近。言的切近就是信的实际发生,甚至不是以言行事,而是言和信的直接切近。但是这种切近并不会给言的潜能带来消耗,正如基督不会给律法的潜能带来消耗,而是潜能一直都保持为纯粹的潜能。"非功效"将律法带入潜能状态并使其不操作,这不是废除律法,而恰恰是完成律法。阿甘本注意到路德在翻译 katargein 一词时所用的是 Aufhebung,这一词同时有放弃和保存的含义。路德的 Aufhebung 影响了黑格尔,由此阿甘本认为黑格尔的哲学实际上不过是基督教神学的世俗化,黑格尔对"扬弃"的理解也是弥赛亚式的。沿着这一路向,科耶夫对黑格尔的解读、当代法国的零度思想以及德里达的延异理论都可以在 Aufhebung 和 katargein 之间找到弥赛亚式的内涵。

　　阿甘本将现代思想中的弥赛亚式的内涵与保罗的《罗马书》对接,重新激发作为弥赛亚主义代表的保罗神学。在弥赛亚时间中,弥赛亚式的例外状态使得律法不操作,拆毁了赤裸生命和主权法律的连接。剩余者非—非—犹太人成为真正被救赎的主体,他们在"要像不"和纯粹潜能的状态中实现微调,对抗现代性生命政治的力量。阿甘本在当代保罗复兴中别具一格的贡献在于找到了保罗的弥赛亚主义和真正的例外状态之间的对应关系,但他不诉诸普遍性,也不诉诸革命,而是诉诸剩余者和使律法不操作的行为。

因此，阿甘本不同于巴丢的普遍主义，也不同于齐泽克将列宁和保罗连接起来，阿甘本试图在赤裸生命和剩余者之间作出细微的差别，同时也在施米特的例外状态和保罗的例外状态之间作出细微的差别，这一差别就是微调的政治行动。在世俗化的时代，在虚无的弥赛亚主义时代，对抗现代性的生命政治，仍然倚仗于保罗所呈现的弥赛亚式的例外状态。从例外状态克服法则的暴力，是阿甘本从施米特和本雅明的争执中，从当代关于保罗的争论中彰显出来的。但是处于无法（anomia）和例外中的法则，如何保持秩序，如何存有正义呢？在例外状态中，仍然需要追问法则的正义如何可能？

第四章

法则的正义

第十节　自然和法则

在第一章中总论了何谓法则的暴力,并且说明了当代克服法则暴力的三条道路:诗意、例外和正义。在第二章中论述了诗意克服法则暴力,在第三章中论述了例外克服法则暴力,在本章中将集中论述正义克服法则暴力。克服法则的暴力,也就意味着必须有法则,不能陷入绝对的混乱和无序,不是毫无秩序的例外状态。如何保证有法则,但法则又不是暴力的,而是正义的?这正是德里达所集中面对的问题。德里达并没有像阿甘本那样试图将法律和生命的关联截然打断,并将法律推向例外状态。德里达一方面认为必须有法则,这不仅因为有法则才能保证社会秩序,更因为正义不能直接显现,只有通过法则才能显现出来。另一方面,德里达认为不能只是法则,也就是说不能仅是简单地服从于法则,在关于法律的决断中必须同时服从法则又创造法则,法则必须受到正义幽灵般地萦绕。法则正是在法律、正义和暴力的疑难中呈现出来的,德里达分别通过自然和法则之争、文学的建制和法律的建制来论述如何克服法则的暴力。在对模仿论的解构中,德里达与狄德罗、荷尔德林一起展示了自然和法则之争,从而表明文字、文学、技术这些替补正是对在场暴力的冲击。

一

从狄德罗的《演员悖论》到荷尔德林的致伯伦朵夫书信,再到德里达论阿尔托的残酷戏剧,围绕戏剧问题展开了对模仿论的反思。从狄德罗、荷尔德林至德里达,存在着一条现代模仿论的解构线索。这一解构的实质是围绕自然和法则之争展开的,从而逐步呈现了文字、文学和技术作为在场的替补、原初的记忆,要先于自然和法则的区分,正是前者使自然和法则的区分成为可能。文字、文学和技术是对主体的丧失、本源的缺失和在场的缺席的经验,构成了对在场暴力的批判。文字、文学和技术作为原始文字,均源于对原初事件的回应。在原初事件中,品达意义上的主权者,即至高的法则,间隔本身,对纯洁的自然和习俗的法则进行区分,留下踪迹。

《演员悖论》一开始是狄德罗关于一本题为《嘉里克或英国演员》的小册子的评论,但是狄德罗在随后的十年中不断修改充实直至生命的终点。由此可见狄德罗对这一文本的重视。正是在模仿问题上,狄德罗僭越了时代思想的边界。从狄德罗的言说中,可以区分出三种形象:第一种是特殊的人物,譬如某个吝啬鬼。第二种是文学形象,在表演中就成为剧中人,这样的人物形象承载了文学的文学性。第三种形象是生命形象,这就是狄德罗所说的理想范本。狄德罗认为模仿的对象应该是第三种人物形象。只能表演某个吝啬鬼的演员仍然是性格演员,真正的演员应该表演出"标准的吝啬鬼"。标准的吝啬鬼不是某个特殊的吝啬鬼,也不是很多吝啬鬼的总和,而是吝啬鬼本身。吝啬鬼本身、"美本身"才是演员要去着力表现的,从而超越特殊的"这一个"。但是他并没有意识到,在他之后的若干世纪,最难的却是如何去言说"这一个"。追求理性、标准、范本是启蒙时代的特征。

狄德罗所说的范本和柏拉图的理念是相通的。甚至,狄德罗还戏仿了柏拉图的三张床的例子。他说:"你的作品和你的模特儿之间的差距,相当于你的模特儿和理想范本之间的差距。"①于是,作品与理想范本之间就隔了"三层"。表演就是要把模特儿提高到标准的高度,予以夸大,从而达到理想范本。在柏拉图那里,从理念的床到画家的床,是真理性逐级递减的过程。狄德罗将这一过程反过来叙述,成为了如何从特殊的"这一个"提升到普遍的理想范本的过程,这一过程是真理性逐级上升的过程。他以雕刻为例,首先有第一个范本,经过修改弥补有了第二个范本,最后经过不断地劳作形成第三个范本即形象。第三个范本即理想范本是经过夸

---

① 狄德罗:《狄德罗美学论文选》,张冠尧等译,北京:人民文学出版社,1984年,第310页。

大得来的,但是狄德罗指出:"既然它是理想的,它就是不存在的。"①这样的范本是一个"伟大的幽灵",它虽然不存在,但却来源于感觉经验。

狄德罗不再将范本视为一个理念,但是他仍然虚构了范本的存在。这一"虚构"和"夸大"的过程是想象力和天才的作用。因此,一方面唯有通过虚构范本的存在才能维护模仿论原本和摹本的真理秩序,从而维护模仿论。另一方面由于范本不再是真实的存在,而是想象力和天才的作用,他又在模仿论的内部为模仿设置了危机。启蒙思想家开始频繁地谈论天才。直到康德揭示了天才的秘密,天才是自然和法则的结合,他既是自然的,同时又无意识地达到法则。狄德罗通过夸大的范本达到法则,这其实是一种崇高的形式。

狄德罗区分了易动感情的演员和不动感情的演员。所谓易动感情的演员其实就是依靠自然禀赋表现的演员。狄德罗认为易动感情的演员或许能在某些时刻表现得很出色,但是在整体上将是一塌糊涂的。狄德罗已经指出了自然本身的缺乏,触及了古老的自然和技艺之争。他说:"一个人就是他自己,这是出于自然;一个人成为另一个人,却是出于模仿。"②于是自然和模仿结合起来了,模仿获得了自己的独立的真理性地位。而且,模仿作为"成为另一个人"的前提条件,因此是成为他者的可能性条件。在另一处,他还指出"只有自然而没有技艺,怎么能造就伟大的演员呢?"③易动感情实质上就是对自然的模仿,但是狄德罗指出仅仅有对自然的模仿还是不够的,因为自然本身就是有缺陷的,在这个意义上自然需要技艺的补充。狄德罗已经打开了模仿论的内在裂隙。拉库-拉巴特将此问题回溯到亚里士多德在《物理学》中的类似表述:"一般地说,技艺活动一是完成自然所不能实现的东西,另一是模仿自然。"④技艺打碎了模仿自然的复制和等级的序列。在德里达的《论文字学》中进一步对自然和技艺的问题进行了解构,讨论了"危险的替补"。

---

① 狄德罗:《狄德罗美学论文选》,第 311 页。
② 同上书,第 326 页。
③ 同上书,第 279 页。
④ 亚里士多德:《物理学》,张竹明译,北京:商务印书馆,2004 年,第 63 页。

技艺的替补和模仿的替补其实来源于本源的缺失,主体的丧失才会有技艺和模仿的需要。狄德罗是从演员的双重人格切入这一问题的:"她在听着自己,看着自己,判断自己,判断她在观众中间产生的印象。在这个时刻,她是双重人格;她是娇小的克莱蓉,也是伟大的亚格里庇娜。"①演员在舞台上凭着对人性的了解和良好的判断力,将自身从自身中分离出去,将自身作为他者,并且使自身成为戏剧表演的旁观者。这已经不再是主体性内部的自说—自听的声音回响,而是将自身设置在自身的面前。这样的"我"就不再是康德意义上的先验自我,不是伴随表象的我思。如果说在笛卡尔和康德那里我还是 ego,那么在狄德罗那里就是我自身(oneself)和我自身作为他者(oneself as other)。于是在自身和他者之间打开了一个主体的空间场域,这里已经有了外在性的先兆。这一主体的空间场域所进行的不再是主体内部的反思,而是在范本的要求下,作为他者的自我向自我投来审视的目光,同时还要审视自我和他者在观众之中产生的印象。我思的反思性已经成为了在主体的空间场域中的判断。这一判断不仅是对角色形象和观众反映的判断,同时还是对表演本身的判断。演员将自己的注意力集中在模仿这个虚拟的幽灵,以至于这个幽灵式的范本转过来驾驭着演员。

狄德罗指出:"演员之所以能表演各种性格,正是因为他们本来没有性格。"②类似的表述还有:"伟大的演员是一切人,或者谁也不是。……因为他谁也不是,所以他才能唯妙唯肖地成为一切人。"③这也就指出了主体或者"我"仅仅只是一个幻象。主体性或者"我"的内在核心是空的。正因为主体是空的,因此一个人才可以成为一切人。狄德罗指出主体在本源上就是缺失的,但是他仍然局限于表演的模仿机制,并没有指出这是人之为人意义上的本体缺失。拉库-拉巴特从主体的丧失(the loss of subject)角度分析狄德罗,他追问究竟什么是演员的天赋?他指出:"天赋的礼物是非本己的礼物(the gift of impropriety),成为无(being nothing)的

---

① 狄德罗:《狄德罗美学论文选》,第 283 页。
② 同上书,第 320 页。
③ 同上书,第 312 页。

礼物,甚至我们可以说:无的礼物(the gift of nothing)。"①主体没有一种可以居有的天赋。若要说主体有天赋,那么这样的天赋也是被给予的礼物,而这一礼物恰恰是无(nothing)。正因为主体是无,所以可以超越经济和交换。② 在表演者一方是"谁也不是",表演者自身就是一个幽灵。同时,在被模仿的范本一方是表演者自己创造出来的"幽灵"。因此,在表演者和范本之间,是幽灵对幽灵的模仿。但是,在范本问题上,狄德罗仍然有着范本的形而上学残留。

二

拉库-拉巴特在《狄德罗:悖论和模仿》的第七个脚注中提到,Roland Mortier 考证出狄德罗的《演员悖论》在 18 世纪后十年可能在德国流通,歌德、席勒与荷尔德林可能都受过该文的影响。③ 荷尔德林曾写作悲剧《恩培多克勒之死》,但三易其稿都未能完成。悲剧写作的失败使得荷尔德林意识到在现代写作古代悲剧的不可能性,德意志模仿希腊的不可能性。在 1801 年 12 月 4 日和 1802 年 11 月致伯伦朵夫的两封书信中,荷尔德林以不可模仿为前提,更为深入地触及了本己和陌生的关系,指出本己和陌生都是习得的。荷尔德林比狄德罗更为彻底之处在于,从根本上取消了范本,进一步推进了模仿在自然和法则之间替补关系的理解。

他指出希腊的自然和天赋是"天空的火焰"(Frueer vom Himmel)、"神圣的激情"(heiligen Pathos)。希腊的文化和法则却是"庄严的清明"(Junonische Nüchternheit)、"表达的清晰性"(die Klarheit der Darstellung)。对于西方(Abendland)④而言,自然是"庄严的清明"、"表达的清晰性",而文化、法则却是"天空的火焰"、"神圣的激情"。在《恩培多克勒之死》的悲剧中,荷尔德林还引入了埃及。埃及的自然是庄严的清明和表达的清晰性,而埃及的文化和法则是天空的火焰和神圣的激情。实际上,荷尔德林梳

---

① Philippe Lacoue-Labarthe, *Typography: Mimesis, Philosophy, Politics*, London: Harvard University Press, 1989, p. 259.
② Ibid., p. 260.
③ Ibid., p. 252.
④ 希腊和西方的区分不仅是地理上的区分,同时还是时间性和历史性的区分,西方(Abendland)作为傍晚之国已经隐含了命运的失落和世界之夜的来临。

理了从埃及到希腊再到西方的精神发展史。① 荷尔德林着重分析的是希腊和西方的精神关系。在希腊和西方之间,在自然和文化、法则之间,在本己和陌生之间,究竟发生了怎么的交织和倒转?希腊曾经过悲剧精神衰弱和希腊化的过程,荷马被荷尔德林视为转折的关键。荷马丢失了希腊"天空的火焰",丢失了它们的本己之物。相反,荷马通过习得西方的"庄严的清明"而成为表现的大师。这说明自然和天赋恰恰是守不住的,本己之物连自身都无法把握。正如荷尔德林所说,自由地运用民族性的东西是最为困难的。在埃及和西方之间,似乎在自然和文化、法则上几乎可以对应,这表明了与其说西方靠近希腊,还不如说西方更接近埃及。②

拉库-拉巴特指出西方的自然(清醒)不能承受希腊的文化和法则,西方的文化和法则(神圣的激情)也不能承受希腊的自然。③ 拉库-拉巴特在这里引入了"文化"、"法则",从而将自然和文化、法则区分开来。在希腊和西方之间,没有什么是可以模仿的,荷尔德林在书信中内在地瓦解了模仿的幻象。荷尔德林指出在西方和希腊之间并没有共同的"生机勃勃的关系和秩序"(lebendigen Verhältnis und Geschick),而是说在将"生机勃勃的关系和秩序"都视为至高无上这一点上是共同的。从而,荷尔德林彻底地否定了模仿希腊的可能性。但是荷尔德林没有进一步追问自然和文化、法则的替补关系,这是德里达的贡献。既然在希腊和西方之间不存在着模仿关系,也就不存在一个理想的范本。荷尔德林进一步指出本己(das Eigene)和陌生(das Fremde)一样必须是习得(gelernt)的。本己之物自己无法守住,譬如希腊自己就丢失了"天空的火焰"。而民族性本己包含习得的成分,文化更是习得之物。本己无法守住,且本己自身也是习得的。转化陌生之物而来的也不是本己之物,因为它仍然是陌生的。于是本己是陌生的,而陌生仍然保持为陌生。在这个意义上,本己和陌生都是习得的、他异的。这恰恰敞开了巨大的可能性,不能将自然、文化、法则居为己

---

① See Andrzej Warminski, Rodolphe Gasché, *Readings in Interpretation*: *Hölderlin*, *Hegel*, *Heidegger*, Minneapolis: University of Minnesota Press, 1987, pp. 19—20.

② Ibid., pp. 19—20.

③ See Philippe Lacoue-Labarthe, *Typography*: *Mimesis*, *Philosophy*, *Politics*, p. 247.

有,而是实现自身的倾空,将自然、文化、法则都视为习得之物,视为礼物。

对模仿的解构必然会回溯到主体的缺失。在康德之后,费希特、谢林、诺瓦利斯等都在寻求高于先验统觉的绝对。康德认为人只有感性直观,而没有理智直观。整个德国浪漫派都在追寻理智直观的可能性并以此重置康德的哲学根基。荷尔德林不再认为存在着费希特所言的绝对自我,而是发现了个体的有限性。在《德国唯心主义的最早纲领》中荷尔德林仍然相信理智直观的存在。但是从《恩培多克勒的根据》开始,荷尔德林为自我设置了禁苑(nefas):直接达到对大全和总体的认识是不可能的。在《论诗歌类型的区别》中,荷尔德林写道:"悲剧的,表面上为英雄的诗歌按其意义是理想的。它是理智直观的隐喻(die Metapher)。"[1]有学者指出:"在这里,荷尔德林是在其字面意义上,在希腊语的 metophora 意义上使用'隐喻'这个词的,它的意思是转换,转化。"[2]这也就说明了绝对显现的不可能性,因此,绝对通向的并非是对大全和整一的要求,而是判断(Ur-teilung)和区分,荷尔德林重新回到个体的感性中来,但他所言的感性不再是康德认识论意义上的感性。荷尔德林的个体感性是被总体和大全判断(Ur-teilung)和区分出来之后,成为了无总体的个体。这样的个体在对大全的分享上是缺失的,同时正义无法在个体之间达到正当的分配。个体只有在绝对的时刻,才能与至上的法则(Gesetz)达到一致。如果说狄德罗的自然和至上法则的一致统一在天才上,那么荷尔德林的自然和至上法则在悲剧英雄死亡的时刻相遇。荷尔德林这里所指的自然实际上是自然强力,它将悲剧英雄拖向漫无边际的死亡疆域。这里所指的至上的法则是品达意义上的主权,它只能以间接性的方式呈现。主权法则直接与悲剧英雄相遇,就会造成悲剧英雄的死亡和献祭。荷尔德林如此标记:记号=0。荷尔德林以"0"来标记悲剧英雄的死亡,也正是发现了个体的空无。甚至可以说荷尔德林发现了三重空无。第一重空无是个体的空无以及理智直观的不可能性。第二重空无是众神的远离和世界之夜的来临。而在人和神之间还有第三重空无:绝对的空无,这一层空无就是荷尔德林所说

---

[1] 荷尔德林:《荷尔德林文集》,戴晖译,北京:商务印书馆,1999年,第240页。
[2] Miguel de Beistegui and Simon Sparks ed., *Philosophy and Tragedy*, London: Routledge, 2000, p.80.

的"双重的不忠",在人的空无和神的空无之间是间隔的空无。布朗肖在《文学空间》中要求坚守这一间隔的空无,不要去填满它,而是保持空无的忠诚。

三

狄德罗感兴趣的是严肃剧,荷尔德林倾心于悲剧,而德里达则对残酷戏剧和哑剧别为动心。德里达揭示了模仿源于在场和再现的需要。在古典戏剧的形而上学中通过整体再现的方式压制了生命自己的展现。德里达认为模仿就是最天真的再现形式。残酷戏剧要摧毁的正是这种再现、模仿,它强调的是直接性、生命的肯定性,因此阿尔托试图摆脱文本和上帝—作者。然而德里达要走得更远,在陈述阿尔托解构模仿的同时,德里达也在解构阿尔托。他认为阿尔托的关闭古典再现其实仍然根源于一种在场的诉求:"所以此乃古典再现的关闭,但却同时也是对原初再现的某种关闭空间的重建,是对力量或生命的元显现(l'archimanifestation)的重建。"① 阿尔托将生命的元显现交付给身体的直接在场,但没有意识到身体自身的不可触及和他异性。

阿尔托和尼采一样,试图通过生命展现的酒神式艺术来驱除模仿的魔咒,生命展现竭力排除任何污染。阿尔托追求的其实是比再现更为本源的"当下在场","当下在场"比再现更为完美。"当下在场"驱逐了文本和上帝—作者,但是那未经污染的大写的逻各斯却以真正的"当下在场"展现出来。在《论文字学》中德里达解构了卢梭的节日戏剧。在生命的肯定性的戏剧形式中,构成了卢梭—尼采—阿尔托的酒神艺术的思想线索。卢梭谴责演员与被表演者的分离,他设计了一种集体的露天节日演出,这样的演出取消了演员与被表演者、观众和演员的差异。但是德里达认为,光明正大的出场只不过是为了避免危险的替补。② 节日演出与残酷戏剧一样,都持着于"当下在场",这是一种"此时此刻"的神话。

---

① 德里达:《书写与差异》,张宁译,北京:三联书店,2001年,第427页。Jacques Derrida, *Writing and difference*, trans. Alan Bass, London and New York: Routledge & Kegan Paul, 1978, p.300.

② 参见德里达:《论文字学》,汪堂家译,上海:上海译文出版社,2005年,第449页。

在《二部讨论》中,德里达将柏拉图的《菲利布斯篇》中的一段文字和马拉美的《模仿》并置,从柏拉图到马拉美就是西方的模仿史。自柏拉图以来,在场形而上学对模仿就持有双重态度。在《二部讨论》的第十四个脚注中德里达分析了柏拉图论模仿的含混性,柏拉图驱逐荷马是因为模仿,而谴责巴门尼德却因为不模仿等等。① 与此相类,卢梭在《语言起源论》中分析说话和歌唱时也采用了同样的策略。总的说来,在场形而上学一方面要利用模仿,譬如在卢梭那里,模仿是歌唱的可能性条件,并通过模仿,人逐渐脱离了兽性。因此,自然需要模仿,模仿可以作为自然的补充。但是另一方面,既然模仿只是补充,那么就不可能给自然增加什么,因为自然本身是完满的、透明的在场。模仿作为危险的替补,会潜入在场的内部并污染在场。于是,模仿随时可能被自然隔离出去。卢梭陷入形而上学的关键在于持守在场的完满性,没有真正承认自然在本源上的缺失,也就无法真正承认替补的在先性。

德里达在《论文字学》中呈现了自然和文化、法则的双重约束,其中关键在于理解想象力、技术和模仿术在区分自然和文化中的关键作用。譬如卢梭一方面认为怜悯是自然的,但是另一方面他又认为没有想象力的激发就无法产生怜悯。德里达直接切中了卢梭思想中的内在悖论,作为自然的怜悯却需要想象力的激发,需要补充、替代。因此德里达指出:"替代早已开始;模仿、艺术的原则早已打破自然的充盈;在成为话语之前,它早已损害分延中的在场。"②德里达呈现了模仿的替补逻辑。模仿不仅使得艺术成为可能,而且使得自然成为可能。自然和文化的区分正是以模仿、技艺为前提的,模仿和技艺使得区分成为可能。模仿和技艺是对区分的可能性前提进行思考。因此,本没有自然和文化的区分,是模仿和技艺使得区分成为可能的,但是在历史中存留的恰恰是模仿和技艺的残留物,是区分的痕迹和废墟,是文字,是金字塔,是différance 中沉默的 A。

哑剧是一种"姿态书写"。在哑剧演出之前没有剧本,在姿态书写之前不模仿文本和作者——上帝,相反剧本是在演出之后才产生的。因此,原本、范本和理念是不存在的。但是德里达和马拉美

---

① Jacques Derrida, *Dissemination*, trans. Barbara Johnson, London: The Athlone Press, 1981, pp. 186—187.

② 参见德里达:《论文字学》,第316页。

并不是要取消模仿,以一种去蔽或者节日戏剧的方式来取代它。德里达所表现的是"不模仿任何东西的模仿"、"没有先例的模仿"。这是一种奇特的双重模仿:表演者既要表演皮埃罗,又要表演哥伦拜;既表演男性又表演女性;既是死亡又是生命;既是有声又是无声。"皮埃罗既是一张纸,又同时是一支笔,既是被动者,又是主动者,是事物的本质,又是事物的外部形式,是作者,又是哑剧的手段及原始素材。"① 这种双重性取消了原形和摹本。德里达没有取消并不指寓什么的指寓,没有去打碎那面镜子,而是保留镜子的反光但是并不去探索镜子背后的意义。哑剧是镜中之镜,是幻象,如梦游一般。哑剧作为姿态书写,在姿态的能指和能指之间保留了模仿的差异结构。姿态作为同一的差异,以及差异的同一之后的再差异,产生了延异。哑剧演员的姿态书写在模仿和模仿之间,置身于舞台的差异结构中。德里达用"处女膜"(Hymen)来描述这一差异结构,这与《播撒》中的《柏拉图的药》的"药"是相通的。处女膜是一个"在之间"(in-between)的位置,是一个中介,它的句法是"既非……也非……",同时也是"既是……也是……",它混淆了现时和非现时、记忆和欲念、感知和非感知。处女膜的位置不再有"当下在场",不再有"完整再现",它是模仿的模仿,是记号和记号的差异,它以"在之间"取消了中心。

表演者的双重模仿已经使自身成为了姿态记号,在姿态记号的差异中产生出无所指的暗示。这样的记号是空的,表演者的双重模仿也表明了表演者的主体自身是丧失的,他并没有自身,因此始终可以成为他者。在《残酷戏剧与再现的关闭》中德里达论及生命:"生命乃是再现的不可再现性之源。"② 德里达是以不可能性的思想为前提的。生命本身是不可再现的,也是不可模仿的。这是生命本身的不可居有,也是模仿的不可能性。于是我们再次回到了主体丧失,正是主体、本源的丧失,才需要一个范本来作为对本源丧失的替补。因此,德里达说模仿先于真理。在真理的开端处,就已经有模仿先行在前了。在没有本源、没有范本的情境中,模仿

---

① 德里达:《文学行动》,赵兴国等译,北京:中国社会科学出版社,1998 年,第 87 页。Jacques Derrida, *Acts of Literature*, ed. Derek Attridge, New York: Routledge, 1992, p. 148.

② 德里达:《书写与差异》,第 420 页。Jacques Derrida, *Writing and Difference*, p. 294.

是对模仿的模仿,于是释放了差异和无尽的播撒。模仿不再溯源到一个范本中去,而是在能指之间展开差异的链条。在哑剧事件中,什么也没有发生,有的只是差异和差异所指向的暗示,但暗示并没有所指。哑剧是无对无的图解,是白纸的舞蹈,从无回归到无。其中的姿态记号从无中展现出时空,同时又再次将时空重新标记为无。作为无的戏剧,敞开了一个戏剧舞台的可能性空间,使得姿态的书写成为可能。于是模仿转换成了一种暗示的差异方式,暗示打开了未来的时间,朝向一个不可内化的他者。

四

模仿问题一开始就和戏剧、表演紧密关联在一起。来到戏剧和表演面前,就不得不面对模仿问题。因此,戏剧、表演和模仿是相互捆绑的。柏拉图和亚里士多德对模仿的讨论多半结合戏剧。德里达直接点明了戏剧和模仿的关联:"戏剧艺术应当是瓦解模仿最重要的而且具有特权的场所:因为它比其他艺术曾更多地被这种整体再现工程所标识,而在这种整体再现工程中,生命的肯定性让自己被那种否定一分为二并掏空。"① 也正是在戏剧舞台中,自然和技艺、法则之争以及原本、范本与摹本的形而上学距离指向了对模仿术的古老指控,指向了对在场暴力的批判,而且在戏剧中由于演员自身作为模仿者,模仿与主体、生命的关系得以直接关联起来。

在当代法国,对模仿论的解构主要沿着两个方向进行,一个方向在于瓦解模仿论的形而上学基础,另一个方向在于揭示模仿竞争的献祭牺牲机制。前者以德里达和拉库-拉巴特的解构阅读为代表,后者以基拉尔的人类学解读为代表。② 拉库-拉巴特通过对狄德罗的解读将模仿论的解构线索还原到了启蒙时代,而荷尔德林对现代悲剧和古代悲剧的思考进一步推进了模仿论的解构。但是对模仿论的彻底解构还要归于德里达。从狄德罗到荷尔德林再到德里达,围绕戏剧的模仿问题,对模仿的解构逐步加深。他们对

---

① 德里达:《书写与差异》,第421页。Jacques Derrida, *Writing and Difference*, p. 295.

② See Mihai Spariosu ed., *Mimesis in Contemporary Theory: An Interdisciplinary Approach*, Philadelphia & Amsterdam: John Benjamins Publishing Company, 1984, p. 65.

传统模仿论的解构主要包括三个环节:第一,瓦解原本或范本与摹本之间的形而上学距离。第二,从自然和技艺、法则的背景中呈现模仿的替补自然的结构。第三,追问主体的丧失,呈现模仿替补生命的结构。三人解构模仿论的角度各有侧重并逐渐深入,由此构成了一条现代模仿论的解构线索。

从柏拉图的理念到狄德罗的范本,再到荷尔德林对模仿范本希腊的不可能性的呈现,范本逐渐被瓦解了。柏拉图的理念是真理,而狄德罗的范本来自想象力的夸张,是虚构的并不存在的理想预设。但是狄德罗仍然信任这一被演员自身虚构出来的范本。狄德罗仍然信任模仿,要使模仿成为可能,就必须设置摹本和范本的真理距离。因此,他照搬了柏拉图的与真理隔着三层的隐喻。荷尔德林发现温克尔曼式的希腊并不存在,希腊范本只是一个幻象,更关键的是荷尔德林呈现了希腊和西方的差异性,两者之间并没有什么共同之处。"本己和陌生都是习得的"摧毁了本源幻象,自然就不再存在一个范本可以模仿。德里达通过皮埃罗弑妻的哑剧表明范本和摹本都是同一个人,范本即摹本,摹本即范本,也就不存在范本和摹本的差异了,或者说范本和摹本的差异已经转换为差异的自身展开。

从希腊开始,在场形而上学就对模仿持有双重态度。狄德罗受亚里士多德影响,承认自然存在着缺憾,艺术、技艺作为模仿就是要补充自然的缺乏。因此,狄德罗称演员不能仅仅靠自然禀赋,更重要的是模仿的技艺。与卢梭谴责演员的自身分化不同,狄德罗热情地歌颂了演员成为他者的模仿术。但是,狄德罗仍然信任自然是完满的在场。荷尔德林对本己和陌生的解读不再认为有完满的自然,一切自然都是习得的,而文化和法则也是习得的。于是自然和文化、法则都是习得的,自然在本源上是空缺的。直到德里达才真正揭示了自然和文化的双重约束,在自然和文化之间作为技艺的模仿术潜入自然的完满性,并且在自然构成之先就已经先行在场了。因此,模仿术比自然更为本源,模仿术污染自然并且使得自然成为可能。德里达对技艺、模仿术、技术的发现是极具前瞻性的思想,斯蒂格勒《技术与时间》中的相关研究也应得到重视。

模仿不仅仅是对自然本源缺失的替补,还是对生命的主体丧失的替补,模仿就是成为他者。狄德罗表明演员是一个幽灵,一个好的演员没有性格,以至于能够表演一切性格,能够成为他者。正如人类得到的礼物是无,模仿术就来源于对这一空无的替补。荷尔德林不同于费希特、谢林,他认为理智直观仅仅只能以隐喻和转换的方式达到,悲剧作为理智直观的隐喻。但是人若真的要接近绝对、达到理智直观,只能通过个体献祭的方式:记号=0。荷尔德林回到了个体感性的有限性中。德里达和拉库—拉巴特则直接从主体丧失的角度规定人类,主体的丧失指向了主体的倾空,而不是主体的自行居有,主体的丧失瓦解了僭越的主体哲学。文字、文学和技术,作为对事件的原初回应,恰恰是至高法则所做出的原初区分,是原初的标记。

对于艺术而言,关键就在于作为技艺的模仿术。替补作为缺席的经验,构成了对在场暴力的解构,而法则的暴力正是一种在场的暴力。文字、文学和技术作为对在场的替补,超逾了自然和法则之争,它作为原始的记忆,源于原初的事件,它是原初事件所残留的踪迹,比自然和法则都更为古老。在德里达看来,"原始文字,言语的最初可能性,狭义上的'文字'的可能性,是从柏拉图到索绪尔一直遭到指责的那个'僭越'的策源地,这种痕迹乃是最初的一般外在性的开端,是生与死、内在与外在的神秘关系即间隔。"①原始文字,作为原初的区分,正是品达意义上的至高法则的力量,就是间隔本身。文学作为打开差异和区分的力量,分离着纯粹的自然和作为习俗的法则,并将两者结合在天才的概念中。而天才,本身就是至高法则在人身上的降临,就是作为君王的法则所实现的至高区分。对模仿论的解构超逾了自然和法则之争,从而敞开了对至高法则的思考,而至高法则是一种事件的标记。由此,文学就不再是模仿,而是对事件的回应,是面向缺席之物的原初铭刻。

第十一节 在法的前面

德里达在《在法的前面》、《类型的法则》等文章中论述了文学和法的关系。在德里达看来,文学的建制有四个不言自明的前提:同一性、作者、叙述、标题。这种文学的建制就是文学的法,但文学的法始终在独特性与历史性、署名和副署的差异之中。德里达通过标题的内外位置、道德法的高低位置,说明这些法的逻辑是禁

---

① 德里达:《论文字学》,第101页。

令/被禁止的,一个自我禁止的禁令,是自身延迟的力量。德里达也指出法作为一种类型的区分,其核心恰恰是污染和混杂,一切类型法则的法则都存在着内在性的分裂,这已经是对法的同一性的解构了。法保护着文学的建制,但同时法也需要文学的叙述。文学解构法,但同时也需要法。文学和法一直处于这种双重的关系中,然而,文学始终具有解构法的力量。文学在法的保护下,被允许讲述一切。文学作为一种习语可以解构法的暴力,从而向着最大限度的民主开放。这一最大的限度的民主也是不可能的正义。文学提供了超逾法则的正义,在虚构中向着不可能的正义开放。

一

在《在法的前面》一文中,德里达提出了一个双重问题:"是谁决定、谁判决,又是按照什么标准,说它属于文学呢?"①德里达思考的是文学的建制,即将某一文本视为文学的机制。德里达针对卡夫卡单独抽取出来的小说《在法的前面》,指出了这一文本具有四个不证自明的前提,这些前提保障了该文本的类型。首先,这个文本具有它自身的同一性、独特性和统一性。这个文本有开篇和结尾,也有界限和范围,该文本收录于德国正式注册出版的卡夫卡作品集里。这个原始版本的正式注册出版,其独特的范围标记意味着这个作品是独特的,具有自身的同一性。原始版本的出版是法定的,受到了法的保护和制约,也就是说这个文本的同一性、独特性和统一性得到了法的保证,得到了法定条款的授权。虽然这套授予文本独特性权利的法定条款是在历史中形成的,具有其独特的历史性。但是这种具有历史性的法在授予权利的时候,俨然是自然法,似乎是没有历史的。德里达指出:"不是说文本因此就是去历史的,而是说历史是由可重复性(iterability)构成。没有可重复性就没有历史,在整个语境或者语境的某些要素缺失的情况下,可重复性也让踪迹继续发挥作用。"②法的绝对性恰恰依赖于重复性,法离开历史的重复,离开解释的重复,就不可能获得其非历史的绝对特征。法置身于可重复的结构之中,具有一种似是而非的历史性,同时法对于独特性的授权也是似是而非的。

---

① Jacques Derrida, *Acts of Literature*, p. 187. 德里达:《文学行动》,第 124 页。
② Ibid., p. 64. 德里达:《文学行动》,第 30 页。

第二个不证自明的前提是这个文本有一位作者。这位作者名字叫弗兰兹·卡夫卡,这是取得公民资格由法保护的真实名字,真实的作者身份和作品中虚构的人物区别开来。德里达认为正是基于真实和虚构的差别,第一个前提即同一性、独特性和统一性才有可能。这种区分的根据在于法,但是这种法有其自身的历史,用以区分真实和虚构的法还只是晚近版权兴起之后的产物。这种区分实际上十分脆弱,譬如如何看待真实作者扮演作品中的虚构人物,如何看待未完成作品是否具有其同一性、独特性和统一性,如何看待圣杯传说的著作权和作者问题。德里达指出,这种区分对于任何时期、任何作品都是脆弱的。文学一方面有着绝对单独的署名和日期,同时这一单独的署名和日期是重复的。德里达提出了副署概念(countersignature):"副署通过确认他者的签名来签名,但也在一个绝对全新的、创立的方式中签名,两者是同时的,就像每一次我通过再签一次来确认我自己的签名:每一次都用同样的方式,而每一次又都不同,是又一次地,在另一个日期。"①一个作者的签署总是等待着一个他者的副署,而一个文本最终签署的永远是他者。每一次签署都意味着需要再次签署,一次不同的但又牵制于历史性的签署。签署和副署同时都在署名的差异和折叠之中。

　　第三个前提是这个文本被认为是叙述出来的,而叙述几乎不假思索地被认为是文学的特性,因此这个文本属于文学这种类型。叙述是对文本的组织方式,将文本的每个部分安置在叙述的整体之中。但是德里达指出这一前提也是不充分的,因为编年史或日常见闻录虽然也是叙述却并不属于文学。同时,虚构、比喻、象征或寓言的叙述也并不是文学的唯一特性,也有很多文本具有这些特点但仍然不属于文学。并非所有的叙述都属于文学,也并非所有的文学都属于叙述。在文学和叙述之间,存在着一种交叉,但是叙述并不构成文学的文学性,并不足以说明何谓文学。在《播撒》中,德里达认为写作就是嫁接:"写作即嫁接(graft)。这是同一个词。言说某物,就是复归其被嫁接状态。嫁接不是发生到某物本己性的事物。"②任何文本都是一个织体,都是各种文本的嫁接,在

----

　　① Jacques Derrida, *Acts of Literature*, pp. 66—67. 德里达:《文学行动》,第33页。

　　② Jacques Derrida, *Dissemination*, trans. Barbara Johnson, London: The Athlone Press, 1981, p. 355.

任何文本的内部都有异质性的东西,都有其他文本的穿插。唯有凭借嫁接,写作才是可能的,叙述才是可能的。叙述不是单一的,而是以嫁接的方式来叙述,因此在叙述的内部就有着与叙述自身无法同一的异质性。叙述自身也需要嫁接。

第四个前提是一篇作品的标题。标题位于文本的开头,且与文本拉开一定的距离,这一标题具有法的效力。标题使得该文本可以与其它文本区别开来,与签名一道使该文本具有同一性、独特性和统一性。这是加上标题独立发表的《在法的前面》与《审判》中神父所讲述的故事的不同之处。[①]《在法的前面》这一标题已经作为法定名赋予了文本的独特性,法已经授予了该文本的独特资格。德里达论述卡夫卡的《在法的前面》,其文章标题直接引用了卡夫卡原文的标题"Vor dem Gesetz"。德里达认为这不只是一次引用,而是同音异义的修辞策略,通过这种修辞策略展现了标题的差异和功能,使得标题的内涵朝着另外一个方向发展了。而且,卡夫卡的《在法的前面》摘自于《审判》第九章由神父向约瑟夫·K所讲述的,这个故事在《审判》中是用引号标记出来的。从《审判》中括在引号中的故事,到卡夫卡删去外面的引号加上标题独立发表的《在法的前面》,再到德里达以同音异义的标题论述卡夫卡这篇小故事的《在法的前面》,这在故事、引号、标题之间展开的文本穿插触及了文学的建制。以上所述的四个方面即同一性、作者、叙述和标题构成了文学的基本建制,作为决定何种文本属于文学的双重问题即由谁决定和按照什么标准,这种文学的建制就是文学的法。但是文学的法始终在独特性与历史性、署名和副署的差异和折叠之中。

二

从标题的位置入手,德里达展开了法的地志学和拓扑学。在卡夫卡单独抽取出来的作品《在法的前面》中,标题位于整个文本的上方,因此,标题属于内容的外部。标题并不具备内容的结构,标题与内容的组织方式是不同的。然而,即使标题属于内容的外部,这个外部仍然是文学的组分。标题处于内容的外部,又处于文学的内部。虽然标题已经属于文学的内部,已经是文学的要素

---

① 卡夫卡:《卡夫卡全集》(第三卷),叶廷芳主编,河北:河北教育出版社,1996年,第171—177页。

了,但是它与内容本身是不同的,因为标题还承担着文学的建制作用,譬如它更靠近作者的版权,应用于图书馆的分类编目,如此看来,标题又似乎并不完全是文学的了。在标题"在法的前面"和文本的开首语之间是题语"在法的前面"的双重性和分裂,因为它既是标题又是开首语。在标题和开首语之间,有着一条分割线。这一条分割线将自身区别开来,并让自身与自身相对。这一条分割线划分了不同的版图。在法的前面,标题和开首语相对,这种相对也是法的授权与文学的建制。两位主人公也如同标题和开首语,被传唤到了法的前面,他们都立于法的前面。但是门卫和乡下人相对于法的位置仍然是有差异的,门卫背对着法,而乡下人却朝向法,两人以对立相反的方向面对法。德里达如此论述门卫和乡下人的这种面对面:"两位主人公都在法的前面出场,但一者与另一者相对,分别处于倒转线(a line of inversion)的两边,这条倒转线在文本中的标记恰好就是标题与叙述整体的间隔。"①因此,在门卫和乡下人之间,在标题和开首语之间存在着间隔,一个间隔的倒转线在分离、切割。间隔是一种差异,是无尽地生产差异的方式。但是间隔同时受着法的支配,或者说法支配着间隔的差异,然而间隔的差异始终要从法的建制中生产出来,法的建制甚至依赖于间隔。德里达找到了这个文本的间隔位置,这正是法的发生地。

德里达不仅论述了标题与文学的内外关系,还论述了高低关系。卡夫卡在文本中说:"当他现在仔细地打量了一下穿着皮大衣的门警,看到他那高高的大鼻子,他那鞑靼人的稀稀拉拉、又长又黑的胡子,他决心宁可等下去,直到他获准进去为止。"②德里达将卡夫卡和弗洛伊德关联起来,认为门卫的鼻子象征着生殖区。而在卡夫卡的文本中,也出现了门卫和乡下人的高低关系,在乡下人临终时,门卫已经不得不深深地躬下身去。德里达试图通过高低关系来揭示道德的起源。弗洛伊德认为压抑是道德法的本源,而压抑与直立的姿态所具有的高度有关。人因为直立,从而在姿态上升高了,人的鼻子的高度远离了性区,鼻子和性区之间的高度差异就是道德法的根源。道德法正是鼻子和性区之间高度差异的压

---

① Jacques Derrida, *Acts of Literature*, p. 200. 德里达:《文学行动》,第136页。
② 卡夫卡:《卡夫卡全集》(第一卷),叶廷芳主编,河北:河北教育出版社,1996年,第171页。

抑和转化。由此,弗洛伊德认为他寻索到了道德法的本源。道德法作为一种高度,必然是超离和净化的运动,以至于道德法被纯化,几乎成为一种无上的命令。道德法也就是康德语境中的尊严、良知和无上命令,道德法是崇高的,道德法似乎是没有历史的。但是弗洛伊德同时也指出道德法的高低关系也有其历史性,道德法的历史性维系于对父亲的谋杀。然而,道德法真的能够追溯到弑父事件吗?德里达认为道德法的本源即弑父事件本身就是一个非事件,一个莫须有的事件:"道德起源于事实上不杀害任何人的无效罪行,罪行来得太早或者太晚,不能终结任何权力;事实上,由于悔恨和道德只有在罪行之前(before)才是可能的,罪行也就不能创立任何东西。"①弑父事件本身就依赖于虚构,本身就是一个虚构的事件。弑父的罪行永远都不可能在场,它总是太早或者太晚,人永远都不可能面对它、与它相遇。弑父是一个不会相遇的事件,是一个没有事件的事件。德里达嘲讽了弗洛伊德的鼻子,虽然弗洛伊德嗅到了道德法的本源,但是德里达指出这个本源的事件是一个虚构的事件。然而,正是这一虚构的事件,或者说事件的虚构性才使得道德法成为可能。

标题的内和外的位置,道德法的高和低的位置,正是在这种内外、高低的拓扑关系中法在间隔地带发生。法闯入了间隔,使得标题和开首语的区分、文学和非文学的区分、鼻子和性区的高低区分、门卫和乡下人的区分成为可能。法做出了这种区分,区分正是法的权威。法需要命名,需要标题,只有通过标题一个文本才能归入法的范围,法通过标题来支配一个文本。法需要自己的门卫,法命令一个门卫去守护它,但是这个门卫却在法的外面,法命令门卫守护它的不在场。法的区分力量恰恰是自我延迟的。法是禁令。法通过自身的延迟、自身的不出场来闯入间隔,来做出区分。即使法的门卫,那些法的代表者们,他们只是背对着法,这个背对的位置甚至可以视为一种对法的不尊重,然而无论如何法的门卫是与法不相遭遇的。因为法的门卫所要守护的并非是法本身,而是法的自身延迟、法的不在场。或者说法本身,即法的力量正表现为法的自身涂抹。法作为禁令,是不可显现的,正如德里达所说:"现在

---

① Jacques Derrida, *Acts of Literature*, p.198. 德里达:《文学行动》,第 134 页。

法的禁止不是强迫性约束意义上的禁止;它是延异(différance)。"①法是不设关卡的,通往法的幽深道路是敞开的。但是有着一个门卫,这个门卫不是在禁止,而只是说"现在不行",门卫的职责在于拖延、延迟,设置一个无限的延迟的阻隔。因此,门卫是一个延迟通行的法的代表。法在延迟,门卫在延迟,乡下人也在延迟。当乡下人看到门卫的鼻子后,他决定去等,决定不断地延迟。乡下人被门卫和法所延迟,法的力量就在于使乡下人不断地处于延迟之中,法在延迟中并不出现。因此,法的逻辑是禁令/被禁止的。法的逻辑是双重悖反,它是一个禁令,但却是被禁止的禁令(For the law is prohibition/prohibited)。②法的禁令是自身在禁止自身,是禁止本

---

① Jacques Derrida, *Acts of Literature*, p. 202—203. 德里达:《文学行动》,第 138 页。值得注意的是德里达在《在法的前面》的一个脚注里提到《罗马书》第七章与卡夫卡这一小故事之间的对比关系。(Jacques Derrida, *Acts of Literature*, ed. Derek Attridge, New York: Routledge, 1992, p. 203.)在正文中,德里达也讨论到了保罗,并将保罗和告诉 K 这个小故事的神父并提,讨论的还是《罗马书》第七章的问题,即律法和罪的关系。(Jacques Derrida, *Acts of Literature*, ed. Derek Attridge, New York: Routledge, 1992, p. 219.)《在法的前面》这一文本需要在旧约和新约之间展开一种运动,尤其是保罗对律法的解释。由此,保罗、卡夫卡和德里达在这里相遇了,德里达对保罗潜在的诠释也构成了当代保罗复兴中的一个重要的思想资源。

② 本雅明在《论歌德的〈亲和力〉》中论及《亲和力》中的故事《奇异的年轻邻居们》,用荷尔德林的"停顿"理论解释文本的中断产生的无言。卡夫卡的《在法的前面》也是内嵌于《审判》中的小故事。小故事《在法的前面》打断了《审判》的叙述,造成了文本的停顿,整个文本在这个小故事中遭遇了自身的陌生性和他异性。《在法的前面》对《审判》而言,是绝然他异的,也是整个文本得以超越自身的关键所在。《在法的前面》对于《审判》的意义在于:回答在严酷的法庭审判之下,救赎如何可能? 德里达认为法是被禁止的禁令,乡下人和守卫的关系正是这种被禁止的禁令的显现方式。而阿甘本认为乡下人的等待实际上是一种使法自动关上的策略,是使法律陷入不操作的策略。乡下人的等待是一次微调的政治行动。从本雅明的视野来看,作为《审判》中最为他异的部分,其绝对的他异性何在? 其救赎的可能性何在? 在《法的前面》中,乡下人被传唤到法的前面,犹如 K 被传唤到法庭的前面。与其说乡下人是在等待,毋宁说这是乡下人的一种诉讼,犹如 K 徒劳地诉讼。乡下人的等待、张望和逐渐衰老承认了自己伏在罪下的处境,因此乡下人不离开法,宁愿一直等待下去。因为在法前面的罪感是乡下人自愿承受,也是必须承受的。处在律法之下,正如 K 在法庭前,同样也感到了自己的罪恶。K 被传唤并不是因为具体的罪行,而是因为作为人所存在的根本的罪性。在法庭的严峻审判之下,在无需罪名的绝对审判之下,人如何为自己申辩呢? 乡下人的申辩就是等待、张望和逐渐衰老。K 从未放弃诉讼,虽然他对诉讼的结局并没有乐观的期望。但是等待和诉讼却是人在法庭之下唯一能做的事情,也是唯一能够为自己申辩无辜的行为。于是一种有罪的无辜的可能性就呈现出来了。一方面是法庭绝对的审判,甚至不需要出示法律条文,也不需要授予具体的罪行,因为在律法之下人必然是罪的。另一方面,是人的无辜的可能性。虽然罪是必然的,却是一种自然的罪行。罪行并不是人所能(转下页)

身在自我延迟，于是门卫在法和乡下人之间形成了一个分割线，门卫以一种双重姿态出现，即拦阻者和信使的双重身份，这一双重身份的叠加正是法的自身延迟。

究竟什么是法，什么是法的本源，即那个法的法？法的法是一个不可接近的延异之地，它总是在自我禁止，同时让乡下人自己决定是否闯进去。法通过门卫的延迟不断延迟自身，从一个门卫到另一个门卫，越往里的那个门卫延迟的权限也就越大。门卫所守护的是延迟本身。法不断地隐藏自身。那么法的法究竟藏身何处？法拒绝被表现出来，法的禁令首先是禁止表现。法的法无论对于门卫还是乡下人都是不在场的，它拒绝被看视与研究。法的法不可对象化，因为它既不是自然法，也不是实证法，它是自然法和实证法的本源，是法本身的原初发生地。虽然通往法的大门是敞开的，但正是因为这种敞开恰恰是在展开一个被设想为禁止的幽深空间。德里达认为乡下人的问题在于他错解了通往法的方式，因为法是不可接近的，法不可观看、不可以接触，而只能译解。本雅明认为这正意味着我们成为了失去圣典的学生，而索勒姆进一步认为我们成为了无法读解圣典的学生，我们只能站在法的前

（接上页）担负的，因为人并不是最完善的物种，他所处的存在阶段只能是一种有罪的存在物。然而，获得无辜的可能性并不是除灭人和罪行的关系，而是等待在法的前面，作出徒劳地、沉默地诉讼。正是这种徒劳的等待和诉讼表明了律法之下的人、陷在罪行中的人有着不可摧毁的尊严，这种尊严不是罪行能够抹除的。通过等待和诉讼，一个有罪的人得以等待在法的前面，一方面仍然是有罪的、必死的，另一方面却获得了无辜的可能性和人的尊严。正如索福克勒斯的悲剧《俄狄浦斯》，一方面俄狄浦斯处在神谕的咒诅之下，俄狄浦斯必然犯乱伦的罪行；另一方面俄狄浦斯一直都在等待和诉讼，为自己的无辜寻求希望。乡下人和K都受到了法的传唤，都明白自己不可取消的罪，同时他们又不放弃等待和诉讼。因为他们的罪，也因为他们对法庭的无声对抗，法庭自身的暴力得以释放，他们被赐予死亡。同时，因为他们在罪行的指控之下，由于不放弃等待和诉讼，他们获得了无辜的可能性。乡下人和K以一种亵渎的方式面对法庭，既保全了法，也保全了自己。这种双重的保全也是双重的摧毁，因为乡下人最后去世，而法庭的大门也关闭了。这也是阿甘本所说的使法陷入不操作，但乡下人和K并没有要拆毁法的意思，并不是要使法陷入无法状态，而恰恰是维护法的秩序。卡夫卡像小学生一样研习律法，而不是拆毁律法。卡夫卡找到了小学生研习律法的姿态。一个小学生怎么可能研习律法？卡夫卡如此彻底地承认自己的无知和绝望之罪。在小学生这个形象中，卡夫卡找到了童真地面对审判的方式。虽然乡下人和K都被授予死亡，然而，在真正幽暗的法庭中，乡下人和K由于其等待和诉讼，由于他们在绝望中所持有的不可能的希望，由于其无辜的死亡，被列于无罪者的生命册上。这样的幽暗法庭象征的是上审判方式，它是一种牺牲却救赎的神圣暴力。

面,只能站在城堡的外面,只能听见一些道听途说的东西。法已经成为了无意义的效力存在。法没有意义,已经不可解读,但是法却有着效力,法在不断地延迟着自身。法作为"无意义的效力存在",其内容接近于零点。没有内容、没有释义,但是仍在发生着效力的法在无言地发布命令。门卫所守护着的那个法的法,作为一个秘密,恰恰是乌有之地,是一个隐形的剧院。德里达由此想到了犹太教的法和黑格尔关于庞贝的故事。法的法,那个隐形剧院实际上空无所有,它是差异的深渊,是一个法的幻相。法作为幻相,是没有实质的,因此是没有真理的真理。

三

德里达已经指出卡夫卡作品中法的逻辑是禁令/被禁止的,是一个自我禁止的禁令。但是在布朗肖的《白日的疯狂》①中,法不是一个禁令,也不是一个被禁止的禁令,"我"和法的关系不是越界的关系,而是呈现了法的产生、谱系、效果、类型以及双重肯定。什么是法的起源? 德里达认为法律起源于过量的"是的,是的",起源于双重的肯定。这种双重的肯定与小说中的"既不……也不……"相对应构成联姻,《白日的疯狂》的第一句就是"我既不是没有学问也不是愚昧无知"。双重肯定的"是的,是的"与双重否定的"既不……也不……"同时出现在小说之中,两者都是无边无际、没有边缘的,两者相互进入对方、污染对方,并以对方的存在为自己存在的前提。两者相互腐败对方的边缘,从而使自己进入对方的类型之中。如果说恐怖总是笼罩着男性,那么对于女性,那些美丽的生灵,她们总是说"是的,是的"。德里达和布朗肖将双重肯定的话语落在了女性或者阴性这个类型(genre feminin)上。但这并不是说双重肯定只局限于女性这种性别,而是说只要"我"说"是的,是的","我"就可以是女性或者阴性的类型。德里达说:"法律在阴性/女性(feminine)中。"②但是作为法律的阴性/女性并非指生理学的女性或者具有女性特征的人,而只是一种符号和幻象。在法语中,法律的名词是阴性的。阴性的法律是一个不可捉摸的幻象,就如女性:"根本就没有女人的本质这类东西,因为女人逃避了,她逃

---

① Maurice Blanchot, *The Madness of the Day*, trans. Lydia Davis, New York: Station Hill Press, 1981.

② Jacques Derrida, *Acts of Literature*, p. 247. 德里达:《文学行动》,第 187 页。

避了自我。出离了深不可测的无底深渊,她吞没和扭曲了所有的本质性、身份和特性。"①女性/阴性是没有实质的,她总是逃离自身,是一个没有身份、没有形象的幻影,正如布朗肖将之说成一个阴性的廓影,而这就是法律本身。法律作为一个阴性的廓影,既不是男性,也不是女性,而是中性的,但具有阴性的中性类型。正因为如此,法律才可以不断地变换自身,不断地自我逃避,她那无尽的双重肯定与创世纪的七日联系起来,法律是白日,是白日的疯狂。没有白日的光照,就没有法律。法律需要暴露自身,她需要法律的代表,需要"我"的诱引,需要文学的叙述。如果法律没有寄生者,没有代表和文学,那么法律就无法呈现自身,因此法律自身也是寄生的、没有其独立的位格。

　　阴性的法律与阳性的类型之间构成了奇特的婚姻(hymen),阳性的类型也并不能保持自身,而是通过随意的波动成为他者。在阴性的法律和阳性的类型之间存在着性别/类型的混杂交叉。对混杂的思考,进入了法则的核心,因为法则首先意味着区分的保持,要进行分类,法则是一种分类学。究竟是什么在支配着分类,究竟是什么使得分类成为可能? 在自然(phusis)和法则(nomos)的区分中,何处是类型的位置? 类型不是自然的,因为类型仍然需要人为的判定;同时类型也不完全是人为的法则,因为类型一旦确定似乎就是非历史的。德里达认为类型是技艺(technē),是艺术,是诗歌和文学的领域。类型如同文学,总是一个替补的环节。类型闯入了自然和法则之间的间隔,使得自然和法则的区分成为可能,但是同时类型又依赖于这种区分。自然和法则是相互引述、相互依赖的,类型就是那个被引述的成分,就是那个自由穿行在自然和法则之间的阴性法律。德里达试图颠覆那种类型的法则,因此思考类型法则的法则,那个混杂寄生的逻辑。仍然是结合布朗肖的《白日的疯狂》,德里达注意到小说文本中两次出现了同样的双重否定句:我既不是没有学问也不是愚昧无知。一次是在小说文本的开头,另一次是在"我"被要求叙述一个故事时开始的陈述。同时,在小说中还有两个关于叙述的表述,即被要求叙述的句子:"叙述一下? 我便开始说"以及小说文本的最后一段:"说:叙述一下? 不,叙述不了,永远也叙述不了……"第二次的双重否定构成

---

① 汪民安主编:《生产:新尼采主义》(第4辑),桂林:广西师范大学出版社,2007年,第52页。

了文本的凹陷或卷叠,它打破了文本线性叙述和发展的逻辑,在上部边界的边缘卷叠起来,使得在总集合的内部构成了一个凹陷。这个凹陷形成了一个子集,一个内部的凹陷的口袋。由于这个口袋自身也是无尽的,使得这个口袋的凹陷要大于总集合本身。同样,在两次关于"叙述"的叙述中,我们无法分清各自的叙述疆界,它们各自的内边缘和外边缘均被瓦解,两次叙述成为了没有框架和轮廓的叙述。那个被称为文学的叙述类型是一种叙述,但同时又是什么也不是的叙述,是一种非叙述。建立在叙述这种类型上的文学建制是脆弱的,因为在其内部就存在着腐败和凹陷,使得叙述的法权没有基础。

一切类型法则的法则都存在着内在性的分裂:"特征的内在分离、混杂、腐败、污染、分解、倒错、畸形,甚至癌变、普遍扩散、总体败坏。所有这些分裂破坏的'异常'就会产生——这是他们通过重复(repetition)共享的份额与位置,是他们的共同法则。"① 布朗肖在小说中指出阴性的法律在诱引"我",而"我"并没有逃避她,虽然也不能说顺服她,"我"对法律的态度甚至是一种乱伦和诱奸。德里达认为:"他说,她不满足于、贪婪于他的荣耀——他就是他自己必须服从的那个法律的作者,他就是生成她的人,他即她的母亲不再知道如何说'我'或完整地保存记忆。我是法律的母亲,目睹着我女儿的疯狂。这也是白日的疯狂,因为白日或白日(day)一词在其播散(disseminal)的深渊中,就是法律,就是法律的法律。"② "我"实际上就是法律的生成者,就是法律母亲的生成者,但是"我"和"我"的女儿即阴性的法律发生着乱伦。这就是那个法律,那个法的法,在无尽的延迟中,在那片敞开的禁止之地,所发生的乱伦。在法的禁地中,恰恰是法的乱伦使得法的显现、法的白日成为可能,在法的尊严和崇高之中,是法的淫秽在替补她的起源,她的起源是一个乱伦的故事,而这个叙述需要"我"来叙述。"我"不可能叙述,"我"和阴性的法律处于一个非位置的位置上,那些法的代表者要求"我"做出一个不可能的叙述,因为"我"所要叙述的是一个非事件。在法的前面,没有一个主体,没有一个具有先验统觉、自我同一的主体,我不可能对法负责,在布朗肖的小说中,"我"不断地在变异

---

① Jacques Derrida, *Acts of Literature*, p. 226. 德里达:《文学行动》,1998 年,第 161 页。

② Ibid., p. 250. 德里达:《文学行动》,第 190 页。

之中,我们几乎难以分清这个"我"究竟是一个人,还是多个人,是男性,还是女性,这个"我"在随意地播撒,在不断地重复、生育,暴露于白日之下。

四

德里达对于法的思考是和文学、正义联系在一起的。德里达认为不可能单纯地思考文学的文学性,文学的文学性少得可怜。德里达将文学置于法的前面,发现文学的类型依赖于一套受到法律保护的建制,譬如同一性、签名的作者、叙述和标题。文学离开法的保护,就不可能成为一个类型。同时,德里达指出文学这一类型并不是没有历史的,文学作为一种建制存在仍然是晚近之事。让文学成为一种类型得到编码、分类、判别的恰恰是那些非文学的因素,这就是法对文学的判别。法凭借一套建制对文学进行分类,同时文学也依赖于法的分类体系,依赖于法在文学上打上区分的标记。在法的前面,文学似乎没有什么本质的内容,文学性不是文学的内在物。然而,文学又并非规训于法的建制,文学总是有着超出法的建制的成分,文学总是有着对一切建制的溢出。德里达认为文学这种类型总是能够促使一种超验阅读,所谓超验阅读就是超出文学本身,超出能指和形式,而是追求对象和意义。现代文学在一定程度上抵制着这种超越阅读,从而唤起对能指本身的兴趣。然而,德里达认为这种抵制仍然是在场中心的,因为超验阅读是一种认知的结构,是阅读行为成为可能的因素,是压制不住的。文学性甚至不在于文学本身,不在于现代文学所竭力强调的能指本身,而是在记录和阅读行为之中所产生的客观规则,德里达称之为文学意向性。文学意向性能够唤起超验阅读,但是同时也能够中止超验阅读。文学的文学性就在于唤起超验阅读和中止超验阅读的折叠之中。文学性不是文学的内在本质,而是在文学意向性中所形成的折叠。更进一步,文学性还在于文学之间、文学和非文学之间等之间的折叠,文学性是折叠的残留物。于是,德里达一反传统的超验阅读,也反对现代主义的能指统治,而是在这两者之间寻找文学的栖身之地,文学性就发生在折叠的间隔地带。文学性作为折叠的残留物并非是现存的,而总是自我涂抹,对自身进行再度的标记。在论阿尔托的残酷戏剧时,德里达指出在文学中存在着一种原初的偷盗和失窃,这是文学的自身缺失,或者说文学的文学性恰恰就在于缺失。因为文学唯有建基于缺失,它才可以作为幻象不断地变幻自身,不断地延异,从而对法构成挑战。

存在着一种不可减缩的文学性,但是它少得可怜,它总是被原初偷盗,依赖于法的建制,它存在于建制的间隔之间,作为折叠的残留物,这就是文学的文学性,这是一种不可能的文学性。文学的文学性不是一个实存,而是一个幻影,一个文学的效果。所有的文学都有着虚构,虚构似乎是文学的基本成分。但是虚构是不可把捉的,并没有一个称为虚构的实在摆放在文学文本的内部,虚构毋宁是文学本身,是文学本身的织体,同时也是文学的不可能性本身,是文学的无内容的框架,是文学的无边缘的内容。文学的虚构造成一种中止,造成一种对自身的悬置以及对外在的法的悬置,文学的虚构促成一种中性,一种不在场的解构方式。文学的要义还不在于残酷的戏剧,不在于还原到身体的在场,而是还原到文学自身的不在场、自身的回撤和缺失,文学首先是对缺席的经验。这也正是德里达对阿尔托的解构要害所在,阿尔托仍然求助于文学的在场,从而对古典的法、古典的上帝进行一种弑父,但是德里达通过对弗洛伊德的解构已经表明所谓的弑父,那个法的起源事件不过是一个文学事件,是一个虚构的事件,是一个非事件的事件。然而,有谁能够低估这种虚构的事件,有谁能够无视非事件的事件,这正是一种文学的事件,文学的行动。德里达在所谓的伦理学转向之后,一直都在寻求解构在政治和伦理领域的行动,一种解构的不可能性的行动的可能性。文学行动自然是这种不可能性的行动的重要成分,甚至是一切不可能性行动的原型。文学作为虚构,作为不在场的织体,是一切不可能性的话语的先锋和例子,是一个独一的解构场域。

不可能的文学性、文学的虚构使得文学以奇特的方式越界,在法的保护下僭越法的边界。因为法本身需要文学的叙述,法寄生于文学的织体中。法作为一种文学的类型,同时也需要文学去颠覆它,去冲破它。文学于是构成了对法的解构,一种不可能性的解构。德里达指出:"文学是允许人以任何方式讲述任何事情的建制。文学的空间不仅是被建立的虚构(instituted fiction),而且也是一种虚构的建制(fictive institution),它原则上允许人讲述一切。要讲述一切,无疑就要通过翻译将所有形象聚集成另一个人,通过形式化予以总括,但讲述一切就要打破(franchir)禁令。在法能够制定法的每一个领域,去释放自己(affranchise oneself)。文学的法原则上倾向于无视法或取消法。因此它允许人在'讲述一切'的经验中去思考法的本质。文学是一种倾向于淹没建制的建制。"① 文学在法的保护下允诺了人们可以讲述一切,可以冲破法的边界,因为一切对法的越界只要在文学的界限之内就仍然是一种虚构的越界。虚构的越界,已经作为一种文学行动向着政治行动和最大限度的民主开放,向着一种未来的民主,不可能的民主开放。文学的不可能性的行动提供了一种超越法则的方式,提供了一种没有法则的法则,一种超越法则的正义,而这是不可能的正义。一方面,德里达承认要有法则,因为文学的类型和建制离不开法,离开了法就没有文学。另一方面,德里达又认为文学可以解构法,可以在虚构的限度内超越法律朝向正义,如果文学不解构法律、超越法律,如果文学不是朝向正义进行虚构,那么也就没有文学。在文学、法律和正义之间存在着复杂的寄生、污染机制,同时又存在着复杂的解构和超越的关系。文学在独一性和重复性之间作为一个例子,作为对习语的培养和保护,正如德里达在对策兰的论述中所说的,是去复兴一种死语言(a dead language)②,这种死语言作为幽灵性的语言,可以对法的暴力进行解构。

第十二节　法律、暴力和正义

在一切人类的建制中,最集中的建制莫过于法律。因此,德里达对建制的思考最后也集中在对法律的解构中。德里达关于法律的解构依循了从正义切入克服法则暴力的道路。正义和未来的民主是德里达关于政治思考的关键所在。德里达关于法律的解构在欧美产生了新的法学研究动向,一种解构法学的可能性。德里达承认要有法则,但同时又将法则置于正义的萦绕中,他的思想在同语反复和延异污染之间展开,他力图永远保持原初开启的伤口和裂隙,因为伤口和裂隙是法则的条件。不将法则完全置于例外境

---

① Jacques Derrida, *Acts of Literature*, p. 36. 德里达:《文学行动》,第 3—4 页。
② Jacques Derrida, *Sovereignties in Questions: The Poetics of Paul Celan*, ed. Thomas Dutoit and Outi Pasanen, New York: Fordham University Press, 2005, p. 106. 亦请参见,耿幼壮教授在《诗歌的终结与见证的不可能性——论阿甘本的诗学思想》(载《外国文学评论》,2010 年第 1 期)一文中关于死语言的论述。

地,也不以主权的方式用正义授予法则,而是保证法则的可解构性和正义的不可解构,如此来协调法则和正义之间的关联。因此,法则的正义一方面是可操作的,即有一种法则,但必须解构;另一方面却是不可操作的,即法则必须向着正义决断,才是真正的法则。德里达最后将正义视为一种礼物,一个到来的礼物。

一

德里达声称解构风格在法律、暴力和正义的疑难之中达到巅峰。解构以动摇形而上学、白色神话的基础为使命,试图动摇传统的各种对立,这些对立包括法律与自然、命题与事实等等,并揭示了这种对立之所以产生的暴力基础。德里达认为解构对基础的质问,是要唤起一种责任,解构不只是瓦解和摧毁,而是建立和肯定。德里达关于法律的思想主要集中在两个方面,第一个方面是80年代中期多处讨论的文学与法的关系,代表文本为《在法的前面》,第二个方面是德里达收录于《宗教行动》的重要文本:《法律的力量:权威的神秘基础》。《法律的力量》一文由两个部分组成:第一部分曾于1989年在美国卡多佐法学院发表《解构与正义的可能性》的演讲,第二部分是关于本雅明《暴力批判》的论述,这两个部分的文本密集、交错地汇聚在法律、暴力和正义之复杂关系上。

德里达认为法律是可以解构的,而正义不可解构,或者说正义就是对法律的解构,正义就是解构的可能性本身。有学者清晰地指出了施米特和本雅明、德里达之间存在的差异:"当施米特和卢曼(Luhmann)拒绝承认在法律之外存在某种一般的正义概念,本雅明和德里达却在竭力追求这样的概念。"[1]德里达对法律的解构首先展开的是力量或强力(force, Gewalt)、暴力(violence)的语汇区分。本雅明的《暴力批判》使用的是Gewalt一词,Gewalt在英语和法语中常被译成"暴力"(violence)。然而,Gewalt在德语中指的是合法权力、合法权威和公共力量。因此,正如德里达所指出的,如何在Gewalt中区分合法权力的法律力量和可能的原始暴力就成为了问题。实际上,德里达想要表明的是在力量和暴力之间,在合法权力的法律力量和可能的原始暴力之间存在着过渡和相互污

---

[1] Mahlmann, Matthias, "Law and Force: 20th Century Radical Legal Philosophy, Post-modernism and the Foundation of Law," Res Publica 9 (2003), p. 32.

染的关系,这种语言上的不对称实际上已经说明了各种力量之间的不可区分。那么法律和正义在力量和暴力中是如何界定自己的位置的呢?德里达是结合帕斯卡尔与蒙田来论述这一问题的。帕斯卡尔在《思想录》中认为正义和强力都要求着一个"必须",正义和强力都要求自身得到遵循,两者的共同特点在于都有一个言语行动的述行结构。但是困难在于正义若没有强力就是无能为力的,而强力没有正义就是暴戾专横的。正义若没有强力就无法执行,强力没有正义就会遭到指控,因此正义和强力需要结合在一起才能得到执行,即真正的正义是强力的正义,真正的强力是正义的强力。帕斯卡尔的论述受到了蒙田的影响,蒙田发现了法律权威的神秘基础(mystic foundation of authority)。蒙田质疑了法律权威,区分了法律和正义,人们误认为法律的权威在于正义,而实际上法律的权威仅仅在于法律自身。我们之所以服从法律,并非因为法律是正义,而是因为法律是权威。质疑法律权威的神秘基础,就已经是法律的解构了,法律的基础恰恰是没有基础,或者说基础在于其自身之中。但是法律何以获得权威呢?蒙田认为这是由于法律是正义真理的合法虚构。

本雅明的《暴力批判》只有在法律和正义的疑难之中才能得到理解。暴力批判所批判的并非自然暴力,而是处于法律和正义之间的暴力。因此,暴力批判并非是简单地否定暴力,而是让暴力在法律和正义的疑难之中呈现出来并自我解构。在本雅明看来,法律的权威就在于它垄断了暴力。法律通过垄断暴力的方式为自身赢获权威。法律的暴力垄断典型地体现在欧洲法律禁止个人暴力上,个人暴力所危及的并非是个别的法律条文,而是对法律本身的挑战。法律的权威在于法律之外别无暴力,只有在法律的名义下才能使用暴力,暴力只有获得法律之名才是合法的。法律的权威于是就体现为法外暴力的禁止。更进一步,法律对法外暴力的禁止并非是在禁止暴力本身,而恰恰是在禁止法外暴力对暴力垄断的挑战,是在禁止法外暴力对法律本身的挑战。法律的禁止中并不存在着正义之目的,法律的权威就是维护法律本身的同语反复,是法律本身的自我感发(auto-affection)。德里达如此拓展本雅明的暴力批判:"同语反复不就是法律中某种暴力的现象结构吗?法律通过将任何不承认它的人在犯法的意义上判为有罪从而制定自身。述行式的(performative)同语反复或先天综合判断,它构成了法律的一切基础,基于此,人们述行地生产了授予述行以效力的话语;幸好有这些话语,人们以此为手段判别合法暴力和非法暴力。"①法律的同语反复和自我感发排除了正义的强力之介入,排除了正义的他异性。或者更进一步说,法律对暴力的垄断是一种更为深刻的暴力,是暴力垄断之暴力。没有正义介入的法律,本身就已经是暴力,因为法律作为暴力没有正义,就只能是暴戾专横的。德里达试图在法律和正义之间找到暴力和强力的平衡。如帕斯卡尔所云,正义必然是强力的。但是德里达认为正义若没有法律就无法显示自身,正义之强力唯有通过法律之暴力才能呈现出来,而法律之暴力唯有通过正义之强力幽灵般的萦绕和逼迫才能使法律朝向正义。

二

德里达针对法律对暴力的垄断和法律的同语反复,提出了法律自身的延异污染。延异污染是对同语反复的解构,是在同语反复的内部打开一个缺口,去替补它、污染它,使它的同一性断裂开来,展现出同一性内部的伤口和腐败。仍然以本雅明的《暴力批判》为文本的附着物,德里达展开了他的法律解构。本雅明区分了两种暴力,即立法暴力(die rechtsetzende Gewalt)和护法暴力(die rechtsrhaltende Gewalt)。所谓立法暴力,是指将法律体制化和成文化的暴力。所谓护法暴力,是指对法律自身的维持,是保护法律的可执行性的暴力。本雅明试图严格地区分立法暴力和护法暴力,但是即使他自己已经极其敏锐地在现代警察制度中找到了立法暴力和护法暴力的延异污染。本雅明认为民主国家的警察制度比专制国家的警察制度更为可怕。在专制国家中,警察代表着集最高立法权和司法权于一身,但是这种力量是单一的、固定的。然而,在民主国家的现代警察制度中,警察的力量犹如幽灵一般是无形式的、不可对象化的。警察并不满足于执行法律和守护法律,警察时时刻刻都在僭越法律、修改法律、创建法律。警察随时随地根据情况篡改法律,重新解释法律。虽然警察不是现代的立法者,但是警察时刻都在立法之中。因此,只要有警察的地方,就有立法,同时还有护法。现代警察制度混淆了立法暴力和护法暴力,使得

---

① Drucilla Cornell, Michel Rosenfeld, David Gray Carlson ed., *Deconstruction and the Possibility of Justice*, New York & London: Routledge, 1992, p.33.

两者的严格区分被打乱了,本雅明甚至因为这种严格区分的破产称现代警察制度具有一种可耻性(das Schmachvolle)。本雅明以幽灵、精神来描绘现代警察制度中所发生的立法和护法的混淆,他敏锐地洞察到了区分的不可能性,然而他仍然坚持着区分的力量,试图守护立法和护法之区分的严格性。德里达认为:"因为,在本雅明明显的意图之外,我提出一种解释,根据这种解释创立的暴力或者立法暴力(Rechtsetzende Gewalt)必须包含护法暴力(Rechtserhaltende Gewalt),并且不能与护法暴力切断关系。这种解释属于基础暴力的结构,它要求自身的重复,建立应该被保护的、可以被保护的、受到传统和惯例承诺的以及被共享的事物。一次创立就是一个允诺。每一个位置(Setzung)允许和承诺着(permet et promet),它定位了 en mettant et en promettant。尽管实际上不能信守允诺,可重复性(iterability)将这个允诺作为一个守卫铭写进突入的创立瞬间。于是,它在始源的中心铭写了重复的可能性。"①德里达指出了立法暴力和护法暴力之间的延异污染是一种暴力结构,可重复性铭写在法律的起源之中。在法律的起源中,就有着自身的重复,而且唯有通过法律的可重复性才能够自我保护。法律核心的可重复性、依赖于替补的起源就是法律核心的腐败,法律核心的腐败瓦解了法律的自我同一和同语反复。

本雅明显然意在超越立法暴力和护法暴力的框架,本雅明认为暴力的功能不过是为了直接夺取眼前的一切而采取的手段。立法暴力用于自然目的,护法暴力用于法律目的。但是本雅明认为:"所有作为手段的暴力都是立法的或护法的。"②无论是立法暴力还是护法暴力,仍然都只是作为手段的暴力。本雅明试图超越自然法和实证法的手段—目的结构。区分手段和目的仍然无法切近暴力批判。在自然法看来,暴力是自然的产物,其标准是正义,从目的正义性去判定手段,但是自然法无视暴力手段的偶然性。于是只要合乎自然目的,即合法。而在实证法看来,暴力是历史的产物,其标准是法律,从手段的正义性去判定目的,但是实证法无视目的的绝对性。于是只要合乎历史目的,即合法。自然法和实证法的暴力批判均在手段和目的之间纠缠。本雅明的思路是以历史

---

① Drucilla Cornell, Michel Rosenfeld, David Gray Carlson ed., *Deconstruction and the Possibility of Justice*, p. 38.
② 本雅明:《本雅明文选》,第333页。

哲学超越自然法和实证法的手段—目的模式。然而正如德里达所揭示的,本雅明仍然从实证法中吸收了法律的历史性意义,同时从自然法中吸收了神圣正义的自然神学。如此看来,本雅明的暴力批判虽然来到了自然法和实证法的边界,但仍然是处于边界的内部边缘之中。要超越作为手段的暴力,本雅明进一步区分了神话暴力和神圣暴力。德里达认为本雅明的区分回到了欧洲的两大根脉,希腊传统和希伯来传统。神话暴力是一种希腊人的暴力,而神圣暴力是一种犹太人的暴力。本雅明试图超越手段—目的的结构,找到一种正义的强力。这种类似于正义的强力的暴力,是一种"没有中介的暴力功能"(Eine nicht mittelbare Funktion der Gewalt),在日常生活中可以找到愤怒这个例子。暴力批判首先是暴力再现的批判,本雅明诉诸愤怒这个例子是为了表明在愤怒中暴力是自我呈现的,是直接爆发出来的。然而这种直接呈现的暴力却在希腊和希伯来中展开不同的暴力形态。希腊的神话暴力和希伯来的神圣暴力都是牺牲,但是神话暴力仅仅只是牺牲生命,而神圣暴力却是为了救助生命而牺牲生命。本雅明认为:"第一种即法律的神话暴力要求(fordert)牺牲,而第二种即神圣的暴力则接受牺牲、担当牺牲(nimmt sie an)。"①犹太精神的精髓就表现在神圣暴力中,就表现在对血和生命的尊重,就表现在不可杀人的禁令之中。神圣暴力作为自我呈现的暴力,它超越了手段—目的的结构,从而趋向了正义。然而问题在于神话暴力和神圣暴力的对立是合法的吗?德里达试图在整个西方的思想谱系之外进行思想,从而也就必然要质疑犹太优位的思想策略,这在德里达对勒维纳斯的批判中可以鲜明地表现出来,与其是归属于神圣暴力,还不如说是向着正义决断,从而将法律的无限可能性开放出来,同时承担解构的责任。

三

　　法律和正义的疑难是一个绝境(aporia)。如何在法律的同语反复和法律核心的腐败之间找到一个正义介入的瞬间,这是一个决断的问题,而决断本身就是一个绝境。德里达在思考是否有一种绝境学(aporetology)或者绝境术(aporetography),绝境学或者绝境术所面对的是绝境,是无路可走的困局,是无休止的、无解答

---

① 本雅明:《本雅明文选》,第 341 页。

的经验,也是终极的不可能性的经验。学者陈晓明指出:"德里达强调的是,一种对绝境的非被动的忍耐乃是责任和决断的条件。很显然,绝境现在就是一种无休止的经验,一种不亏负任何东西的责任心和决断。一种不再亏欠的义务,一种不再有债务的义务,一种不再是义务的义务。这就是德里达的绝境,这也是解构的绝境。"①德里达反复强调解构是不可能性的经验,而不是可能性的经验,解构是不可能的可能性。解构就是直面、唤起不可能性的经验,从而将绝境呈现出来,在无休止地面对绝境中唤起责任,因此解构的责任就是不可能性的经验,解构并不直接提供绝境的解答,而是通过无休止地面对绝境并在绝境中寻找决断、跳跃的步伐。解构的责任就是让绝境保持在不可能性的经验之中,让不可能性保持为不可能性,但同时并不放弃从不可能性落到可能性的操作。在法律和正义的疑难中,就面对着可能性和不可能性的绝境,因为在这两者之间需要做出一个决断。关于决断的思考在海德格尔、施米特和本雅明那里就已经开始了,德里达对决断的思考自然是潜在地回应他们。德里达试图提供一种解构视野中的不可能性的决断思想。

德里达的决断思想首先面对着统一性(/同一性:unity)、多样性(/复多性:multiplicity)和独一性(singularity)的关系。独一性不是统一性,也不是多样性,独一性在统一性和多样性之外,任何一次法律的决断都要求一种独一性。独一性展现的是对统一性和多样性的出离,是对每一个特殊情境的他异性的尊重。独一性说明了每一个需要决断的情境都是例外,每一次决断都是在独一的境况中,在一个例外状态中做出一个独一的决断。德里达对独一性的强调试图超越法律的统一性,也试图超越具体情境的多样性,而是指向事件本身的发生和独一,从而指向了绝境中的决断。每一个绝境都要求着一个独一的决断。在法的前面对一个独一的情境做出决断,这是绝境的要求,需要规则的悬置。一个决断如果是正义的决断,就必须尊重情境的独一性,也就必须根据情境的独一性重新阐释法律,因此正义的决断必须重新创造法律,而且要为这种法律的再创造提供正当性。但是一个决断如果不依循法律,不参照法律,就必然失之无度,也就必然不是正义的决断。正义的决

---

① 陈晓明:《德里达的底线——解构的要义与新人文学的到来》,北京:北京大学出版社,2009年,第439页。

断就必须在参照法律的同时,在一个独一的情境里对法律进行独一的再创造,这时法律自身进入其"也许"的可能性中,这时正义在到来,来到法律的再创造之中。法律和规则的悬停以及对法律的再创造,同时又是参照法律、并不背离法律,如此面对法律,才构成一个正义的决断,但是如此之绝境本身就已经面临着法律的绝境。

从决断和不可决断的双重悖反出发,德里达进一步阐释了本雅明对神话暴力和神圣暴力的区分。德里达认为:"系统地说,有两种暴力,两种相互竞争的暴力(Gewalten):一方面是决断(公正、历史和政治等等),正义超越法权(droit)和国家,但没有可以确定的知识;另一方面是可以确定的知识和确定性,它属于一个结构上仍然保留着不可决断性和国家神秘法权的领域。一方面是决断,但没有可决断的确定性;另一方面是有不可决断的确定性,但没有决断。无论如何,不可决断性以某种形式存在于每一方面,它是知识或者行动的暴力条件。但是知识和行动永远是分离的。"① 也就是说,神圣暴力是可决断的,神圣暴力解构法律、摧毁法律,神圣暴力作为历史的层面与神话暴力的神话层面相对。正因为神圣暴力属于历史,属于正义,因此有一种非专己的可决断性。但是神圣暴力的可决断性并不给我们提供明确的知识,神圣暴力的可决断性无法成为知识的对象,因为神圣暴力属于救赎和正义的他异性。与之相应,神话暴力在立法暴力和护法暴力一边具有不可决断性,这就是本雅明所疑虑的立法暴力和护法暴力的混淆和德里达所指出的法律的延异污染。但是神话暴力可以提供确定性和知识。然而,德里达最终强调的是作为不可能性经验的不可决断,神圣暴力的可决断对于人类而言,正是一种无法企及的不可决断,对人类呈现为一种在决断和不可决断之间的绝境。

不可决断不只是两个决断之间的抉择,因为每一个决断都是独一的,不可决断是在参照法律的同时必须将决断交付给不可决断。真正的决断总是在决断和不可决断的绝境之中,总是要在不可决断之幽灵的萦绕之中,通过担负起不可决断、面对不可决断的绝境从而承担一种自由的责任。法律和规范是可以计算的,但是决断从根底上讲是不可计算的。真正的决断在参照可计算的法律时,必须自由地承担起对法律的再创造,必须打开异质性的维度,

---

① Drucilla Cornell, Michel Rosenfeld, David Gray Carlson ed., *Deconstruction and the Possibility of Justice*, p.56.

让不可决断和不可计算萦绕在左右。自由的决断就是不让决断仅仅只是局限于法律的计算，而是敞开不可计算，敞开不确定性的维度。在不确定的境况中，必须作出一个决断，但是这个决断是不可决断的决断，这样的决断时刻正是自由的决断时刻，克尔凯郭尔称这是一个疯狂的瞬间。决断的疯狂瞬间是不可主体化的，这样的瞬间属于他者，这时主体已经成为了自身的他者，而不可决断的神圣暴力和正义也是他异的，这样的瞬间是一个全然他异的时刻。决断的疯狂瞬间朝向了他者和正义，施米特的主权决断和海德格尔的自身性的决断都仍然是主体的意志哲学。真正的决断在疯狂的时刻是神圣暴力的可决断，这是决断者在不可决断的绝境中正义来临的被动性的决断。

四

德里达关于不可决断之绝境的思想正是基于法律和正义的区分。法律是可以解构的。法律是由文字所书写的，依赖于文本的阐释活动，因此文学和法律是紧密相连的。德里达极为重要法律的语言层面，他认为法律的暴力首先是语言的暴力。在《论文字学》中，德里达区分了三种暴力。第一种暴力是原始暴力，是差异和分类意义上的专名之暴力。第二种暴力是试图将原始暴力所产生的差异予以同一化的暴力，于是有了规则、道德和法律。第三种暴力是侵入语言统一性的暴力，构成了对统一性的颠覆，从而展现出非同一性。① 显然，法律相当于第二种暴力，它是形成规范并守护规范的暴力。然而，法律和规范作为同一化的暴力本身就已经遭到了第三种暴力的解构，法律语言本身就是文学，法律需要经过文学的叙述才有可能确定下来，法律通过合法虚构的方式建立自己的权威，而且法律的可执行依赖于对法律的再阐释。德里达指出审判那些不理解该法律语言的人是不正义的，正义首先是法律语言的正义。法律文本的语言构成了法律的解构条件，同时也构成了法律阐释的历史的可能条件。法律语言问题和法律权威的神秘基础说明法律是可以解构的。

法律是可以解构的，但是正义不可解构。对法律、正义和解构，德里达提出了三个命题："(1)例如法权(droit)、合法性、正当性

---

① 参考德里达：《论文字学》，汪堂家译，上海：上海译文出版社，1999年，第163页。

或者合法化的可解构性使得解构成为可能。(2)正义的不可解构性也使解构成为可能,而且确实与之不可分离。(3)结果是:解构发生在区分正义的不可解构和法权(权威、合法化等等)的可解构性之间的间隔里。"①解构发生在解构与不可解构的间隔之中,解构穿行在同语反复和延异污染之间,是深入间隔之中的绝境。解构得到了法律的可解构和正义的不可解构的双重保证和双重约束,法律的可解构和正义的不可解构使得解构在间隔中从不可能成为可能,因此解构正如正义,是不可能的可能性,对法律的解构就是要经受不可能的可能性的侵扰。正义作为不可能性的经验,是不可以成为对象的,它作为一个"X",作为一个正义的未知数以其不可能性使得解构得到了先验的可能性规定。正义是一个未知的礼物。对法律的解构就是正义,或者说解构就是正义。德里达认为解构不只是要摧毁,还要唤起正义的不可能性的经验。法律与正义的区分使得解构成为可能,反之,解构也正是基于法律与正义的区分之上。

但是德里达并不认为正义是一个自我同一的理念,在《马克思的幽灵》中,德里达解构了海德格尔对阿那克西曼德箴言的解读。海德格尔将 dikē(正义)翻译为 Fug(接缝),adikia(非正义)译为 Un-Fug(裂缝)。海德格尔将 dikē 和 adikia,Fug 和 Un-Fug 对立起来。dikē 和 Fug 作为接缝和正义是以在场者的在场为基础的,说明了在场之统一性中的共属一体,在这种共属一体中在场者在其逗留中与其他在场者一起逗留着而在场。dikē 和 Fug 就说明了在场者被遮蔽的聚集着的相互逗留。与之相反,Fug 和 Un-Fug 作为裂隙、非正义,就是有待克服的了。德里达指出海德格尔从在场的优先性角度出发,授予了 dikē 和 Fug 以优先性,压制了 adikia 和 Un-Fug,通过这种克服海德格尔又重新回到了总体性和同一性。然而德里达认为:"必要的裂隙或者说正义的祛总体化的条件在此实际上就是在场者的条件——同时也是在场者和在场者在场的真正条件。"②德里达并非简单地颠倒了 dikē 和 adikia 的优先地位,而是指出 dikē 自身的非同一性,dikē 永远与自身保持着差异,永远都

---

① Drucilla Cornell, Michel Rosenfeld, David Gray Carlson ed., *Deconstruction and the Possibility of Justice*, p. 15.

② 德里达:《马克思的幽灵》,何一译,北京:中国人民大学出版社,1999年,第41页。

无法自身认同。正义的非同一性,也正是正义与法律的区分的可能性条件,正义要求决断者在参照法律的同时朝向正义做出决断。学者朱刚指出:"如果我们说,必须要有正义,必须要有未来!那么问题就在于:如何才能给出这种正义和未来——作为与绝对之他者之关系的正义,作为绝对他者的未来?德里达的回答是:唯有在开端处就保持有裂缝,唯有在开端处就有异质性,就有他者,才能给出正义,才能允诺出未来。"①正义在其自身的起源中,就已经是非正义,这就是正义自身中的"脱节"。脱节和非正义反而构成了在场的条件,构成了正义和非正义、法律和正义之间的间隔的解构可能性。因此,德里达认为正是脱节的时代,才使得哈姆雷特倾听到了多重指令,受到了幽灵的侵扰,如此脱节使得解构的责任和正义的不可能性成为可能。

在法律和正义、dikē 和 adikia 的脱节中,正义作为不可能性的经验是未来(avenir)的礼物。德里达表明正义之未来不是与现在相应的现成性的未来,而是作为将—来(/要来 à venir),正义之未来指向的是一个不可还原、不可同一、不可总体化的正在来临的事件,它作为正在来临之礼物,甚至涂抹了礼物的名字。正义侵扰着法律,唤起法律的危机和责任。作为对法律的解构,正义是不可能的、不可计算的,这是正义和礼物所共有的条件。在自身的非同一性、异质性中,正义所敞开的正是他者的维度。因此,德里达强调勒维纳斯在《总体与无限》中的命题:正义就是与他者的关系。德里达说:"如果上帝是整全他者(le tout autre),是整全他者的形象(/辞格)或名字,那么每个他者都是整全他者(tout autre est tout autre)。"②杨慧林教授指出:"就这一点而言,德里达的'延异'非但没有成为诠释卡尔·巴特的理论模型,相反却是在卡尔·巴特'他者'概念的参照下,才得到了更透彻的诠释。"③他者总是他者的他者,是不可计算之物的别名。正义作为与他者的关系,就是要将与他者的距离保持为不可能性,保留与他者的无限距离,在无限距离中的他者是不可计算的。正义作为将—来,向着无限的可能性开

---

① 朱刚:《开端、裂缝与未来——海德格尔与德里达对"阿那克西曼德之箴言"的双重解读》,载《现代哲学》,2006 年第 4 期,第 83 页。

② 德里达:《解构与思想的未来》,夏可君编校,长春:吉林人民出版社,2006 年,第 380 页。

③ 杨慧林:《西方文论概要》,北京:中国人民大学出版社,2003 年,第 227 页。

放,从而悬置法律和规则,敞开了一个"也许"的责任和决断的间隔。正义作为将—来,唤起了没有弥赛亚主义的弥赛亚性,也就是唤起了责任和解构的绝境。由此德里达认为在正义和他者之中,没有弥赛亚的名字,弥赛亚作为幽灵性的弥赛亚是复多的弥赛亚,是不可能性的弥赛亚。在不可能性的正义中,一个正义的礼物在间隔中,给予不可计算的他者一个不可计算的礼物,礼物在他者之间流动。

结　语
法则：严格的间接性

一

本书的主题是当代思想如何论述法则的暴力以及克服法则暴力的可能道路。从康德、荷尔德林到阿甘本、齐泽克等，有一条法则问题的内在线索。究竟什么是法则的暴力？在导论中，我们论述了现代性状况下法则的三个危机：第一，有没有作为至高者的法则？即"有无"危机。第二，有没有一个普遍的法则，同时又尊重个体的多样性？即普遍性危机。第三，法律在与正义和强力的纠缠中，为何总是陷入暴力？即正义危机。法则的三个危机所指向的都是法则的暴力。正如在导言中已经指出的：如果有一个至高者，但是现代性已经处于诸神远遁的境况中，坚持一个至高者的法则被视为对至高者的替代，它是暴力的。如果没有至高者，那么仍然有诸神之争的问题，法则反而显得更多，法则之间必有冲突和暴力。如果有一个普遍的法则，那么它对于个体则是暴力的。如果没有一个普遍的法则，那么个体的法则之间就会陷入暴力。如果法则是正义的，那么就必须是强力的，但如果法则是强力的，又怎能避免暴力。如此看来，法则很难不坠入暴力的泥淖。那么法则的暴力其实质究竟是什么？

康德以是否具有客观普遍性为准绳区分了准则（Maximen）、规则（Regel）和法则（Gesetz），法则的暴力正在于普遍的法则（Gesetz）如何面对特殊的准则（Maximen），在阿多诺看来康德的道德哲学正是以普遍压制特殊。利奥塔认为法则暴力的根源在于总体性，总体性（totality）法则和极权主义（totalitarianism）是同源的。总体性法则的基本逻辑是以一种主权统摄多元的、差异的世界，这是一对多的暴力。总体性法则依赖于神话叙事和解放叙事，而叙事的目的就在于将总体性合法化。因此，利奥塔要向总体性的合法化叙事开战。本雅明认为法律是一种试图垄断一切暴力的暴力,它最后会沦落为一种禁止一切法外暴力的力量,包括罢工权。本雅明区分了两种法律暴力即立法暴力和护法暴力。立法暴力是一种创建新法律的暴力,它旨在打破旧法律,独创新法。护法暴力是一种保护旧法律的暴力。但这两种暴力都被本雅明视为神话暴力,因为在其中暴力是一种手段,是命运的强加。海德格尔认为笛卡尔和尼采的主体都仍然落实在自身性上,即通过对主体性的确认,建构起对万物进行宰制的主体哲学。正是基于这种主体地位的僭越,才产生了用笛卡尔的主体哲学解读普罗泰戈拉箴言"人是万物的尺度",将这一箴言理解为主体中心的宣告。这种尺度和法则的暴力正在于主体的自我合法化。薇依认为世界之美,就是世界的秩序、世界的法则,它是物质的盲目和暴力,也是精确的、绝对的被动性,世界的法则迫使人放弃虚幻的想象,直面物质的暴力。施米特质疑现代自由主义,认为自由主义的商谈政治无法面对人在根性上的本质缺陷,也无法解决国家危机时刻的例外状态处境。他虽然想保护民主,但最终将希望寄托在主权者身上,试图以主权和法则将一切例外状态都纳入进来。由此,施米特鲜明地呈现了法则的暴力,即以法则压制例外,这一点受到了阿甘本的批判,阿甘本试图以本雅明的"真正的例外状态"去克服"虚构的例外状态"。在当代保罗复兴中,诸大陆哲学家将律法的秩序归结为自然秩序、存在秩序、虚构的例外状态和结构性的例外,在律法的秩序中,生命处于律法的暴力之下。德里达将法则视为一种建制,悖论在于人们需要法则这种建制但又必须创造性地面对法则。更进一步,德里达发现了法律的同语反复,即法律是一种自我要求同一并维持这种同一的力量,自我重复的同语反复铭刻在法律的核心之中。法律的同语反复必然排斥一切延异污染,必然排斥一切例外的情境。

什么是法则的暴力?以上诸位思想家分别得出这样的结论:在康德的语境中,法则的暴力即以普遍的法则压制特殊的准则。利奥塔认为是总体性的合法化叙事,本雅明认为是垄断了一切个人暴力的力量,海德格尔认为是主体的僭越以致产生了主体中心并宰制万物的形而上学,薇依认为是物质的必然性和盲目的暴力,在社会事物中它就是集体的自我合法的暴力。阿甘本批判施米特并认为法则的暴力在于法则无视自身起源于例外并压制例外。当代保罗复兴中的诸思想家譬如齐泽克、巴丢等展示了律法激发主体欲望并使主体处于存在秩序之中。德里达则从本体上揭示了一切法律都具有同语反复和自我同一的结构。所有这些观点实质上都指向了法则的暴力是一种具有同语反复、自我同一结构的合法化力量,它通过自我合法化和自我总体化的方式控制一切多元和差异,因此它必然要排斥例外和特殊。

但关键的问题在于,法则从何处获得这种自我合法化和自我同一化的能量?同语反复的持续发动是如何可能的?本雅明指出法律始终要在立法暴力和护法暴力之间震荡,但是这一震荡恰恰有着衰竭的步伐。本雅明在《神学—政治残篇》中对此有政治神学上相应的阐明:

> 至于带来不朽精神上的"整体的偿还"(restitutio in integrum)——却伴随着一个尘世的偿还,这种尘世的偿还带来的是永恒的毁灭,并且这种永恒的、短暂无常的尘世存在的节奏(这种短暂无常是尘世存在之空间性的同时,也是时间性总体之中的短暂无常),这种出自弥赛亚的自然节奏,是一种幸福。因为自然以它的永恒的、总体性的消亡为理由,而属于弥赛亚。
>
> 为这种消亡而奋斗,甚至为了那些本来便是自然的人生诸阶段而奋斗,乃是世界政治学的任务,而且手段必须称之为虚无主义。①

在本雅明看来,尘世存在的节奏就是一种永恒的、总体性的消亡,是一种衰竭的步伐。正如在立法暴力和护法暴力的震荡中,可重复性就已经铭刻在立法暴力的起源中,因此纯粹的开创是不可能的,它已经以可重复性为前提。而护法暴力则要抵制一切对法律构成威胁的开创性力量,但由于法律在其起源上的丑闻使得护法暴力的动力逐渐衰竭。因此,立法暴力和护法暴力之间的震荡最后必然导致法律自身的衰竭。这种衰竭也是法律的自我合法化和自我总体化力量的衰竭。本雅明在自杀前草就的《历史哲学论纲》中指出要以"真正的例外状态"唤起对纳粹的抵抗,这种真正的例外状态正是以世界的普遍衰败为前提的。这种普遍衰败的尘世节奏,正是弥赛亚的自然节奏。真正的例外状态所唤起的对法则

---

① 刘小枫编:《当代政治神学文选》,长春:吉林人民出版社,2002年,第52—53页。

暴力的克服，正是一种虚无主义的政治神学，它指向的是消灭法律本身的暴力结构，甚至是促进、推动这种消亡。本雅明从早期《暴力批判》中对立法暴力和护法暴力震荡关系的洞察到晚期对虚无主义的政治神学的沉思开创了一条将法则的衰败和弥赛亚的节奏相连的道路。要克服法则的暴力，也正是要促进法则内部使其自身衰竭的震荡机制。

二

本雅明的《神学—政治残篇》和《历史哲学论纲》需要从更深的历史哲学和宇宙沉思中去理解。《诗篇》102篇26节："天地都要毁灭，你却长存；天地都要像衣服一样渐渐残旧；你要更换天地如同更换衣物一样，天地就被更换。"世界正在像衣服一样渐渐残旧，这就是世界的衰竭、衰败的步伐。世界从其诞生之时起，就在走向衰竭。正如一个人，从青壮年走向自己的老年，这是一个衰竭的过程。衰竭的步伐是人生理的特征，是宇宙演化的特征，也是历史进程的特征。成为废墟，这好像是世界对万物的唯一命令。本雅明在现代性的超市、大街、咖啡馆看到了这种废墟的永恒轮回，那些由废品加工而成的现代建筑和现代玻璃，都难以抹去深深烙印其上的废墟特征。成为废墟，仿佛是细胞、建筑、城市、国家、教会、天体、宇宙等一切造物的根本结局。本雅明指出，一个国家在建立时的活力会随着护法暴力的自我保护本能逐渐耗竭。万物中有着一种走向衰竭的步伐，这一步伐是迎向终末的。但终末不是一个将要来临的存在状态，而是万物走向其衰竭和终末的节奏。世界的节奏正是衰竭本身，世界是以其消逝的虚无主义步伐走向救赎的。

那么我们应该如何面对世界的衰竭步伐？在现代的转折点上，尼采、克尔凯郭尔和马克思都深邃地洞察到世界的衰竭步伐。尼采的永恒轮回，作为周而复始的重复，已经具有了废墟的面貌，永恒轮回也就是世界永恒地成为废墟。而颓废，首先是身体的疾病和衰竭，对生命的敌意和冷漠，由此终将走向对生命的报复。马克思发现资本主义自身中有着不可克服的供求矛盾，而这一矛盾必然将资本主义带往衰竭。资本主义自身在衰竭，并使工人处于衰竭的状态。劳动者所得的报酬仅仅用以维持劳动者的存活，因此工资的本质就在于使工人的生命处于自然的衰竭状态。克尔凯郭尔看到现代基督教陷入伦理化教导的危机，信仰成为了一种教条式的普遍性话语,教会成为了民族国家的一个尘世机构,而这正是信仰在现代的衰竭征兆。由此,克尔凯郭尔试图以个体性突破普遍性,走出尘世机构的教会,从而为个体的信仰提供可能性。尼采、马克思、克尔凯郭尔都意识到世界的衰竭,试图从身体、资本、个体这三个维度加速世界步入衰竭,将这种衰竭激进化。

究竟应当如何面对不可挽回的衰竭?随着整个现代性的兴起,世界不断地世俗化。我们只能处身于自身的时代中,即处身于现代性的衰竭步伐。任何逃避这种衰竭步伐的努力都是幻想。自反的现代性立足于自身的当下时代,却反对自身所处的时代,但他并不回归到过去或者将来,而是将整个现代激进化,使"现在"这一时间步入衰竭。由此,需要批判信仰进步主义的启蒙,却要为那些自反的启蒙辩护。福柯在《何为启蒙》中认为这些自反的启蒙思想具有思想的英雄品格:

> 这种自愿的、艰难的态度在于重新把握某种永恒的东西,它既不超越现时,也不在现时之后,而在现时之中。现代性有别于时髦,后者只是追随时光的消逝。现代性是一种态度,它使人得以把握现时中的"英雄"的东西。现代性并不是一种对短暂的现在的敏感,而是一种使现在"英雄化"的意愿。①

在评论康德与波德莱尔时,福柯将现代性视为一种态度,尤其是面对"现在"的态度,这一态度就是:使现在"英雄化"。使现在"英雄化",不是强化一个作为中心的主体,而是强化主体在面对"过渡、瞬间即逝、偶然性"时的态度,使现在变得尖锐可触,使现在激进化达到现在的界限,顺从于时间本有的衰竭和瞬间即逝。在当下的衰竭时代,批判当下的衰竭,并将当下的衰竭激进化,因为整个现在都被衰竭所统摄和耗竭。而世界的衰竭本身就是弥赛亚的自然节奏。在本雅明看来,世界的政治神学目的就在于推进世界的衰竭和消亡。启蒙现代性的成果加速了世界的衰竭,这一衰竭正是弥赛亚自身的自然节奏。这也是本雅明在其天才的《神学—政治残篇》中对推进世界衰竭的政治神学的揭示。本雅明在自杀前的思想遗嘱《历史哲学论纲》中要求激发起"真正的例外状态",这一要求正是使现在"英雄化"。面向世界的衰竭进行言说,这是保罗直至尼采、马克思和克尔凯郭尔等人面向世界的共同姿

---

① 福柯:《福柯选集》,杜小真选编,上海:上海远东出版社,2002年,第534页。

态。这一姿态具有终末论的气质,但它并不是等待一位将来的弥赛亚,相反,弥赛亚就是世界的衰竭本身,弥赛亚就在世界衰竭的极端时刻侧身进入世界。

为何值得为世界的衰竭辩护?为何我们随着世界的衰竭恰恰跟上了弥赛亚的步伐?人若只是客居于世,就像一位客居异乡为奴的人,为了摆脱自身的劳役,反而加重自身的劳役,以便让时间变得更为尖锐,以便弥赛亚在世界的衰竭过程中侧身来临。更为重要的是,世界衰竭的步伐也正是那不可衰竭之物迸放出来的步伐。布朗肖说,卡夫卡是在为那些不可摧毁之物辩护。但是那不可摧毁之物只有在世界的摧毁中才显出其不可摧毁,或者说那不可摧毁之物本身正是世界的必然摧毁。不可衰竭的部分正是衰竭的永恒步伐,这也是尼采所说的"极端的虚无主义",即只有无意义永恒。什么是世界的衰竭过程所保留和保存的?这也正是弥赛亚的衰竭步伐和侧身进入世界的目的所在,弥赛亚在世界衰竭的极端时刻"屈身拾捡光的碎屑"(策兰:《旅伴》)。

三

本书沿着本雅明所提供的克服法则暴力的三条途径展开论述,这三条途径分别是文人美学、历史唯物主义的革命和弥赛亚的救赎。本书从本雅明的道路中获得启发,将当代对法则暴力的克服归结为三条道路(大致对应,而非准确地):诗意、例外和正义,诗意大致对应于文人美学,例外大致对应于历史唯物主义的革命,正义大致对应于弥赛亚的救赎。也就是说用诗意的柔和克服法则暴力,将法则激进化成为一种例外,或者用超越法则的正义克服法则暴力。法则的悖论在于:如何有一个法则,同时又不是暴力的。但只要是法则,就必然是暴力的。然而,如果没有法则,我们就无法生活。于是,问题就归结为,究竟有没有法则,是一种非暴力的法则。我们来逐一总结 20 世纪思想家究竟是如何克服法则的自我合法化和自我总体化的。

在第一章中,论述了康德、利奥塔和本雅明,他们较为综合地论述了法则的概念、法则的暴力以及克服法则暴力的三条道路。康德区分了普遍的法则、特殊的准则以及介于两者之间的规则,本书旨在寻找一种既是普遍又是特殊的,且作为至高者的法则。在康德的思想中,始终隐含着普遍性和特殊性之间的张力和危机,这也是规定的判断力和反思的判断力的差异所在。对于利奥塔,克服法则暴力的审美方式是推崇后现代崇高艺术,崇高艺术拒绝总体性与合法化,崇高艺术使总体性与合法化失败,因为在崇高艺术中想象力失败了,这时人们就触及了前感知的感知即物的领域。克服法则暴力的革命方式是利奥塔竭力将法则视为事件的发生,不同的法则之间是不可通约的,法则自身就是例外。唯一性、例子(例外)本身就是一种为自己建立法则的能力,是一种先天立法,属于"反思性判断力"自己的领地。克服法则的救赎方式是利奥塔提出了公正游戏的问题,既然法则不可通约那么公正如何可能?利奥塔认为法则只能来自纯粹意志,而不是来自任何实体的主权力量。对于本雅明而言,克服法则暴力的审美方式是灵韵消逝时代的文人美学,在文人美学中城市的游逛者拒绝总体性话语的同一,在过去和现在之间寻找辩证意象。辩证意象的非总体性使得文人美学具有瓦解总体性的力量。克服法则暴力的革命方式是本雅明后来诉诸历史唯物主义,要革命者保持对历史中的被压迫者的记忆,要激发起"真正的例外状态",只有真正的例外状态才不至于被主权力量再次同化。克服法则暴力的弥赛亚救赎方式是本雅明将当下的每一个瞬间都视为弥赛亚来临的小门,从而激发了"现在"时间,使人们摆脱历史的寂静主义,从而承担起自身的责任。在余下的各章中,就分别按诗意、例外、正义三条道路展开对法则暴力的克服。

第二章主要是通过对海德格尔和薇依的论述,展开以诗意的方式克服法则暴力的途径。海德格尔认为法则的暴力出于形而上学的立场,即那种遗忘存在的主体中心的现代哲学。海德格尔所说的法则(Gesetz)是至高者,作为存在的历史,本身是天命的发送。海德格尔将直接者等同于间接性。海德格尔以诗意的方式,尤其是以荷尔德林的颂歌为例,论述以诗的歌咏去接受光芒的中介作用,接受直接者的暴力,从而将民众庇护在歌声之中。但是海德格尔没有侧重于荷尔德林所说的"严格的间接性",因此仍不可避免地残留着暴力。海德格尔认为存在着法则,但法则必须是柔和的。薇依从物质与思维的区分论述世界之美,世界之美作为世界的秩序和世界的法则,服从于绝对的必然性。但这一必然性的暴力从思维的角度看,只是完全服从于上帝的形象。在法则的必然性暴力和柔和的顺从之间,薇依在世界之美中看到了双重的形象:大海的力量和百合花的柔和。

第三章主要是通过对施米特、阿甘本和当代保罗复兴的论述，展开以例外的方式克服法则暴力的途径。阿甘本追问究竟谁是当代关于例外状态的决定性诠释者，是施米特，还是本雅明？一般认为本雅明受施米特影响，但本雅明在《德国悲悼剧的起源》中对君王这一决断者无力决断的反讽显然已是针对施米特，而在《历史哲学论纲》中要求以"真正的例外状态"来唤起革命意识克服寂静主义，这显然已是对施米特的反击了。当代保罗复兴中的诸大陆哲学家譬如陶伯斯、巴丢、齐泽克等接续了政治神学的问题意识，寻找普纽玛秩序、事件领域、圣爱的领域这些"真正的例外状态"，以便超越自然秩序、存在领域和结构性的例外这些"虚构的例外状态"。阿甘本将由本雅明所发展出来的"真正的例外状态"和现代性的生命政治关联起来，试图以"真正的例外状态"打破法律和生命之间的连接。第四章主要是通过对德里达的论述，展开以正义的方式克服法则暴力的途径。狄德罗、荷尔德林与德里达对模仿论的解构超逾了自然和法则之争，从而敞开了对至高法则的思考。在德里达看来，法则或者法律的暴力在于它是一种同语反复的建制，通过同语反复法则才垄断一切暴力，排斥例外，并且使得正义的介入成为不可能。但德里达指出正是在同语反复之中，就已经有了延异污染，甚至法则的同语反复是以延异污染为前提的。因此，法律是可以解构的，正义是法律的可解构性本身，正义是不可解构的。

从诗意、例外、正义三条道路说明克服法则暴力的方式，那么这三条道路最终所说的是什么？他们之间是否有一致的地方？关于这一点，我们需要先回溯到 nomos 这个概念，尤其是它在品达那里的含义，以及 20 世纪诸多思想家对品达的《残篇 169》的不同见解。

四

品达的《残篇 169》引起了荷尔德林、海德格尔、施米特、布朗肖、阿甘本、南希等人的关注，他们各自从不同的角度对此残篇进行了解读。残篇的原文如下：

    Nomos ho pantōn basileus
    Thnatōn te kai athanatōn

agei dikaiōn to Biaiotaton
hypertatai cheiri: tekmairomai
ergosin Herakleos.

根据英译可以译为：

法则，万物之王，
必死者和不朽者之王，
以最强之手引导，
使最暴力的正当。
我推知于赫拉克勒斯的行迹。

在品达的残篇中，法（nomos）和王、主权（sovereign）结合起来了。这也正是施米特的着力之处。施米特认为 nomos 是一种直接的立法事件，可以不中介于法律和法规。在《大地之法》中，施米特强调 nomos 的原初含义是土地的首次居有和夺取，强调了 nomos 作为主权的力量。施米特强调 nomos 具有三个含义：夺取（appropriation）、分配（distribution）、产品（production）。在施米特的 nomos 概念中，夺取、分配、产品作为 nomos 的三个环节均是暴力的。nomos 作为夺取，是主权者的暴力，是命令的发布者的暴力。nomos 作为分配是对土地的原初划分，这种区分也是暴力的。nomos 作为产品是对分配和区分的保持，要保持这种区分也是暴力的。因此，nomos 的三个含义，也是 nomos 的三个环节，夺取、分配、产品作为主权、区分、保持都是暴力的。这就是法的暴力。但是阿甘本指出，在赫西俄德那里 nomos 仍然是从法（law）中区分出暴力（voilence）的力量。在《工作与时日》（275—280）中，赫西俄德写到："佩尔塞斯啊，你要记住这些事：倾听正义（Dikē），完全忘记暴力（Biaia）。因为克洛诺斯之子已将此法则（nomos）交给了人类。由于鱼、兽和有翅膀的鸟类之间没有正义，因此他们相互吞食。但是宙斯已把正义这个最好的礼品送给了人类。"①在赫西俄德看来，人类有法则（nomos），这一法则就是将正义（Dikē）和暴力（Biaia）区分开来的力量。nomos 仅在人类中间存在，并以此区别于动物。显然，赫西俄德仍未将正义和暴力结合起来，而是力图将两者区分开来。

---

① 赫西俄德：《工作与时日》，张竹明、蒋平译，北京：商务印书馆，2006年，第9页。

古希腊思想如何离开赫西俄德的原则,逐渐一步步地将正义和暴力连接起来?作为人类能力的正义,这一区分正义和暴力的法则如何会成为暴力,或者说暴力是如何一步步被接纳到正义和法则中的?这就是阿甘本所疑惑的。阿甘本当然是从现代欧洲思想关于法则的暴力出发的,尤其是从本雅明和施米特关于法则的暴力的论述出发的。但是现代欧洲关于法则暴力的思想仍然需要回溯到西方思想的根脉中去看看问题究竟何在。阿甘本指出,在梭伦的《残篇24》,以 nomos 的力量将暴力和正义连接起来了,暴力和正义的连接关系已经不再是含混的。然后,在品达的残篇中就有了"使最暴力的正当",在 nomos 之下,最暴力的被正当化了。阿甘本指出品达是西方第一个思考主权的伟大思想家:"主权的法(nomos)是一种原则:连接法(law)和暴力并以致使两者无区分来威胁它们。"①于是 nomos 成为了一个主权问题,而主权问题的关键就在于致使正义和暴力难以区分,形成一个阿甘本所强调的"无区分地带",居有这一"无区分地带"的正是主权者。法的无区分正是根源于 nomos 和 Dikē 的混淆,因此阿甘本将例外状态的理论追溯到了古希腊关于 nomos 的论辩中。从古希腊对 nomos 的见解中,可以清晰地看到暴力(Biaia)对 nomos 和 Dikē 之区分的侵扰。当代的法则危机也正是西方思想根脉上的危机。

但是荷尔德林认为品达所说的 nomos 是指"严格的间接性",是知识的最高根据。荷尔德林的品达诠释全文如下:

至高者

Das Gesetz,
Von allen der König, Sterblich und
Unsterblich; das fuehrt eben
Darum gewaltig
Das gerechteste Recht mit allerhöchster Hand

法则,
万物之王,必死者和
不朽者之王;为此

---

① Giorgio Agamben, *Homo Sacer: Sovereign Power and Bare Life*, trans. Daniel Heller-Roazen, Stanford: Stanford University Press. 1998, p. 25. 这里对古希腊关于法则、正义和暴力的思想脉络的梳理主要参考阿甘本在该书中的清晰论述。

以至高无上的手

有力地施行最公正的权力。

荷尔德林对这个残篇进行了疏解：

> 严格地说（streng genommen），直接者对必死者和不朽者都是不可能的；神根据其本性必须区分不同的世界，因为天国的财富为了它自身的缘故必须是神圣的，没有杂质。人作为认识者也必须区分不同的世界，因为知识只有通过对立才是可能的。严格地说，直接者对于必死者是不可能的，同样对不朽者也是不可能的。
>
> 而严格的间接性（die strenge Mittelbarkeit）就是法则。
>
> 这就是为什么那至高无上的手有力地施行最公正的权力。
>
> 在一定程度上，原则（Zucht）是人遭遇自身和神的形式，就是教会和国家的法则（Gesetz）和承继的法令（Sazungen）（神的神圣性；对人而言是知识、解释的可能性），对于这些那至高无上的手有力地施行最公正的权力（das gerechteste Recht）；这些比艺术施行得更为严格，在艺术中把持着活生生的关系，在时间中，一个民族已经遭遇它自身且要继续遭遇。
>
> "王"在这里意味着至高的，是认识的至高根据的记号，而不是至高的权力。①

法则（nomos）就是至高的区分、分配。区分、分配就是至高的公正。由此，法则开启了原初的伦理学。对于神而言，法则就是神的神圣性，就是神自身的经济（Oikonomia）。神的神圣性使神和人区别开来，分配在毫无杂质的纯净中进行，这是神的自我认识。对于人而言，法则就是知识的根据。知识唯有通过区分才可能达到，知识是在区分之中建立的。原初的区分，也就是法则的分配，使得知识成为可能。法则，作为至高的分配和至高的公正，也是知识的根据。在这里，公正要先于认知。因为认知是判断，所以公正要先于判断。在荷尔德林看来，法则要高于神和人，原初至高的公正和分配要高于神和人，严格的间接性要高于一切直接性，而一切直接性对于神和人都是不可能的。

---

① Friedrich Hölderlin, *Essays and Letters*, trans. Jeremy Adler and Charlie Louth, London: Penguin Group, 2009, pp. 336—337. 参考孙周兴译文，有改动。

法则(nomos)所指向的并非直接性,并非主权者,而是严格的间接性。法则实现着至高的原初区分,实现着神的神圣性和人的认知根据。法则,就是"万物之王"。但这个"王",只是万物之间的区分,只是严格的间接性本身,而并非占有区分权力的主权者。法则,作为"万物之王",恰恰是对一切直接性的批判,它就是万物之间最为严格的间接性。要克服法则的暴力,无论是通过文人美学、历史唯物主义,还是弥赛亚的救赎,都必须瓦解法则背后的实体主权。因为主权授予法则,同时意味着暴力。荷尔德林对"严格的间接性"的强调正可以瓦解建基于实体主权者的法则暴力,而这些思想得到了当代诸多思想家的回应,他们的思路是一致的。

五

从是否将法则的基础最后归结到主权上,可以区分出两个线索(大致地,而不是准确地)。第一个线索仍然坚持或者假定了主权者。施米特落实在主权决定例外状态和罗马天主教的政治形式。巴丢诉求普遍单一的法则,质疑后现代的多元和差异。阿甘本将本雅明的"真正的例外状态"进一步推向历史唯物主义,激进地要求切断法律和生命的关系,但又认为微调是有效的操作模式。齐泽克一方面说没有救世主,另一方面又要参照基督事件。这一线索坚持、假定一个主权者。要么将一切例外法则化,譬如施米特认为例外状态也是由主权来决定的,而且主权就是决定例外状态;要么在法则化的世界中试图寻找一个可以保留例外的领域,施特劳斯就是要在政治这一法则的领域中为哲学生活的例外找到正当性。因此,坚持或者假定一个主权者,也就是要将世界完全纳入法则的领域,或者在法则的世界中寻找一种例外状态的可能性。

第二个线索,从荷尔德林到薇依、利奥塔、德里达、南希都假定了弥赛亚和至高者的缺席,但是缺席的弥赛亚如何与尘世相关联呢。巴塔耶说:"主权是空无(Nothing),而且我已试图说明用它来制造物是多么的愚蠢(但却是不可避免的)。"[①]在荷尔德林看来,真正的至高者不是绝对君主制意义上的至高者,不是凌驾于一切之上的至高者,而是作为万物的知识根据,是认识论意义上的至高者。荷尔德林否定了直接性,否定了作为主权者的至高者的直接

[①] 巴塔耶:《色情、耗费与普遍经济》,汪民安选编,长春:吉林人民出版社,2003年,第264页。

统治。荷尔德林认为无论对于人,还是对于神,直接性都是不可能的。因为,无论是人还是神都必须依赖于区分,唯有以区分为前提才能建构自己的生活世界。这里的区分并非施米特的敌友区分,而是通过区分来界定自身的有限性,这是一种通往有限性的区分。唯有通过这种通往自身有限性的区分,人才不至于要成为神,要去取代至高者的位置。在有限的世界中,那些原则、法则和法令不是僵死的教条,而是人与神相遇的方式。人并不是直接与至高者发生关联,而是通过来到法的前面与神相遇。法则,是人和神相遇之处,而这样的法则是严格间接性的法则。

虽然海德格尔也呈现了神和人只是间接者。但是学者 Thomas Schestag 指出海德格尔忽视了荷尔德林尤其强调的"严格地说(streng genommen)"。与此相类,海德格尔几乎完全忽视了 streng genommen 中的限定词 streng,忽视了严格的间接性(die strenge Mittelbarkeit)中的"严格"(strenge)一词,strenge 是对间接性的限制,海德格尔将直接者等同于间接性,但是荷尔德林所要强调的恰恰是"严格的"间接性。① 严格的间接性所要突出的是间接者作为间接者的中介缺失,也正是荷尔德林所说的神和人的双重不忠。"双重的不忠"是荷尔德林在《关于〈俄狄浦斯〉的说明》中提出来的:

  人和神在无奈的时间之中,以便世界的进程没有空隙,而天国的记忆不落空,在忘却一切的不忠之形式中传达自身,显然神圣的不忠最好存留下来。

  在如此之契机中,人忘记了自己和神,并且就像叛逆者掉转头,当然是以神圣的方式。——在痛苦的极限上,除了时间或空间的条件,无物存在。

  因为人全然融于此契机,此刻他忘记自身;因为神并非其他而就是时间,他也自忘;而两者皆不忠。②

悲剧英雄死亡时"双重不忠"的时刻是纯粹的空无,甚至没有时间和空间,而只有时间和空间的限定,也就是只有时空的可能性条件。因此,这一刻任何表象都是不可能的,这里发生了范畴的转

---

① Aris Fioretos ed., *The Solid Letter*: *Reading of Friedrich Hölderlin*, California: Stanford University Press, 1999, p. 386.

② 荷尔德林:《荷尔德林文集》,戴晖译,北京:商务印书馆,2003 年,第 270 页。

向。悲剧作为一门表象艺术,在停顿时刻丧失了表象,甚至丧失了时空,而只剩下一个条件,这是一个不可能性的条件。唯有通过停顿,悲剧才有可能得到表达,悲剧的运行才成为可能。在停顿的瞬间,神触及人,但同时神又自身远引;人被触及,于是记号=0,悲剧英雄死亡。因此,这是触不可触的停顿,触及是以不可触及为前提的,在触及的刹那就已经不再触及。荷尔德林认为这是一种时间的不忠。神本身就是时间,而人完全被神触及,因此两者都遗忘了自身,两者都是不忠的。时间本身就在发生绝对的转向,因此无法在开端和结尾之间保持一致。人必须跟随时间发生转向。双重的不忠打开了可能性的间隔(spacing)。荷尔德林认为神的不忠应该被保留下来,要热爱神以不忠的方式显示自身,要热爱神的空缺。神正是通过保持自身空缺的方式保护天国的记忆,让人通过神的空缺来记忆天国。布朗肖强调荷尔德林的"双重不忠"的观念,布朗肖在《荷尔德林的思路》中精彩地写道:

> 今天,诗人不应再处于诸神和人类之间,就像是他们的媒介那样,而是应当处在这双重的不忠(the double infidelity)之间,保持在神灵和人的这种双重回归的交叉上,即双重和相互的运动的交叉上,通过这种运动,打开了一种间隙,空无,从此后,它将构建成两个世界之间的基本关系。诗人因此应当抵御正在消亡的并在他们消亡中将他吸引过去的诸神的热望(尤其是基督);诗人应当抵御纯粹的在尘世的生存,即诗人们无法建起的生存;诗人应当完成这种双重的颠倒,担负起双重不忠的重担,这样,以使两个领域泾渭分明,同时纯粹地经历着分离,同时又是这种分离本身的纯净的生活,因为这个空无而纯洁的地方区分着两个领域,在此,便是神圣,是神圣这个撕裂的内在深处。①

布朗肖强调荷尔德林的"双重不忠"的观念,强调海德格尔所说的诗人作为神和人的中介是不存在的。要保持中介的缺失,从而不至于以各种先知、诗人或者主权者的名目去填补神和人之间的中空场域。荷尔德林晚期通过走向至高者的严格间接性也就是法的领域避免了悲剧中的献祭牺牲,这是荷尔德林从悲剧的献祭牺牲向着法的严格间接性的一次断然回归。间隔的敞开、双重的

---

① 布朗肖:《文学空间》,顾嘉琛译,北京:商务印书馆,2003年,第284页。

不忠不只是在悲剧英雄的死亡中才能实现,在教会、国家和法律中就有了神和人的双重不忠。因为这些法,这些严格的间接性,本身就是对双重不忠的历史记忆。走向法,也就是人走向自我意识的历程,也就是人走向人和神之绝对分离的历程。走向法,不仅保存了人的领域,也保护了神的绝对他异。在神和人之间,通过严格间接性的间隔相互分离开来,从而敞开了一个空无而纯洁的间隔地带。真正的法则就是那个严格的间接性,就是让神和人、国家与教会、人和人相互遭遇自身的场域。法则是相遇的可能性条件,而不是主权的统治。如此,法则是一种场域的敞开,或者通道的打开,而不是发布命令、授予权力。南希如此回应品达:

> 对世界的分享就是世界的法则。世界没有任何别的东西;它并不受制于任何权威;它并没有一位主权者。宇宙(Cosmos),法则(nomos)。它的最高法则在其内部,作为它所是的那种分享的多样的和可变的踪迹。法则(nomos)就是对它的各个部分的分配、指派和配置:一片领土,一份食物,每一次对每种权利和需求的合适[il convient]界定。①

由此,我们从品达将 nomos 视为至高无上的主权及其后继者们那里回归一条古旧的阐释道路,从当代瓦解的话语中回归到一条建构的古老道路。当代思想瓦解了法的主权机制,也瓦解了法的道德基础,但这恰恰提供了法则重新建构自身的契机,因为正如荷尔德林在《拔摩岛》中所说的"哪里有危险,哪里就有拯救"。这些瓦解正让我们看到法则既不是主权,也不是道德,而是间隔的分享。nomos 是严格的间接性,是神和人、国家与教会、人和人之间相遇的方式,nomos 是通道的打开,是对世界的分享。从荷尔德林开始,经过利奥塔、德里达、南希等人的阐释,瓦解了实体主权的完整性,说明实体主权是不完整的。如此主权就不至于成为一种控制和命令发布,从而突破现代性的生命政治。但并不是像阿甘本所说的将法律和生命的关联断裂开来,而恰恰是在严格的间接性中让法律成为法律,让生命成为生命,也只有在严格的间接性中,生命和法律的内在连接才重新嵌合起来。这时生命和法律的连接,不再是例外状态处境中生命政治的治理术,而是人和人、人和

---

① Jean-Luc Nancy, *Being Singular Plural*, trans. Robert D. Richardson and Anne E. O'Byrne, California: Stanford University Press, 2000, p. 185.

神在法的前面相遇。法则不是一种自我合法化的建制,既不是法规也不是法权,而且也不是某位主权者授予的道德建制。法则作为至高者,恰恰不是权力,而是分享与相遇。法则必须是严格的间接性,即法则是间接性本身,是个体和个体之间间隔的调谐。法则是个体和个体之间对这一间隔的共享。他们所共享的不是某物,而是间隔本身。人们通过间隔连接起各自的多样性和丰富性,通过间隔的分享每个人成为独一却是多样的存在。人们所分享的间隔并不是用来进行敌友区分的,而是用来分享世界的正义。

参考文献

中文著作

伯林:《浪漫主义的根源》,吕梁等译,南京:译林出版社,2008年。
巴迪乌:《普世主义的基础》,陈永国译,台北:台湾基督教文艺出版社,2011年。
巴特:《罗马书释义》,魏育青译,上海:华东师范大学出版社,2005年。
博尔:《天国的批判》(上、下),庄振华、胡继华、林振华译,台北:台湾基督教文艺出版社,2010年。
本雅明:《本雅明文选》,陈永国、马海良编,北京:中国社会科学出版社,1999年。
本雅明:《经验与贫乏》,王炳均、杨劲译,天津:百花文艺出版社,1999年。
本雅明:《机械复制时代的艺术作品》,王才勇译,北京:中国城市出版社,2002年。
本雅明:《启迪:本雅明文选》,阿伦特编,张旭东、王斑译,北京:三联书店,2008年。
本雅明:《写作与救赎:本雅明文选》,李茂增、苏仲乐译,上海:东方出版中心,2009年。
巴塔耶:《色情、耗费与普遍经济》,汪民安选编,长春:吉林人民出版社,2003年。
布朗肖:《文学空间》,顾嘉琛译,北京:商务印书馆,2003年。
陈晓明:《德里达的底线——解构的要义与新人文学的到来》,北京:北京大学出版社,2009年。
德里达:《论文字学》,汪堂家译,上海:上海译文出版社,1999年。
德里达:《书写与差异》,张宁译,北京:三联书店,2001年。
德里达:《文学行动》,赵兴国等译,北京:中国社会科学出版社,1998年。
德里达:《马克思的幽灵》,何一译,北京:中国人民大学出版社,1999年。
德里达:《〈友爱政治学〉及其他》,夏可君编,胡继华等译,长春:吉林人民出版社,2006年。
德里达:《解构与思想的未来》,夏可君编校,长春:吉林人民出版社,2006年。
德里达、基阿尼·瓦蒂莫主编:《宗教》,杜小真译,北京:商务印书馆,2006年。
德里达:《德里达中国演讲录》,杜小真、张宁编译,北京:中央编译出版社,

2002年。
德里达:《论精神:海德格尔与问题》,朱刚译,上海:上海译文出版社,2008年。
邓晓芒:《康德哲学诸问题》,北京:三联书店,2006年。
狄德罗:《狄德罗美学论文选》,张冠尧等译,北京:人民文学出版社,1984年。
迪特·亨利希:《康德与黑格尔之间:德国观念论讲演录》,彭文本译,台北:商周出版社,2006年。
弗兰克:《德国早期浪漫主义美学导论》,聂军等译,吉林:吉林人民出版社,2006年。
弗莱切:《记忆的承诺:马克思、本雅明、德里达的历史与政治》,田明译,上海:华东师范大学出版社,2009年。
高桥哲哉:《德里达:解构》,王欣译,石家庄:河北教育出版社,2001年。
郭军、曹雷雨编:《论瓦尔特·本雅明:现代性、寓言和语言的种子》,长春:吉林人民出版社,2003年。
耿幼壮:《视觉·躯体·文本:解读西方艺术》,北京:人民美术出版社,2002年。
赫西俄德:《工作与时日》,张竹明、蒋平译,北京:商务印书馆,2006年。
荷尔德林:《荷尔德林文集》,戴晖译,北京:商务印书馆,2003年。
荷尔德林:《荷尔德林诗选》,顾正祥译注,北京:北京大学出版社,1994年。
海德格尔:《海德格尔选集》(上、下),孙周兴选编,上海:生活·读书·新知三联书店,1996年。
海德格尔:《形式显示的现象学:海德格尔早期弗莱堡文选》,孙周兴译,上海:同济大学出版社,2004年。
海德格尔:《存在与时间》,陈嘉映、王庆节译,北京:生活·读书·新知三联书店,1987年。
海德格尔:《尼采》,孙周兴译,北京:商务印书馆,2002年。
海德格尔:《路标》,孙周兴译,北京:商务印书馆,2000年。
海德格尔:《通向语言的途中》,孙周兴译,北京:商务印书馆,2004年。
海德格尔:《形而上学导论》,熊伟、王庆节译,北京:商务印书馆,1996年。
海德格尔:《荷尔德林诗的阐释》,孙周兴译,北京:商务印书馆,2000年。
海德格尔:《康德与形而上学疑难》,王庆节译,上海:上海译文出版社,2011年。
韩潮:《海德格尔与伦理学问题》,上海:同济大学出版社,2007年。
卡夫卡:《卡夫卡全集》,叶廷芳主编,河北:河北教育出版社,1996年。
康德:《实践理性批判》,韩水法译,北京:商务印书馆,1999年。
康德:《判断力批判》,邓晓芒译,北京:人民出版社,2002年。
康德:《纯粹理性批判》(第2版),李秋零译,北京:中国人民大学出版社,2004年。
康德:《历史理性批判文集》,何兆武译,北京:商务印书馆,2007年。

康德:《纯然理性界限内的宗教》,李秋零译,北京:中国人民大学出版社,
　　2007年。
柯朝钦:《例外状态的统治与救赎:论阿甘本的两种例外状态模式》,台湾私立
　　东海大学社会学研究所博士论文,2006年12月。
科耶夫等:《科耶夫的新拉丁帝国》,邱立波编/译,北京:华夏出版社,2008年。
利奥塔:《后现代性与公正游戏——利奥塔访谈、书信录》,谈瀛洲译,上海:上
　　海人民出版社,1997年。
利奥塔:《后现代状况——关于知识的报告》,岛子译,长沙:湖南美术出版社,
　　1996年。
利奥塔:《非人——时间漫谈》,罗国祥译,北京:商务印书馆,2000年。
利奥塔:《后现代道德》,莫伟民译,上海:学林出版社,2000年。
刘皓明著译:《荷尔德林后期诗歌》,上海:华东师范大学出版社,2009年。
刘小枫、陈少明主编:《荷尔德林的新神话》,北京:华夏出版社,2004年。
刘小枫:《现代人及其敌人:公法学家施米特引论》,北京:华夏出版社,
　　2005年。
刘小枫编:《当代政治神学文选》,蒋庆等译,长春:吉林人民出版社,2002年。
刘小枫编:《施米特和政治法学》,上海:上海三联书店,2002年。
迈尔:《隐匿的对话:施米特与施特劳斯》,朱雁冰、汪庆华等译,北京:华夏出版
　　社,2002年。
齐泽克:《敏感的主体——政治本体论的缺席》,孙晓坤译,江苏:江苏人民出版
　　社,2006年。
让-吕克·南希:《解构的共通体》,夏可君编校,郭建玲等译,上海:上海人民出
　　版社,2007年。
施米特:《政治的概念》,刘宗坤等译,上海:上海人民出版社,2004年。
施米特:《陆地与海洋——古今之"法"变》,林国基、周敏译,上海:华东师范大
　　学出版社,2006年。
施米特:《政治的浪漫派》,冯克利、刘锋译,上海:上海人民出版社,2004年。
施米特:《论断与概念:在与魏玛、日内瓦、凡尔塞的斗争中(1923—1939)》,上
　　海:上海人民出版社,2006年。
施米特:《宪法学说》,刘锋译,上海:上海人民出版社,2005年。
索勒姆:《本雅明:一个友谊的故事》,朱刘华译,上海:上海世纪出版股份有限
　　公司,2009年。
汪民安主编:《生产》(第2辑),桂林:广西师范大学出版社,2005年。
汪民安主编:《生产》(第4辑),桂林:广西师范大学出版社,2007年。
汪子嵩、范明生、陈村富、姚介厚:《希腊哲学史》(2),北京:人民出版社,
　　1993年。
薇依:《在期待之中》,杜小真、顾嘉琛译,北京:三联书店,1994年。
薇依:《扎根:人类责任宣言绪论》,徐卫翔译,北京:三联书店,2003年。

薇依:《重负与神恩》,顾嘉琛、杜小真译,北京:中国人民大学出版社,2005年。
夏可君:《世界的语言生成——与海德格尔一道发现世界》,武汉:武汉大学博士论文,2001年。
杨慧林:《圣言·人言:神学诠释学》,上海:上海译文出版社,2002年。
威廉姆斯:《利奥塔》,姚大志、赵雄峰译,哈尔滨:黑龙江人民出版社,2002年。
朱刚:《本原与延异——德里达对本原形而上学的解构》,上海:上海人民出版社,2005年。

中文期刊

耿幼壮:《诗歌的终结与见证的不可能性——论阿甘本的诗学思想》,载《外国文学评论》,2010年第1期。
薇依:《〈伊里亚特〉,或力量之诗》,吴雅凌译,载《上海文化》,2011年第3期。
夏可君:《荷尔德林的文论与现代汉诗写作的法度》,载《中国人民大学学报》,2009年第5期。
杨慧林:《"反向"的神学与文学研究——齐泽克"神学"的文学读解》,载《外国文学研究》,2009年第2期。
杨慧林:《从"差异"到"他者":对海德格尔与德里达的神学读解》,载《中国人民大学学报》,2004年第4期。
郁振华:《认识论视野中的判断力——康德判断力理论新探》,载《哲学研究》,2005年第6期。
张旭:《论康德的政治哲学》,载《世界哲学》,2005年第1期。
曾庆豹:《木偶与侏儒——马克思与基督宗教"联手"面对当代资本主义》,载《现代哲学》,2011年第1期。
朱刚:《开端、裂缝与未来——海德格尔与德里达对"阿那克西曼德之箴言"的双重解读》,载《现代哲学》,2006年第4期。

英文著作

Agamben, Giorgio. *Homo Sacer: Sovereign Power and Bare Life*, trans. Daniel Heller-Roazen, Stanford: Stanford University Press, 1998.

Agamben, Giorgio. *Means without End: Notes on Politics*, trans. Vincenzo Binetti and Cesare Casarino, Minneapolis & London: University of Minnesota Press, 2000.

Agamben, Giorgio. *State of Exception*, trans. Kevin Attell, Chichago and London: The University of Chicago Press, 2005.

Agamben, Giorgio. *The Time that Remains: a Commentary on the Letter to the Romans*, trans. Patricia Dailey, Stanford: Stanford University Press, 2005.

Agamben, Giorgio. *What Is an Apparatus?: and Other Essays*, trans. David

Kishik and Stefan Pedatella, California: Stanford University Press, 2009.

Badiou, Alain. *Saint Paul: the Foundation of Universalism*, trans. Ray Brassier, Stanford, CA: Stanford University Press, 2003.

Ben-Dor, Oren. *Thinking about Law: in Silence with Heidegger*, UK: Hart Publishing, 2007.

Benjamin, Walter. *Illuminations*, trans. Harry Zohn, New York: Schocken, 1969.

Benjamin, Walter. *Selected Writings*, ed. Marcus Bullock and Michael W. Jennings, Massachusetts: Harvard University Press, 1996.

Benjamin, Walter. *The Origin of German Tragic Drama*, trans. John Osborne, London: Verso, 1998,

Blanchot, Maurice. *The Madness of the Day*, trans. Lydia Davis, New York: Station Hill Press, 1981.

Blanchot, Maurice. *The Space of Literature*, trans. Ann Smock, Nebraska: University of Nebraska, 1982.

Blanchot, Maurice. *The Work of Fire*, trans. Charlotte Mandell, California: Stanford University Press, 1995.

Brague, Rémi. *The Law of God: the Philosophical History of an Idea*, trans. Lydia G. Cochrane, Chicago: The University of Chicago Press, 2007.

Chueiri, Vera Karam ed. , *Before the Law: Philosophy and Literature (the Experience of that Which One Connot Experience)*, Dissertation, New York: New School University, 2004.

Cornell, Drucilla, Rosenfeld, Michel, Carlson, David Gray ed. *Deconstruction and the Possibility of Justice*, New York & London: Routledge, 1992.

Derrida, Jacques. *Of Grammatology*, trans. Gayatri Chakravorty Spivak, Baltimore and London: The John Hopkins University Press, 1974.

Derrida, Jacques. *Writing and Difference*, trans. Alan Bass, Chicago: University of Chicago Press, 1978.

Derrida, Jacques. *Of Spirit: Heidegger and the Question*, trans. Geoffrey Benneington and Rachel Bowlby, Chicago: Chicago University Press, 1989.

Derrida, Jacques. *Acts of Literature*, ed. Derek Attridge, New York: Routledge, 1992.

Derrida, Jacques. *Acts of Religion*, ed. Gil Anidjar, New York: Routledge, 2002.

Derrida, Jacques. *Sovereignties in Questions: The Poetics of Paul Celan*, ed.

Thomas Dutoit and Outi Pasanen, New York: Fordham University Press, 2005.

Derrida, Jacques. *Specters of Marx: the State of the Debt, the Work of Mourning and the New International*, trans. Peggy Kamuf, London: Routledge Classics, 2006.

Fioretos, Aris ed. *The Solid Letter: Reading of Friedrich Hölderlin*, California: Stanford University, 1999.

Gosetti-Fnerencei, Jennifer Anna. *Heidegger, Hölderlin, and the Subject of Poetic Language: Toward a New Poetics of Dasein*, New York: Fordham University Press, 2004.

Hölderlin, Friedrich. *Poems and Fragments*, trans. Michael Hamburger, London: Cambridge University Press, 1980.

Hölderlin, Friedrich. *Essays and Letters on Theory*, trans. and ed. Thomas Pfau, New York: State University of New York Press, 1988.

Hölderlin, Friedrich. *The Death of Empedocles: A Mourning Play*, trans. David Farrell Krell, New York: State University of New York, 2008.

Hölderlin, Friedrich. *Essays and Letters*, trans. Jeremy Adler and Charlie Louth, London: Penguin Group, 2009.

Heidegger, Martin. *The Principle of Reason*, trans. Reginald Lilly, Bloomington: Indiana University Press, 1991.

Heidegger, Martin. *Hölderlin's Hymn "The Ister"*, trans. William McNeill and Julia Davis, Bloomington: Indiana University Press, 1996.

Heidegger, Martin. *The Phenomenology of Religious Life*, trans. Matthias Fritsch and Jennifer Anna Gosetti-Fnerencei, Bloomington, IN: Indiana University Press, 2004.

Heidegger, Martin. *Being and Time*, trans. John Macquarrie and Edward Robinson, New York: Harper Perennial/ Modern Thought, 2008.

Kleinberg-Levin, David Michael. *Gestures of Ethical Life: Reading Hölderlin's Question of Measure after Heidegger*, Stanford: Stanford University Press, 2005.

Lacoue-Labarthe, Philippe. *Typography: Mimesis, Philosophy, Politics*, ed. Christopher Fynsk, Boston: Harvard University, 1989.

Lyotard, Jean-Francois. *The Postmodern Condition: A Report on Knowledge*, Manchester University Press, 1986.

Lyotard, Jean-Francois. *The Inhuman—Reflections on Time*, trans. Geoffrey Bennington and Rachel Bowlby, Cambridge: Polity Press, 1991.

Lyotard, Jean-François. *Lessons on the Analytic of the Sublime*, trans. Elizabeth Rottenberg, California: Stanford University Press, 1994.

Marx, Werner. *Is There a Measure on Earth?*: *Foundations for a Nonmetaphysical Ethics*, trans. Thomas J. Nenon and Reginald Lilly, Chicago: The University of Chicago Press, 1987.

Nancy, Jean-Luc. *The Inoperative Community*, ed. Peter Connortrans, Minneapolis and Oxford: University of Minnesota Press, 1991.

Nancy, Jean-Luc. *Being Singular Plural*, trans. Robert D. Richardson and Anne E. O'Byrne, California: Stanford University Press, 2000.

Odell-Scott, David W. ed. *Reading Romans with Contemporary Philosophers and Theologians*, New York: T & T Clark International, 2007.

Schmitt, Carl. *The Nomos of the Earth*: *in the International Law of the Jus Publicum Europaeum*, trans. and annotated by G. L. Ulmen, New York: Telos Press, 2003.

Spariosu, Mihai ed. *Mimesis in Contemporary Theory*: *An Interdisciplinary Approach*, Philadelphia & Amsterdam: John Benjamins Publishing Company, 1984.

Taubes, Jacob. *The Political Theology of Paul*, trans. Dona Hollander, Stanford: Stanford University Press, 2004.

W. Jennings, JR., Theodore. *Reading Derrida/ Thinking Paul*: *On Justice*, California: Stanford University Press, 2006.

Warminski, Andrzej, Gasché, Rodolphe. *Readings in Interpretation*: *Hölderlin, Hegel, Heidegger*, Minneapolis : University of Minnesota Press, 1987.

Weil, Simone. *Intimations of Christianity among the Ancient Greeks*, London and New York: Routledge, 1998.

Weil, Simone. *The Notebooks of Simone Weil (V. 2)*, trans. Arthur Wills, London: Routledge&Kegan Paul, 1956.

Žižek, Slavoj. *The Ticklish Subject*: *The Absent Centre of Political Ontology*, London: Verso, 1999.

Žižek, Slavoj. *The Fragile Abosolute*, *or Why Is the Christian Legacy Worth Fighting for*, London & New York: Verso, 2000.

Žižek, Slavoj. *On Belief*: *Thinking in Action*, London and New York: Routledge, 2001.

Žižek, Slavoj. *The Puppet and the Dwarf*: *The Perverse Core of Christianity*, Boston: The MIT Press, 2003.

英文期刊

Mahlmann, Matthias. "*Law and force*: *20th Century Radical Legal Philosophy, Post-modernism and the Foundation of Law*", Res Publica

9(2003), pp. 19—37.

S. Pryor, Benjamin. "*Law in Abandon: Jean-Luc Nancy and the Critical Study of Law*", Law and Critique, 15 (2004), pp. 259—285.

人名索引

A

阿多诺(Theodor Adorno) 11,14,24,27,29,50,89,111,168

阿尔托(Antonin Artaud) 131,138,154—155

阿甘本(Giorgio Agamben)1,5—6,9—12,18,41,48,50—51,53,89—90,93,95,101,104—105,107—109,111—113,116—131,149—150,156,168—169,175—177,179,182

阿伦特(Hannah Arendt) 13,24,26,28—29,46—47,119

阿那克西曼德(Anaximander) 18,85,165—166

埃斯库罗斯(Aeschylus) 80

艾希曼(Adolf Eichmann) 24

B

巴丢(Alain Badiou) 37,90,101—112,115—117,124,126,130,169,175,179

巴枯宁(Michael Bakunin) 91

巴门尼德(Parmenides) 139

巴塔耶(Georges Bataille) 111,119,179

巴特(Karl Barth) 50,97,104—105,111,133—136,141,143,166

保罗(Saint Paul) 50—53,62,90,101—115,117—122,124,126—130,149,169,172,175

本雅明(Walter Benjamin) 1,5,9—12,17—19,31,39—52,90,95,101,103,104,108—109,111—113,118—122,130,149—150,157—163,168—175,177,179

波德莱尔(Charles Baudelaire) 49,172

柏拉图(Plato) 34,54,59,63,65,70,85,87,96,132,139,140—143

伯林(Isaiah Berlin) 14—15

伯伦朵夫(Casimir Boelendorff) 68,131,135

波墨(Jakob Behme) 24

布伯(Martin Buber) 127

布拉格(Rémi Brague) 6

布朗基(Louis-Auguste Blanqui) 43

布朗肖(Maurice Blanchot) 1,5,47,113,138,151—153,173,175,181

布莱希特(Bertolt Brecht) 50

布鲁门伯格(Hans Blumenberg) 4,122

布洛赫(Ernst Bloch) 111

布什(George Bush) 119

C

策兰(Paul Celan) 156,173

D

德波(Guy Debord) 105
德里达(Jacques Derrida) 1,5,8—9,12,17—18,32,37,42—44,51,53,57,96—98,108—113,121,129,131,133,136,138—167,169—170,175,179,182
狄德罗(Denis Diderot) 131—135,137—138,141—142,175
笛卡尔(René Descartes) 21,54—55,58—64,134,169
杜尚(Marcel Duchamp) 39,52

F

菲洛劳斯(Philolaus) 85
费希特(Johann Fichte) 21,66,137,143
福柯(Michel Foucault) 119,172
弗洛伊德(Sigmund Freud) 31,104,109,147—148,155

G

歌德(Wolfgang Goethe) 6,40,47,49,52,66,135,149

H

哈贝马斯(Jürgen Habermas) 32,49
哈特(Michael Hardt) 105,106
海德格尔(Martin Heidegger) 1,5,7,10—12,15,18,21,28,41,53—69,71—77,89,101,104,109,112—113,119,126,162,164—166,169,174—175,180—181
荷尔德林(Friedrich Hölderlin) 1—2,4—13,15—19,21,32,38,52,54,65—77,100—101,131,135—138,141—143,149,168,174—175,177—182
荷马(Homer) 69,80,136,139
赫拉克利特(Heraclitus) 67,101
赫西俄德(Hesiod) 176—177
黑格尔(Georg Hegel) 21,66,70,114,119,129,151
胡塞尔(Edmund Husserl) 21,61,62
霍布斯(Thomas Hobbes) 92,96
霍克海默尔(Max Horkhaimer) 24,51

J

基拉尔(René Girard) 141
纪尧姆(Gustave Guillaume) 123
伽达默尔(Hans-Georg Gadamer) 13,26,29

K

卡夫卡(Franz Kafka) 1,11—12,40,46—49,52,124,144—147,149—151,173
凯尔森(Hans Kelsen) 91,94
康德(Immanuel Kant) 2,5,13,15,19—28,30,32—33,38—39,52,59,61—63,66,87—88,107,112,133—134,137,148,168—169,172—173
科耶夫（Alexandre Kojève) 5,99—100,119,129
克尔凯郭尔(Soren Kierkegaard) 62,164,171—172
克拉贝(Hugo Krabbee) 94
克拉格斯(Ludwig Klages) 43

L

拉康(Jacques Lacan) 24,107—108,116
拉库-拉巴特(Ph. Lacoue-Labarthe)
　133—136,141,143
拉西斯(Asja Lacis) 50
莱辛(Gotthold Lessing) 127
勒维纳斯(E. Levinas) 24,161,166
利奥塔(Jean-François Lyotard) 1,8—
　9,12,14—15,19,29—39,52,119,
　168—169,173—174,179,182
列宁(Vladimir Lenin) 105—106,110—
　111,114,130
路德(Martin Luther) 62,129
卢曼(Niklas Luhmann) 157
卢梭(Jean-Jacques Rousseau) 68,
　138—139,142
洛维特(Karl Löwith) 122

M

马克思(Karl Marx) 34,47,52,66,
　87,102—106,109,111—112,116,
　125,165,171,172
马拉美(Stéphane Mallarmé) 139
梅洛·庞蒂(Maurice Merleau-Ponty)
　11
蒙田(Michel de Montaigne)
　17,108,158
摩西(Moses) 19,107,109,115,
　124,128
莫斯(Marcel Mauss) 111

N

奈格里(Antonio Negri) 106
南希(Jean-Luc Nancy) 1,5,8,21,
　100,121,175,179,182
尼采(Friedrich Nietzsche) 34,43,54—
　56,58—67,87,98,101,104,106,
　109,127,138,152,169,171—173
诺瓦利斯(Novalis) 21,91,137

P

帕斯卡尔(Blaise Pascal) 17,108,
　158—159
帕索里尼(Pier Pasolini) 102,117
品达(Pindar) 1—7,15,71,100,132,
　137,143,175—177,182
普罗泰戈拉(Protagoras) 54—55,58,
　64—65,169

Q

齐泽克(Slavoj Žižek) 1,5,24,90,101,
　103—108,110,113—114,116—117,
　125,130,168—169,175,179

R

荣格(Carl G. Jung) 43

S

萨德(Marquis de Sade) 24
圣·弗朗西斯(St. Francis) 78
施莱格尔(Friedrich Schlegel) 21,91
施米特(Carl Schmitt) 1,3—5,9—10,
　12,14,51,53,90—101,104,107—
　109,115,117—120,124—125,130,
　157,162,164,169,175—177,
　179—180
施特劳斯(Leo Strauss) 1,4,92,
　118,179
斯蒂格勒(Bernard Stiegler) 142

苏格拉底(Socrates)54,65,67,87
梭伦(Solon) 177
索勒姆(Gershom Scholem) 11—12,
    42,48—50,120,123,150
索雷尔(Georges Sorel) 51
索绪尔(Ferdinand de Saussure) 143

T

陶伯斯(Jacob Taubes) 1,50—51,
    101,103—107,109—113,115,
    117—118,127,175
薇依(Simone Weil) 1,5,53—54,77—
    89,169,174,179

W

韦伯(Max Weber) 4,13

沃格林(Eric Voegelin) 4,34

X

希特勒(Adolf Hitler) 36,83
席勒(Friedrich Schiller) 6,47,66,68,
    135
夏夫茨伯里(Shaftsbury) 13,26
谢林(Joseph Schelling) 6,24,66,
    137,143
辛克莱尔(Isaak von Sinclair) 15

Y

亚里士多德(Aristoteles) 27,85,133,
    141—142
伊格尔顿(Terry Eagleton) 112
约纳斯(Hans Jonas)4